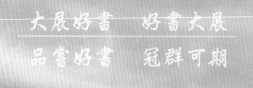

大展好書　好書大展
品嘗好書　冠群可期

大展好書　好書大展

品嘗好書　冠群可期

武術特輯
113

蔣玉堃
楊式太極拳述真
（上卷）

蔣玉堃　著

大展出版社有限公司

近代中國武學大師 1929 年合影於
杭州湧金門外「放廬」（蔣玉堃的
恩師黃文叔的居所）
前排左起：楊澄甫、孫祿堂、劉百
川、李芳宸、杜心五、鄭佐平、田
紹先
後排左起：蘇景由、錢西樵、高振
東、褚桂亭、黃文叔、沈爾喬

楊式太極拳宗師楊澄甫先生像

蔣玉堃先生像

1959 年，蔣玉堃與夫人劉渭南
在北京頤和園的合影
注：此照由時任英國駐北京代
辦處一等秘書龍德爵士（後任
英國駐香港第 26 任總督）所
拍攝

青年蔣玉堃在廣東演練宮廷八卦掌

青年蔣玉堃在廣東演練太極拳

著名工筆畫大師潘潔茲所
畫的蔣玉堃演練太極拳
「單鞭」像

（下左）1944 年，蔣玉堃
在瀘杭兩地武術表演賽上
獲得的優勝獎獎旗

（下右）1930 年，蔣玉堃
在民國第四屆全運會上獲
得散手冠軍的獎旗

1933 年，在民國第五屆全運會上，蔣玉堃獲得拳術輕量級第二名

1948 年，蔣玉堃獲得第五屆全運會摔跤輕甲級冠軍

40 年代，蔣玉堃在上海參加武術界聯誼會的會徽

蔣玉堃生前的寫作手稿

蔣玉堃生前的楊式太極
拳械著述

蔣玉堃生前所拍攝的
楊式太極拳械套路照片

蔣玉堃之子蔣昱與原國家體委副主任榮高棠在廣州合影（2002 年）

蔣玉堃之子蔣昱與中搜公司總裁陳沛先生（蔣玉堃的學生）
在中搜總部合影

闡揚國術

王坴仁弟惠存

王正廷

中國第一位國際奧委會委員王正廷先生的題詞

寶善衛國

尚德脩身

張之江謹書

原中央國術館館長張之江先生的題詞

行神如空　行氣如虹　巫峽千尋　走雲連風飲
真茹強　蓄素守中　喻彼行健　是謂存雄　天
地與立　神化攸同　期之以實　御之以終
司空表聖詩品銘右
趙樸初

原中國佛教協會會長趙樸初先生的題詞

柔 先 剛 後

鵝 毛 重 如 秋

戊 午 十 月 林 散 之 題

林散之先生的題詞

習武术　促四化

向

蔣玉堃先生学習

趙君迈

七九年

趙君邁先生的題詞

蔣玉堃生平簡介

　　蔣玉堃，浙江杭州人。1913 年出生，1986 年病故，享年 73 歲。3 歲喪父，隨舅父蔣露生生活。其舅父酷愛武術，故從 7 歲起便隨舅父習武。13 歲已學就了拳、棒、刀、叉、騎馬、射箭、開四門等。稍長，與吳蔚雲從上海查瑞龍、龔妙根學習花式舉重及摔跤。當時有聞名江南的大力士傅鐵魂與其比賽摜跤，初生牛犢不怕虎，少年蔣玉堃一連摔倒傅 10 跤，名噪一時。

　　1927 年，參加全市摘錦比賽得第一名；1928 年，參加杭州全市舉重比賽獲第一名。隨後赴杭州吳山國術教練所學習，投韓慶堂為師，由於勤奮刻苦，功力與日俱增。1929 年，在浙江省著名的西湖博覽會召開的「國術遊藝大會」上，參加了炮拳、刀術及摔跤技藝的武術表演（因當時未滿 18 歲，無資格參戰），得到諸多名家稱讚。會後，蔣玉堃被首選進入浙江省國術館，拜楊澄甫為師，專心研究太極拳；並從師黃元秀學習武當對劍，從劉百川、曹晏海、高守武、田兆先、劉金聲、李椿年、陳秉衡、朱飛等學習各種必修的拳械。

　　1930 年，以優等生的資格參加第 4 屆全國運動會，在不分體重、級別、無護甲的擂臺比賽中，擊敗群雄，勇得冠軍（見錦旗）。

　　1933 年，在第 5 屆全國運動會上（原定 1931 年舉行，因故推遲到 1933 年召開），參加了當時最後一次散

蔣玉堃，浙江杭州人。一九一三年出生，一九八六年病故，享年七十三歲。

打式擂臺賽。經過 10 天的淘汰賽，進入決賽，獲得拳術羽量級第二名（見獎牌）。

其後進入中央國術館繼續深造，從吳竣山學八卦掌；從郭錫三學清萍劍；從馬金標學摔跤；從黃柏年學形意；從龔潤田等老師學拳擊、劍、戳腳、八極、猿臂棍、梅花刀、傷科診療等，成績突出，年終考試獲全館拳術第一名，深得館長張之江賞識，不久即升為練習員。當年，馮玉祥看了蔣玉堃擒拿串和武當對劍的表演，甚為稱許。

1934 年，蔣玉堃以優異成績，提前從中央國術館畢業，被派往汕頭青年會任教，在教授過程中曾寫過《武術比賽隨行記》連載於《嶺東日報》，還著有《楊家太極各藝要義》一書。

1936 年，張之江率武術代表團由新加坡回國途經香港，寫信叫蔣玉堃到香港參加表演比賽。在香港南華體育場，他和馬文奎（當時的全國重量級摔跤冠軍）比賽摔跤，蔣玉堃代表廣東，結果一比一平局。為此，各報紙大登而特登；羽量級平重量級，蔣玉堃一跤成名。同一時期，寫了《太極體用要義》一書。

抗日戰爭爆發後，攜眷逃難回到上海，被聘為精武體育會顧問，並加入了當時的「上海武術界聯誼會」（見會徽），經常與王子平、吳鑒泉、佟忠義、陳微明、黃元秀、田兆麟、姜容樵等武術名家接觸。1944 年，組織參加滬杭兩地聯合武術表演賽，在杭州「大世界」表演武當劍、擒拿串（見錦旗）。以後，經常往返於滬、杭兩地。

1948 年，35 歲的他，代表浙江省參加舊中國第 7 屆全國運動會，獲得輕甲級摔跤冠軍（見獎牌），同時獲器

械第三名、拳術第五名。當時上海《申報》連日登載其大幅照片，浙江省輿論更是熱鬧，讚譽的文章連篇刊登。那段時間，蔣玉堃寫了《中國武術與物理的槓桿作用》一書。

新中國成立後，他於 1950 年參加了上海市武術觀摩賽，得了甲等，並被聘到上海體委，指導觀摩賽中獲獎的前 12 名的運動員的訓練。1956 年在北京全國武術比賽中獲散打和摔跤兩項冠軍。

1957 年，因工作需要調到北京，不能全職從事武術事業，改以業餘時間在北海公園教拳。1962 年參加了兩次北京市武術觀摩賽，得短兵器二等獎、長拳一等獎（見獎狀）。

1963 年被聘為北京市武術協會教練委員會委員。在此期間寫了《太極拳十講》《四十三式簡化太極拳》《武當對劍》《太極拳幫學篇》《太極劍幫學篇》等書稿。即使在「文革」期間，蔣玉堃也沒有間斷過習武、教拳。

1972 年寫了《擒拿串》一書。1974 年退休後，更是全力以赴，全身心地投入到武術事業中，人走到哪裡，拳就教到哪裡。先後被浙江大學、北京東城區體委、鄭州市武術協會、南京、昆明、西安、武漢等地聘為教練。

蔣玉堃不僅在武術方面享有盛譽，同時精於文學、書法，更精通英文。他能說能寫，說到做到，理論結合實際。在教學過程中循循善誘，誨人不倦。早在 1936 年時，就擔任過梁士詒家的教師，並負責教授汕頭海關的中外人士。在上海徐家匯時曾指點過常冠群舉重，常後來成為全國重量級舉重冠軍。1964 年教印尼駐華使館秘書蘇哈

多和另一秘書學習對劍；教過英國代辦（後升為大使）艾惕思的隨員皮肖特擒拿。他的學生王琰還將蔣的「楊式四十三式大功架太極拳」傳授給日本友人山本賢二和中健次郎，此二人回國後聯合創辦了「日本楊式四十三式大功架太極拳研究會」。他的學生遍佈中外，桃李滿天下。

蔣玉堃先生崇尚科學，見義勇為，不畏強暴。1937年，出了一個名叫曾三民的人，號稱會飛簷走壁，借此招搖過市，各界亦傳說紛紛，難明就理。蔣玉堃寫了「極限與地心吸力」一文，各報紙相繼登載，戳穿了曾三民的騙人伎倆。

蔣玉堃不但精通楊家太極各藝，形意、八卦、少林、長拳、劍、八極、螳螂、查、華、炮、洪、散手、摔跤、花式舉重、拳擊、擊劍等也一一精曉，對陳式、武式、李式、孫式太極拳也有研究，集五家太極拳於一身。由多年的教學經驗和不斷研究，在符合科學和生理要求的基礎上，為了利於太極拳械的普及和推廣，繼承發展了楊式太極各藝。他將舊的太極操改為太極拳的基本功；將楊式八十八式大功架太極拳精簡為四十三式；以楊式及吳式太極拳（小架子）為基礎，編成了小架子太極拳四十六式；將楊式太極刀舊歌訣進行了修改，創建了太極對刀；將傳統五十四式太極劍中幾個式子的名稱予以改易；傳承了黃元秀老師親傳的武當對劍；將十三式太極粘連棍從所學二十多種棍法中遴選出來的精華，筆之於書，這套棍能單練亦能對打；寫了太極十三槍及對槍歌訣等等。

他一生著書十餘部，是一位不斷研究武術、推廣武術、熱心武術而有突出成就的前輩。

蔣玉堃，浙江杭州人。一九一三年出生，一九八六年病故，享年七十三歲。

序

我自 1975 年春有幸向蔣玉堃老師學習太極拳。5 年來的接觸，使我日益認識到他是一位全能武術家，一位難得的好老師。

稱他為全能的武術家，並不是說他什麼武藝都會、都精。但是從我所接觸的武術家來說，他會的武藝比較多，他的功夫比較好。

由於他是近代著名太極拳家楊澄甫先生的入門弟子，他自然精於楊式大架太極拳，真正能打出舒展大方、行雲流水的風格來。可是他打楊班侯小架太極拳時，又表現出其動作緊湊、內大外小的特點。當他表演陳式太極拳時，突出了快慢相間、剛柔相濟、纏絲多變、突然發勁的特點。此外，他還會打陳式、武式、李式和孫式太極拳。

他的太極劍舞得輕盈流暢，勁力貫徹劍鋒。他的太極刀打得勇猛剛強，但又有太極的柔綿。他的太極棍和太極槍打得乾淨俐落，靈活多姿。此外，他還教太極對拳、對劍、對刀、對棍及太極推手。

太極拳之外，有些同學還向他學習形意拳和八卦掌。有幾位年輕人，還請教潭腿。有一次興來，他做了查、華、炮、洪等長拳套路的即興演習。最近他又傳授了屬於短打的八極拳和八極拳對打。

除了中國的傳統拳術和器械之外，他青年時練習過中國傳統舉重法的舞石擔、擲石鎖，並曾在全國運動會上獲

得輕甲級摔角冠軍。他還善於西洋拳擊，參加過上海舉行的全國比賽，做過拳擊教練。由於他的武術實戰功夫全面，早在 1933 年，在全國散打比賽中，經過 11 天淘汰賽，他奪得第二名。

說他是一位難得的老師，是因他教學有如下特點：

由於他的基本功好，示範動作準確清楚，使學者易於掌握要領；

由於他的實戰經驗豐富，融會內家、外家拳術和各種器械，以及摔跤、拳擊和擒拿術，所以他能以具體的對比來說明各自的特點，又能以具有共性的東西來加深學者對武術基本原理的認識。

由於他教學熱心而不保守，所以總是有問必答，無秘奧不講，把自己幾十年的心得體悟，全盤授給年輕一代。

更難能可貴的是，他不只推崇一種、一門、一派而貶低其他各門各派。他認為每種拳術都各有其所長所短，要不存偏見，才能得其所長補其所短。他認為要精通一門拳術不難，精通依賴於廣博的學識，必須經由長年累月實踐努力。

作為太極拳愛好者和他的學生，願向海內外太極拳愛好者介紹這位全能武術家、難得的好老師。

北京舉重學會副主席　曾維祺

太極拳。我自一九七五年春有幸向蔣玉堃老師學習

前　言

　　我的父親蔣玉堃，熱愛祖國，熱愛中國的武術事業。
畢其一生投入到武術的研究、弘揚及傳播中。他有幸一生
得查瑞龍、龔妙根、楊澄甫、黃元秀、劉百川、曹晏海、
吳峻山、黃柏年、龔潤田等武術名師親傳。他精通中國傳
統武術各拳種，尤其對楊式太極拳、械情有獨鍾，並得真
傳。1929 年被首選進入浙江省國術館，拜楊澄甫為師，專
心研究太極拳、械。1930 年獲無護甲的擂臺比賽全國冠
軍，1933 年在全國運動會獲得拳術羽量級第二名。同年，
進入中央國術館繼續深造。1948 年，已經 35 歲的他，還
獲得了全國輕甲級摔跤冠軍，在武術方面亦取得過很多優
異的成績。

　　他一生刻苦鑽研武術的真諦，為弘揚、傳播武術傾畢
生的精力。生前著作十餘部，大多數為教學所著，內容通
俗易懂，深入淺出，細緻入微。他根據幾十年的教學經
驗，由太極拳、械的法則和特點，結合人的生理特徵，分
析動作，闡述要領，並配以幫學篇、助記歌等。

　　為了適應現代人的需要，把傳統套路加以改革、創
新。大架子 88 式簡化為 43 式，小架子 81 式簡化為 46
式，並創編了太極對刀等等。

　　初學者看書就可以學會整個套路，深受廣大學生歡
迎。但其中大部分內容因處於「文革」時期，未能發表或
未及公開發表，留下終生遺憾。但在學生和朋友們的支持

下，使之從手抄本、曬圖本、油印本到鉛印本，在其學生和廣大武術愛好者中間廣為流傳至今。

為完成父親之遺願，弘揚我國傳統武術，秉承廣大弟子的要求，特在其逝世二十周年之際將其遺作編輯成書，以慰生前之願。

在此，我及我的家人由衷地感謝當年曾經幫助過我父親、遠在北京、南京、浙江、雲南等地從先父學拳的學生和朋友們——幫助校對的章少雲、范玉寶（武當對劍演練者）、曾萊章、王曉超等；幫助攝影的曾維琪、潘賀、郭秀春、楊澄雲等；幫助繪圖的王寅、王琰等；幫助譽抄的趙曉農、楊秀文（太極對拳配打者）等。感謝南京楊式太極拳研究組、浙麻太極拳研究組、浙江大學、昆明中國武術論壇編輯組等印成教材。深深地感謝周荔裳老師的幫助，更感謝人民體育出版社對本書編輯出版的大力支持。

蔣玉堃之子蔣昱

於北京

武術事業。

我的父親蔣玉堃，熱愛中國，熱愛中國的

目　錄

上　卷

播中。蔣玉堃一生投入到武術的研究、弘揚及傳

播中。蔣玉堃一生投入到武術的研究、弘揚及傳

播中。蔣玉堃一生投入到武術的研究、弘揚及傳

蔣玉堃一生投入到武術的研究、弘揚及傳播中。

德藝雙馨，文武兼備的武術名家
——蔣玉堃

20 世紀 70 年代，我因身體欠佳，曾師從蔣玉堃先生學練太極拳。承先生厚愛，與先生有過一段較為密切的接觸：跟先生學練太極拳，隨先生去其他一些太極名家的習練場地觀摩，與拳友們一同去陟山門蔣先生的住所，請教如何練好太極拳，瞭解各式太極拳的共性和個性，探討太極拳的健身和技擊原理，聽先生介紹中央國術館的情況……

先生對武術事業的拳拳之心，豐富的文化知識，溫文爾雅的教態，規範的示範動作，循循善誘的教學方法，不計報酬、無私奉獻的精神……均給我留下了深刻的印象。

1983 年，我來到人民體育出版社《中華武術》雜誌工作，深感當年跟蔣先生學習使我終生受益。我也曾計畫將先生當年為學員們編寫的油印教材、講義、歌訣和所曬的套路動作連續圖整理出版，使更多的太極拳愛好者也能從中受益，卻由於種種原因耽擱下來。

2006 年是先生逝世 20 周年，我也從紛繁的事務中解脫出來，決心動手將先生的遺作匯集成書。曾與先生的再傳弟子王曉超女士一道為此做過一些搜集、整理資料、聯繫出版等工作，作為對先生逝世 20 周年的紀念。

現在，先生的遺作出版執行人——先生的第七子蔣昱，已將先生的遺稿整理成冊，即將在人民體育出版社付梓。十分高興！蔣昱囑我為先生的書寫序。我雖深感力不

從心，但為彰顯蔣玉堃這位為弘揚和推廣武術事業作出過傑出貢獻的老武術家，特將我所瞭解的先生介紹給廣大武術愛好者，以茲紀念！

先師蔣玉堃，浙江杭州人。1913 年出生，1986 年因病去世。中央國術館的優秀學員。他有幸一生得多位武術名師之親傳，不但精通中國傳統武術各拳種，尤精楊式太極拳、械，並得楊澄甫先師之真傳，同時對陳、武、孫、李式太極拳也有研究，是一位集五家太極拳於一身的大家。

無論在舊中國，抑或在新中國，先生都曾多次獲得拳術、摔跤、舉重的全國冠軍，且勤於筆耕。新中國成立後，先生曾擔任北京市武術協會教練委員會委員；參與過國家體委一些武術散打規則和新編套路的討論，是中國武術史上值得紀念的一位德藝雙馨，文武兼備的老武術家。

第十一屆奧運會的幕後英雄

在先生的遺物中，有一張 1936 年中國奧運會主席、國民政府的外交部長、參加在德國舉行的第 11 屆奧運會中國「赴歐體育考察團」團長王正廷為其所寫的「闡揚國術」的題詞，以表彰先生在中國奧運史上所作出的貢獻。

為什麼王正廷要給不曾去奧運會表演的先生題詞呢？事情的原委是：1936 年 8 月，第 11 屆奧運會在德國柏林舉行，中國派出了一個包括武術在內的「赴歐體育考察團」，其中中國武術代表團在奧運會上的表演獲得了巨大成功。

同年張之江率武術代表團由新加坡歸國途經香港時，

二十世紀七〇年代，我因身體欠佳，曾師從蔣玉堃先生學練太極拳。

寫信邀當年在汕頭青年會任教的蔣玉堃到香港參加表演比賽。比賽在香港的南華體育場舉行，由羽量級的蔣玉堃代表廣東省與當時的全國重量級摔跤冠軍馬文奎比賽摔跤，比賽結果是 1：1 平局。羽量級選手蔣玉堃戰平了重量級全國冠軍馬文奎的消息一時轟動了香港和大陸，新聞媒體熱鬧非凡，蔣玉堃因此又一跤成名。

為此，王正廷十分高興，並詢問此人的來歷，經中央國術館館長張之江介紹，王正廷得知在此次（1936 年）奧運會上張文廣和溫敬銘表演的擒拿串和武當對劍也是蔣玉堃所傳。同時又得知，蔣玉堃是中央國術館的高材生，1934 年下半年，因廣東汕頭青年會向中央國術館提出聘請一位太極拳教師前去任教，張館長特許蔣玉堃提前畢業，派其去汕頭應聘，因而與奧運會失之交臂的情況。王正廷更是高興，特為這位奧運會的幕後英雄題寫了「玉堃仁弟惠存『闡揚國術』王正廷」的題詞，以資褒獎。

1957 年，上海體院教授周士彬、北京體院教授張文廣、上海體院教授蔡龍雲等武術名家到蔣先生家，徵求他對國家體委編寫的少林拳教材（即現行初級拳、中級拳）的意見時，周士彬教授曾感歎地對先生說：「你是我們心目中的一代英雄啊！」

另據先生的一份回憶文章稱：「我少年時，常到黃元秀家修文習武，並練習『武當對劍』。當時李景林也常去黃家，所以我承蒙李師把手指點。李師當時是武當對劍的專家。進入中央國術館後，經教務長吳峻山的推薦，我將擒拿、武當對劍和花式舉重套路教給了張文廣、溫敬銘、蔣浩泉、李錫恩、張登魁、馬文奎。其中張文廣和溫敬銘

1936 年在德國舉行的奧林匹克運動會上表演了擒拿串和武當對劍，曾經轟動國際體壇。」

國術技藝的「全能冠軍」

先生幼年喪父，7 歲即在其舅父蔣露生家生活。其舅父係前清附生，酷愛武術，廣交武友，因而功底深厚。先生在其舅父的影響下，7 歲便立志習武，跟其舅父在杭州雲棲練習基本功。在舅父的影響和培育下，加之他天資聰慧，鍛鍊刻苦（為打好武術基本功，他從 7 歲起即堅持每日早晨用走矮步的方法走到杭州城隍山練拳。為了練好腿部的柔韌性，他堅持每晚採用劈叉的姿勢睡覺），13 歲時就已學會了拳、棒、刀、叉、騎馬、射箭、開四門、南洋大刀等武藝。

他以紮實的武術功底、豐富而全面的武術技藝、優異的成績先後被選入浙江國術館、中央國術館深造。並有幸得到多位武術名師——韓慶堂、楊澄甫、黃元秀、劉百川、曹晏海、吳峻山、黃柏年、龔潤田、杜心武（以從師時間先後為序）等之親傳，技術全面，精通中國傳統武藝各項技藝如拳術、器械、散打、摔跤、舉重等，成績優異。

1927 年，14 歲的少年蔣玉堃，第一次參加浙江省杭州市的摘錦比賽就嶄露頭角，獲得冠軍。1929 年 16 歲時，參加杭州市的舉重比賽也獲得冠軍。1930 年 17 歲時，又一次摘得全國無護甲打擂比賽（相當於今日不戴護具的散打比賽）的冠軍。同年在舊中國第 4 屆全國運動會上，再次獲得不分體重、級別、無護甲的打擂比賽冠軍，

這個冠軍稱得上是打擂比賽中的絕對冠軍。

1948 年，35 歲的蔣玉堃代表浙江省參加舊中國第 7 屆全國運動會，再次獲得輕甲級摔跤冠軍。無論是武術、散手、摔跤、舉重⋯⋯只要他參賽就能拿冠軍。

新中國成立後的 1950 年，已經 37 歲的蔣玉堃參加上海市舉辦的武術觀摩賽，仍然是寶刀不老，獲得甲等成績。1962 年，年屆天命之年（49 歲）的蔣先生參加北京市的武術觀摩賽，又以他深厚的武術功底再次獲得長拳一等獎。

先生有如此全面的武術技術和輝煌成績，稱其為「中國國術技藝的全能冠軍」，先生應是當之無愧的！

國術館裏的優等生

1928 年秋，為弘揚中國武術，在南京成立了中央國術館，廣招名師任教，廣選新秀培訓。在此形勢的帶動下，1929 年 9 月，在杭州成立了浙江省國術館，由時任浙江省省長蘇景由任館長，辛亥革命老人黃元秀任副館長，並決定於同年 11 月在浙江省舉辦「西湖博覽會」的同時，舉辦一次「國術遊藝大會」，遍邀全國名家、高手來杭參戰。

杭州「國術遊藝大會」是我國近代武術史上的一件盛事，也是一次規模宏大、內容豐富、影響深遠的武術賽事。

時年 16 歲的蔣玉堃因年齡小（不符合大會 18 歲以上方可參賽的規定）無緣參賽，只參加了國術遊藝大會的表演。先生表演的炮拳、刀術和摔跤技藝，得到了與會武術諸名家的稱讚。會後，蔣玉堃即被首選進入「浙江省國術

館」學習。

時任浙江國術館副館長的辛亥老人黃元秀，對少年蔣玉堃十分欣賞，不僅親自將武當對劍傳授於他，還教他學文化，並允許先生可以自由出入黃元秀先生居住的「放廬」（「放廬」現為浙江省重點文物保護單位）。

先生在一篇回憶文章中記載：「我少年時，常到黃元秀家修文習武，並練習『武當對劍』……後又得到浙江國術館館長蘇景由、教務長楊澄甫的引見，拜韓慶堂（韓是即墨縣人，武術界中很有名氣，在當時擂臺式比賽中皆名列前茅）為師，學得『擒拿串』。也得以拜太極拳名家楊澄甫為師，研習太極拳械；從劉百川、曹宴海、高守武、田兆先、劉金聲、李椿年、陳秉衡、朱飛等武術名家學習各種必修的拳械。」

1933 年，先生參加了舊中國的第 5 屆全國運動會，又在拳術羽量級、器械、拳術三項比賽中獲得好成績，於是先生被吸收進入「中央國術館」深造。

在諸多名家的薰陶下，其技藝日益精進，年終考試獲得了中央國術館全館的拳術第一名，深得館長張之江先生的讚賞，第二年即將其提升為練習員，留在國術館從事教學工作。

1934 年下半年，廣東汕頭青年會向「中央國術館」聘請一位太極拳教師，經研究，張館長決定派技術全面、成績優秀，且在太極拳、械方面有相當造詣的蔣玉堃去應聘，於是特准先生提前畢業，派其赴汕頭應聘。之後又赴香港青年會傳授太極拳。

二十世紀七〇年代，我因身體欠佳，曾師

從蔣玉堃先生學練太極拳。

崇尚科學、反對虛誇的鬥士

中央國術館在建館之初，館長張之江即提出「強種救國，禦侮圖存」的口號，對學員提出「術德並重，文武兼修」的要求。蔣先生將其作為其一生的座右銘和奮鬥目標。

先生一生刻苦鑽研武術真諦，勤於筆耕，為弘揚、傳播武術傾其畢生之精力。在傳播武術的過程中，他崇尚科學，反對虛誇。

早在 1937 年時，有一個名叫曾三民的人，號稱會飛簷走壁，招搖過市，轟動全國。先生即寫「極限與地心吸力」一文，戳穿了曾三民的騙人伎倆，當年國內各大報紙都曾爭相刊載。

先生生前筆耕不輟，即使在四人幫猖獗的時代也不曾擱筆。為利於學生理解和學好太極拳，他先後寫了十餘部講義，內容通俗易懂，深入淺出，細緻入微。他根據自己數十年刻苦鑽研先師們傳授的武術技藝以及親身參加競賽和教學的實踐，按照太極拳械習練的法則，結合人體解剖、生理知識和太極拳的技擊特點，分析動作的結構和原理，闡述動作要領，並配以「幫學篇」「助記歌」等寫出來，在當時印製條件和手段十分落後的情況下，用鋼板刻印出來，將套路動作用曬圖的方法製作出來分發給學員，供大家學習。

遺憾的是受「文革」的影響，武術被當成四舊，武術圖書幾乎絕跡，開展傳統武術教學被視為散播封資修，習練傳統拳術被視為非法，加之當時印製技術和傳播手段比

二十世紀七〇年代，我因身體欠佳，曾師從蔣玉堃先生學練太極拳。

較落後，這些講義均未能正式出版。只有先生撰寫的有關武術問題的講稿，由其雲南的學員在 1979 年用《中國武術論壇》的名稱、採用鉛字排版印成了一本供學員們內部學習之用的小冊子。這個小冊子一直在蔣師門下弟子中廣為流傳。

該小冊子有中國政協常委、中華體總委員、中國摔跤協會主席趙君邁先生（晚年曾向蔣先生學過武當對劍和太極拳）「向蔣玉堃先生學習」的題詞，有雲南武術名家何福生（當年蔣先生在中央國術館的同學、雲南武術隊教練）、沙國政（雲南武術隊教練）等人的題詞。何福生的題詞讚揚該書「集武術內外家拳法之大成」；沙國政的題詞讚揚該書是「武術精華」。

該書第一部分《關於中國武術一些問題的研究》中，先生或從人體解剖、生理的角度，或用比喻的方法，形象地對一些武術術語進行了科學分析。如在「論運勁如抽絲」一節，就根據《天工開物》一書中介紹的抽絲操作程式和方法——用力要恰如其分，剛亦不吐，柔亦不茹，既不太用力，亦不能不用力——來論證太極拳所要求的「抽絲勁」，深入淺出、形象地說明了「運勁如抽絲」的要點。

在「論雜技不是武術」一節中，先生在分析釘山打石、頭撞石碑、油錘貫頂、刀槍不入等硬氣功表演功夫時，從力學原理和技巧兩方面剖析了其受力大小的原理。先生說：「其實這個道理很簡單，表演者並不是依靠力與氣的作用完成的，而是巧妙地運用力學原理的結果。」先生總結為「雜技是智慧的結晶和物理原理的運用」，但

二十世紀七〇年代，我因身體欠佳，曾師從蔣玉堃先生學練太極拳。

「它（指雜技）不是武術上的攻防技術」。

先生在教學中十分認真，要求也很嚴，一招一式必須合規矩。在談到練習太極拳的姿勢問題時，先生說：「姿勢的正確與否，不僅關係到武術的作用問題，而且牽涉到人體身軀及四肢的鍛鍊效果問題……」如「打小功架太極拳攬雀尾捋式的左旋體運動，這兩個動作練習的主要目的，是加強腰腹肌肉的運動幅度，擴大腰椎與髖骨的活動範圍，做出常人所達不到的功能，即人們常說的『腰腿功夫』。倘若捋式不動腰，按式不動胯，既違反了武術動作的技擊意義，也失卻了鍛鍊健身的目的。」

在先生的文稿裏決無人云亦云、故作神秘的內容，他處處講科學，講實事求是，這種文風實屬難能可貴。

傳播武術的苦行僧

先生在為《中國武術論壇》的小冊子所寫的前言中寫道：「武術是我國的文化，東西洋各國都沒有，為我國所獨有的含有哲理的體育形式。我願參加一點實際工作，追隨有關部門，共同把這一項傳統遺產再行研究整理，好好地向後一代傳授和交代。」

先生是這樣說的，也是這樣做的。先生從「中央國術館」畢業後，即遵照張之江館長「把國術普及到全國民族當中去」的師訓，克服各種困難、不遺餘力，窮其一生從事武術、太極拳的傳播和推廣，即使在「四人幫」猖獗的時候也沒有停止過。

早在 1936 年時，他就擔任過梁士詒家的教師，並教汕頭海關的中外人士習武。在上海徐家匯時曾指點過常冠群

二十世紀七〇年代，我因身體欠佳，曾師從蔣玉堃先生學練太極拳。

舉重，常冠群後來成為全國重量級的舉重冠軍。1964 年曾教印尼駐華使館秘書蘇哈多和另一秘書對劍；教過英國代辦（後升為大使）艾惕思的隨員皮肖特擒拿。

為適應現代人的需要，便於群眾學習和普及太極拳技藝，他對太極拳的傳統套路加以改革和創新。如將楊式太極拳大架 88 式簡化為 43 式，將楊式太極拳小架 81 式簡化為 46 式，並創編了太極對刀、太極粘連棍對練等等套路。

為幫助學員們理解太極拳動作的習練要點和技擊特點，他用深入淺出、形象生動的歌訣，為太極拳的各式套路編寫了幫學篇。現僅以先生為楊式太極拳小架幫學篇中的幾個動作為例，即可見一斑。如：

13 式	倒攆猴前牽後引	14 式	斜飛式左肩一扛
15 式	海底針哈氣下降	16 式	扇通背抖翎即放
17 式	三雲手信步回繞	18 式	高探馬揮手勒韁

其中 13、15、17 是動作要領，14、16、18 有的則是技擊特點。

為了能將太極拳推廣到世界去，便於外國朋友學習，他以儘量簡潔的文字，採用以照片為主的方法編寫了《太極對拳》，並由其弟子、北京圖書館的曾維琪先生（曾是北京市舉重協會的主席）請人譯成英語，送到外文出版社出版。由於當時還在「文革」期間，這份寶貴的書稿不僅沒有問世，甚至連原稿都已丟失。不能不說這是先生的一大憾事，也是武術界的一大損失。

為弘揚和傳播武術，先生不辭辛勞，足跡幾遍全國。他先後在廣東、香港、上海、南京、新疆、青海、內蒙

從蔣玉堃先生學練太極拳。

二十世紀七○年代，我因身體欠佳，曾師

古、福建、西安、昆明、成都、武漢、杭州、北京、蘇州、黑龍江、廣西、吉林等十餘省市傳拳，受其藝者不下三萬餘人。

現在國內仍有當年先生的弟子們在繼承先生的遺志，繼續活躍在中國各地開展太極拳或武術教學；還有不少弟子遠在美國、日本、新加坡、瓜地馬拉、荷蘭等地傳授武術、太極拳諸藝，為弘揚和傳播中國的武術而辛勤工作。

2006年，為配合「世界太極拳推廣月」，杭州市武協舉辦了各式太極拳的免費教學活動。同年11月，杭州市武協又舉辦了「中華民間傳統武術絕技展示」活動。媒體以《蔣門薪火相傳》《蔣氏功夫有傳人》《蔣門巾幗賽鬚眉》等為題，報導了杭州武術名家蔣玉堃及其胞妹蔣惠嫻的弟子們在杭州錢王祠同台獻藝，進行了精彩紛呈的表演，並表示「要繼承先師遺志，弘揚中華傳統，以武會友，全民健身」的決心。

先生！您的事業後繼有人了！您為之奮鬥了一生的武術事業，在21世紀的今天，在政府和全國武術工作者的共同努力下已得到了前所未有的發展，群眾性的武術活動蓬勃開展，武術不僅已成為中國的主要體育競賽項目，並已走向世界，成為世界體育重要賽事之一，還將力爭進入奧運會。先生當含笑九泉矣！

中國體育報業總社編審
原《中華武術》雜誌副主編　周荔裳

二十世紀七〇年代，我因身體欠佳，曾師從蔣玉堃先生學練太極拳。

二十世紀七〇年代，我因身體欠佳，曾師從蔣玉堃先生學練太極拳。

第一章
楊式大功架太極拳四十三式

第一節　關於楊式大功架太極拳
　　　的說明

　　太極拳是一項具有民族特徵的體育項目，由於它具有緩、柔、圓、勻等特點，特別適合中年、老年、體弱和患有慢性病的人進行鍛鍊。

　　傳統太極拳，無論何家形式，它的套路解數（解數是姿勢、動作和方法的簡稱），都是在八十一式以上，也有多至一百餘式的。特點是重複解數多，帶來運動量比較大，欲學全套需歷時兩個多月，明白其中法理則又非三五年不可。平日練習一遍，亦需半小時以上，而且使用場地較大。考其實際手法，不同解數者只有三十餘式。

　　對於這個問題是好是歹，要一分為二地分析。古人所以將套路編排得這樣冗長重複，有其技術上的理法和根據，它的重複解數必定是重要手法。為了使學者反覆練習，又因為上下關聯結構恰當，不致徒耗氣力，分節、分段的章法關係，借解數的往返換變控制精神使之免於渙散。這樣看來，它是一個優點。

　　精簡太極拳，其目的在使群眾容易學習，能迅速得到

增強體質或恢復健康的效果。精簡不是統一套路，也不是讓各家形式的太極拳都以此為式，這是絕不可能的，因為各家形式所以能自成一脈支流，都有它的獨特風格和獨到之處，要強同則更不能。但是法則和特點是可以要求相同的。所謂法則就是太極拳的鍛鍊方法，特點就是柔和和協調。這就是說，改革方案要不失其精義，根據現在流傳的太極拳進行精簡後統一名稱和次序是可能的，而統一解數是不可能的。精簡套路不是另樹一幟，也不是意味著放棄傳統套路，反過來看，傳統套路也要改進提高，不能將老式太極拳奉為偶像來看待，因為歷史說明老式太極拳也不是現在這個樣，也是在不斷改進提高中發展的。

事物發展，總是隨著客觀的需要而向前進化的，普及與提高是相互促進、相互推動的。精簡套路，等於橋樑作用，學者有興趣，盡可作較深的探討，而精簡套路的內容已經足夠健身與研究了。

為了配合當前廣泛開展的群眾性太極拳運動，現將傳統的楊式太極拳慎重取捨，改編成為「楊式四十三式大功架太極拳」。這套太極拳保持了楊式太極拳的基本套路和手法，只是精簡了重複部分，從而在時間上可做到不耽誤工作學習，還保證了足夠的運動量。它保留了楊式太極拳的基本規則和勁法，從而易於收到鍛鍊的效果。

第二節　練習太極拳的基本知識

太極拳是一種藝術，從外觀上看要舒展大方，柔和輕

太極拳是具有民族特徵的體育項目，具有緩、柔、圓、均等特點。

靈，令人愉快，精神振奮；從內功上講要達到保健強身的
目的。既然是一種藝術，就不是一看就會的，要學會必然
下一番工夫。從何處著手呢？第一步要瞭解太極拳的基本
知識，第二步要由實踐循序漸進，持之以恆，沒有學不會
的道理。

　　太極拳有哪些基本知識呢？第一是基本功──太極拳
的八種樁型；其次是理法──太極拳的基本規則與要領；
第三是勁法勢道──太極拳的八勁五勢。以下分別述之。

一、太極拳的八種樁型

　　「萬丈高樓從地起」。練習太極拳也不例外，必須打
好太極拳基礎。太極拳的基礎就是基本功──八種樁型。
八種樁型是指腿部的姿勢，鍛鍊的目的是增強腿部的力
量，達到下盤穩固，從而虛實轉換輕靈，姿勢自然優美。

　　有的太極拳愛好者未過這一關，因而腿力不足，盤架
子中出現前俯後仰、顛簸搖晃，凹凸斷續等毛病，這些都
是缺少基本功的表現。

　　樁型的鍛鍊俗稱「站樁」。應當每天站練，按圖所
示，輪流掉換。練習時間根據個人體質可以逐漸增加。開
始每個樁型站 2 分鐘即已不錯，5 分鐘即達到要求。第一
式和第八式為基本樁型。

　　通常所說的「練八式」或「練把勢」，就是指練八種
樁型。這八種樁型如下。

1. 騎馬勢

　　亦稱乘騎勢或馬勢（圖 1-2-1、圖 1-2-2）。太極拳
中有八字馬和四平馬兩種，八字馬勢兩腳掌外撇成八字

太極拳是具有民族特徵的體育項目，具有緩、柔、圓、均等特點。

圖 1-2-1　八字馬式

圖 1-2-2　四平馬式

形，四平馬勢兩腳掌向前。騎馬勢要求兩腳開立，兩腳內側的距離為本人腳底的三倍，大腿屈膝 45°至蹲平。要求身軀像天平秤一樣四平八穩，兩腿曲線勻稱，左右腳各支撐體重 50%，身體重心落於兩腿之間。馬勢經常出現的毛病是臀部凸出，兩腿曲線不勻稱。

　　在楊式太極拳中沒有馬勢樁型，只是在過渡動作中加以運用。如單鞭的弓勢，是由太極勢出步，逐漸變成弓馬勢，由弓馬式再變成馬式、弓式的，在雲手和十字手中亦有運用，目的在於沉襠、不起伏。

　　2. 弓　勢

　　亦稱弓前勢或長三勢（圖 1-2-3、圖 1-2-4）。弓勢分兩種，一是疊襠弓勢，一是鬆襠弓勢。疊襠弓勢上體轉正，疊住襠（即大腿根與小腹下部相接）。鬆襠弓勢上體斜向，襠要鬆開。弓勢均要求「前腿弓，後腿繃」（後腿成箭形繃直）。前腿膝部向前，不得超過腳尖，兩腳掌呈斜向平行，猶如平行四邊形的兩個斜邊，腳跟和腳外側均

圖1-2-3　鬆襠弓式

圖1-2-4　疊襠弓式

不得離地。體重前腿支撐 70%，後腿支撐 30%。弓勢正確的姿勢，身軀略向前俯，前腿落在川字頭，後腿落在川字尾上，中間留有空檔。

　　常見毛病：① 前俯後仰，後腳尖未補上，仍向外撇，或胯部凸出等。② 兩腳在一條直線上，中間無空檔，容易失去重心。

3. 虛　勢

　　亦稱寒雞勢（圖1-2-5、圖1-2-6、圖1-2-7）。虛勢分高架與低架兩種。高架虛勢，左掌按在胯旁；低架虛勢，左掌按在大腿旁。虛勢要求虛實分明，踏地落實之腿屈膝成半蹲勢，支持全身重量，虛步之腿前腳掌著地，落在川字第二條線上，膝關節微屈。

圖1-2-5　高架虛式

圖 1-2-6　低架虛式

圖 1-2-7　蹲式寒雞式

要襠圓，身體像安坐在高凳子上一樣。

常見毛病：躬腰聳肩，虛實不清，兩膝靠近。

4. 獨立勢

亦稱金雞獨立勢或懸腿勢（圖 1-2-8、圖 1-2-9、圖 1-2-10）。要求支撐腿伸直，膝蓋微屈，提膝腿應高過腰部與胸齊，腳掌自然下垂；兩肩鬆沉，平衡穩定。

圖 1-2-8　獨立式

圖 1-2-9　半獨立式

太極拳是具有民族特徵的體育項目，具有緩、柔、圓、均等特點。

圖 1-2-10 鬆襠獨立式

圖 1-2-11 撲虎式

常見毛病：站立不穩。

5. 撲虎勢

亦稱撲腿勢或仆步（圖 1-2-11）。要求身軀正直，全蹲腿的大腿與小腿相距一拳半，腳跟不得離地，腳尖稍外展；平鋪腿的腳外側不得離地，腳尖必須裏扣橫平，胯部必須下沉。前腳支撐體重 20%，後腳支撐體重 80%。

常見毛病：身軀前撲，不能沉襠，翹臀。

6. 坐盤勢

亦稱攪花步、磨盤勢或歇步（圖 1-2-12）。亦分高架與低架兩種。高架坐盤勢兩腿不必靠近疊攏。低架坐盤勢要求襠胯緊，兩腿必須靠近疊攏，臀部與後腳跟貼近，做到進退捷便，起落靈活。前腳支

圖 1-2-12 坐盤式

圖 1-2-13　太極式

圖 1-2-14　弓馬式

太極拳是具有民族特徵的體育項目，具有緩、柔、圓、均等特點。

撐體重 20%，後腳支撐體重 80%。

常見毛病：重心不穩，曲線不明。

7. 太極勢

亦稱螳螂勢（圖 1-2-13）。要求和常見毛病與虛式基本相同，唯前腳腳跟著地。前腿腳跟支撐體重 5%，後腿支撐體重 95%。

8. 弓馬勢

亦稱半弓半馬勢、三體勢或打虎勢（圖 1-2-14）。此式介於弓勢與馬勢之間，故名。為弓勢的後坐勢。要求前腿微屈，支撐體重 30%，後腿支撐體重 70%。參見弓勢與馬勢。

二、太極拳的基本規則與要領

頂頭懸起意集中，尾閭收住身軀正。

含胸擴背力脊發，沉肩垂肘氣不升。

體鬆自然不用力，氣固腹實體穩定。

內外相合神定凝，開剛合柔集大成。

「沒有規矩不能成方圓，沒有五音不能定六律」。練習太極拳自然也不能沒有規矩法則。上列七律詩一首，包括太極拳的六個基本規則和三個要領。

六個基本規則是：頂頭懸，尾閭收，含胸，擴背，沉肩，垂肘。

三個要領是：體鬆，氣固，神要凝。

六個基本規則非常重要，必須深刻認識，牢牢掌握。它對調整生理做了科學的安排，是保健強身的根本。

頂頭懸是為了意識集中，將精神振作起來，是鍛鍊神經中樞的關鍵。頂頭懸的做法是頭容正直，下頦微收，神貫於頂。

尾閭收是為了中正身軀，穩定重心。做法是臀部下落，小腹上腆。

含胸擴背，含胸是為了進行腹式呼吸，從而對五臟六腑起到按摩作用，是去病保健的良方。擴背是為了加大發勁的力量。含胸就是兩肩向前相對，胸略內含；擴背就是背往上提，氣貼於背。能含胸則自能擴背，能擴背則能力由脊發，能負擔較大的運動量。

沉肩垂肘，沉肩是為了上盤穩固，垂肘是為了防守嚴密。能做到沉肩垂肘則氣不上升，舉止沉著有力。「肩者，氣門也」。上抬則氣升，下沉則氣降，兩肩鬆開自然下沉。垂肘是指肘勿抬起，檢驗的標準是肋骨不要掀起。

三個要領是練習太極拳的三步功夫。

第一步功夫要求做到體要鬆。即動作不用力，全身毫

太極拳是具有民族特徵的體育項目，具有緩、柔、圓、均等特點。

不用力則氣血不致阻塞，達到周身各個角落。太極拳常用語說：「由開展而至緊湊。」開展者，動作不用力；緊湊者，動作達到中心。由鬆才能達到緊，鬆與緊相輔相成也。

第二步功夫是氣要固。氣固是將氣沉在腹部，不要浮在上面。練拳時掌握沉肩垂肘，久之自然氣往下沉。所謂胸虛腹實，腹實則氣固，氣固身體便有重心，得其重心，動作自如，故曰氣固則身自穩定。

第三步功夫是神要凝。凝者，就是內外相合。內外相合分內三合與外三合，內三合即心與意合，意與氣合，氣與力合；外三合即肩與胯合，肘與膝合，手與足合。內三合、外三合是謂六合，六合則精神提得起，做到眼到手到，開剛合柔，太極拳即登堂入室矣。

三、太極拳的八勁五勢

太極拳各家流派、拳式名稱、姿勢動作固然不盡相同，但是基本理法都是一樣的。

正確地掌握太極拳的八勁五勢，明白其中的道理，不但能夠練得姿勢優美，而且還能夠得到更好的鍛鍊效果。

八勁分內外兩種：

（一）〔外〕八勁表現於外面的是方向，是四正四隅。四正是東、南、西、北；四隅是西南、西北、東北、東南。意思是太極拳套路的安排，要照顧到四面八方，不要直來直往或偏於一隅。

（二）〔內〕八勁蘊藏於內裏的是勁道，即掤勁、捋勁、擠勁、按勁、採勁、挒勁、肘勁、靠勁八種。

1. 掤勁的解釋是：周身彈簧力，如水負舟行，先實丹田氣①，次緊雙臂懸。

2. 捋勁的解釋是：順其來勢力、引導使之前，抖擻一瞬間，莫被他人乘②。

3. 擠勁的解釋是：意上而寓下③，倏爾變前闖，如懸木撞鐘，補掌箭離弦④。

4. 按勁的解釋是：遇高則膨滿⑤，逢窪向下潛⑥，力由足跟發，推得金剛塌。

5. 採勁的解釋是：如權之引衡⑦，千斤亦可稱，若將物掀起⑧，下挫倒栽蔥。

6. 挒勁的解釋是：源頭自腰際，膀腕如旋窩⑨，轉彎抹角處，落葉便淪沉。

7. 肘勁的解釋是：打肘單純意，運化最為難⑩，渾如水葫蘆，無邊怎捉摸⑪。

8. 靠勁的解釋是：其法在丁字⑫，彼橫我一直，我隨人背走⑬，雙分肩胯側⑭。

【注釋】

① 沉肩迫使橫隔膜下降。

② 捋的時候向旁邊拉，避免正面衝擊。

③ 假動作。

④ 左掌緊貼右臂，雙臂齊力，多一倍的衝擊力。

⑤ 遇到偏高的向上推。

⑥ 相逢偏下的向下推。

⑦ 槓桿作用。

⑧ 加大下挫的力量。

⑨ 螺旋力。

⑩兩肘圓撐，向左右或自身分化來襲擊的力量，從而以肘攻之。

⑪圓活得使對方捉不著重心。

⑫因我的易位，使對方身體全部暴露，受攻擊的面積大，我是側身，受攻的面積小。

⑬背，指失勢。對方失勢，我就得勢。

⑭雙分，是一種進招的方法，將其雙手分開，肩胯側面進攻。

五勢也分內外兩種：

（一）（外）五勢表現於外面的是形勢，即前進、後退、左顧、右盼、中定。這五種形勢是《太極拳論》指出的注意事項，得形勢者勝，失形勢者敗，這是自然規律。怎麼樣前進？怎麼樣後退？怎麼樣左顧？怎麼樣右盼？怎麼樣中定的一剎那，發出勁兒呢？

1. 前進的解釋是：門戶關關好①，兩腳踏踏實②，距長而莫及③，來攻徒無益。

2. 後退的解釋是：順人能得勢，借力不須拿，局促失屏障④，就機連珠發。

3. 左顧的解釋是：披身逼死角⑤，必然亂其足，不架尚還可，一架便十下。

4. 右盼的解釋是：敞身踏外門⑥，彼即趨犄角，只有招架功，沒有還手力。

5. 中定的解釋是：重心須中正，失中功不純，將展未展際，蓄發一定間⑦。

【注釋】

①手是兩扇門，亮開保護的姿勢。

②穩住重心。

③太極拳論說：「進之則愈長。」意思說彼來進攻，因為我掩護得好，總覺得距離很遠而擊不到。

④太極拳論又說：「退之則愈促。」意思說，彼若退卻，因為我的連續進攻，逼使他局促得不能伸展。

⑤披，搶到側面進攻，亂其步法，只是挨打。

⑥撇，到側面進攻，逼使他趨於犄角，失卻還手的能力。

⑦拳論又說：「蓄而後發。」意思是說，人在要出大力之前的一剎那，必須放鬆全身肌肉筋骨，然後才能夠用得出力。

（二）（內）蘊藏於內的是勁道：即粘、連、黏、隨、不丟頂。

粘勁：順勢帶動對方重心稱粘。

連勁：一經交手，不脫離、不中斷稱連。

黏勁：使對方丟不開，拔不脫稱黏。

隨勁：緩急相隨、進退相依稱隨。

不丟頂：不離開、不僵抗稱不丟頂。

這是太極拳的術語，從加法式的說明層次，以期達到既丟不開，又不硬頂的「不丟頂」一個勁，它是一種戰術，順著來勢，挨近對方，使對方失去重心，乘虛發勁而制勝。

本篇總結：掤即撐開，捋即拉回，擠即壓出，按即壓抑或推，採即抓住，挒即擋開，肘即運化，靠即衝撞。

粘、連、黏、隨、不丟頂，實際是一個勁「不丟頂」。

太極拳的八勁五勢，雖屬技擊範圍，已不為今日所需要，但它可以提高鍛鍊的興趣，可以幫助懂勁和懂勢，對打好太極拳，進一步達到保健強身的目的，確是十分有利的。

四、太極拳的拳形和掌形

拳形：

大架子太極拳的握拳，是內外交相滲透與動作姿勢交織在一起的。無論由掌變拳還是由拳變掌，都要做得慢而且勻。握拳的緊與鬆，對於周身肌筋、精神弛張，又是緊密關連的，所以不要握得太緊，也不要太鬆，要與動作的勻速相適應。

另外，一是不要握得形如生薑，以致鬆散無力，不合

太極拳是具有民族特徵的體育項目，具有緩、柔、圓、均等特點。

名稱	形　　狀	要　　求	附　　注
立拳	拳骨朝天（或基本朝天）	蜷屈五指向掌心，屈大拇指，扣住食指、中指	動作說明中均稱立拳
側拳	拳眼朝天（或小指朝天）	不要太緊，不要太鬆	無論仰腕或直腕，均稱側拳
垂拳	拳骨朝地（或基本朝地）	不要乍開五指	動作說明中稱垂拳
仰拳	拳心朝天（或基本朝天）	不要大拇指伸直	無論拳骨指向何方，說明中均稱仰拳
俯拳	拳心朝地（或基本朝地）	不要小指凸出	無論拳骨指向何方，說明中均稱俯拳
勾拳	合撮五指朝地、腕部向下掛	不要僅合撮三指	形同勾子，所以又稱勾子

理法。二是不要突然緊握青筋繃起，以致血脈賁張，有失太極拳應有的沉靜肅穆之慨。

掌形：

大架子太極拳的動作，是掌式環形交錯、形式多變的圓圈，雙掌不絕如縷地圍繞，使內外融為一體。兩掌分工不同，但又是息息相通的。此練習可使官能健全，指揮如意。

掌形的要求：

五指相間，自然舒展，形如瓦楞。第一，手指不要呈蘭花形狀，以致妨礙氣血通暢。第二，不要五指並緊，直如屏風，以免僵硬而引起感覺遲鈍。正確的推掌應當是隨動作的擊出「舒掌坐腕」，掌心漸漸微凸於一瞬，隨即隨姿勢歸還為瓦楞形，那才是斷而復連，所謂由虛而實，由實而虛，「形於手指」。

名稱	形　狀	附　注
立掌	五指朝天（或基本朝天）	無論掌心朝任何方向，均稱立掌
側掌	五指與地面呈水平	無論大拇指向上或向小指向上，指向何方，均稱側掌
垂掌	五指朝地（或基本朝地）	無論指向何方，均稱垂掌
仰掌	手心朝天（或基本朝天）	無論手指指向何方，均稱仰掌
俯掌	手心朝地（或基本朝地）	無論手指指向何方，均稱俯掌

太極拳是具有民族特徵的體育項目，具有緩、柔、圓、均等特點。

第三節　太極拳的準備動作

有三言詩為證：

朝霞出，空氣新。腰為軸，意在先。血脈活，筋骨展。寒繼暑，莫間斷。

這首三言詩主要包括兩個內容，一是練拳前必須活動腰腿，練好基本功；二是練拳要意識引導動作，動作當中腰為主宰。還有一層意思是長年堅持不中斷。

準備動作口訣：

1. 左右圈（左右各四次）

臂上舉，旁邊轉。分順逆，甩圓圈（並步）。（圖1-3-1—圖1-3-3）

太極拳是具有民族特徵的體育項目，具有緩、柔、圓、均等特點。

圖1-3-1

圖1-3-2

2.迎面圈（亦稱亮翅圈，左右各四次）

掌觸地，平面轉。仰俯間，腿不彎（並步）。（圖1-3-4—圖1-3-6）

圖1-3-3

圖1-3-4

圖1-3-5

圖1-3-6

太極拳是具有民族特徵的體育項目，具有緩、柔、圓、均等特點。

3. 上下圈（上下各四次）

胸朝天，上下轉。學游泳，環連環（小開步）。（圖 1-3-7—圖 1-3-10）

圖 1-3-7

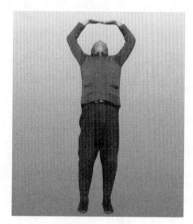

圖 1-3-8

太極拳是具有民族特徵的體育項目，具有緩、柔、圓、均等特點。

圖 1-3-9

圖 1-3-10

4. 太極勢（或稱肘壓膝，左右頭找足各兩個三下）

頭找足，俯身轉。肘壓膝，點三點（太極勢）。（圖1-3-11—圖1-3-13）

圖1-3-11

圖1-3-12

圖1-3-13

太極拳是具有民族特徵的體育項目，具有緩、柔、圓、均等特點。

5. 磨盤勢（或稱轉磨盤，起落各四次）

膝頂脛，前後轉。前腳跟，後腳尖（坐盤勢）。（圖 1-3-14—圖 1-3-16）

圖 1-3-14

圖 1-3-15

圖 1-3-16

6. 撲隆鼓（左右各四次）

腰帶手，蹲身轉。回頭看，手拍肩（馬步）。（圖1-3-17、圖1-3-18）

圖1-3-17

圖1-3-18

7. 撲腿勢（或稱波浪翻，左右各四次）

波浪翻，內外轉。身莫俯，巧連環（弓勢、弓馬勢）。（圖1-3-19—圖1-3-24）

圖1-3-19

圖1-3-20

太極拳是具有民族特徵的體育項目，具有緩、柔、圓、均等特點。

圖 1-3-21　　　　　　　圖 1-3-22

太極拳是具有民族特徵的體育項目，具有緩、柔、圓、均等特點。

圖 1-3-23

圖 1-3-24

8. 獨立勢（或稱腳打圈，左右順逆各四次）

手叉腰，從橫轉。一腿立，腳轉圈（獨立勢）。（圖 1-3-25—圖 1-3-28）

圖 1-3-25

圖 1-3-26

圖 1-3-27

圖 1-3-28

太極拳是具有民族特徵的體育項目，具有緩、柔、圓、均等特點。

太極拳是具有民族特徵的體育項目，具有緩、柔、圓、均等特點。

第四節　大功架太極拳動作圖解

一、大功架太極拳動作名稱

第一段

起　勢

第 一 式　攬雀尾

第 二 式　單鞭

第 三 式　提手上勢

第 四 式　白鶴亮翅

第 五 式　摟膝拗步

第 六 式　手揮琵琶

第 七 式　搬攔捶

第 八 式　如封似閉

第 九 式　十字手

第二段

第 十 式　抱虎歸山

第十一式　肘底看捶

第十二式　倒攆猴

第十三式　斜飛勢

第十四式　海底針

第十五式　扇通背

第 十六 式　雲手

第 十七 式　高探馬

第 十八 式　左右分腳

第 十九 式　轉身左蹬腳

第 二十 式　上步摟膝拗步

第二十一式　進步栽捶

第二十二式　轉身撇身捶

第二十三式　披身蹬腳

第二十四式　左右打虎勢

第二十五式　回身右蹬腳

第二十六式　雙風貫耳

第二十七式　左右蹬腳

第二十八式　落步搬攔捶

第二十九式　如封似閉

第 三十 式　十字手

第三段

第三十一式　野馬分鬃

第三十二式　玉女穿梭

二、大功架太極拳的動作圖解

第 一 段

起　勢

　　兩腳並齊，面南而立，身軀中正不偏，呼吸要順乎自然，勿用拙力，消除雜念，專心一致。練好太極拳的動作與姿勢，重要是練習在不同的角度下正確掌握基本規則，則動作與姿勢必然優美。開始時雙膝下屈，左腳向左橫邁半步，距離與雙肩齊寬；雙膝下屈時，雙掌略向前提，各行立圈下按，大拇指靠於腿旁，十指向前，掌心向下；目遠視；同時身起立。（圖1-4-1）

　　【提示】屈膝開左腳交換虛實，以腰為軸，自右而左，再向右至中定，手足齊動，逆圈螺旋漸升。

圖 1-4-1

【要求】

1. 練拳開始周身放鬆，不要僵直。

2. 頂頭懸精神振作起來。

3. 用意識引導行動，所謂「先在心，後在身」。

第一式　攬雀尾

本式包括掤、捋、擠、按四個動作。它是太極拳最基本的動作，以下的動作都從這些基本動作中生化而出的。請學習太極拳的同志們注意，必須不厭其煩地研究，認真練好。

1. 右上掤與左平掤

接起勢。雙手慢慢向前提起，高與肩平，隨即屈膝下蹲，雙手下按，好像按住桌子坐下的樣子。（圖1-4-2、圖1-4-3）

注：此是定式。定式即定下練習架子的高和低，初學時以中架子較好，等待有腿力時再練低架子。

圖1-4-2

圖1-4-3

左腳支住重心，右腳尖轉向西南，略弓膝，支住體重，同時左腳跟外撇，成高架麒麟勢；右手隨腰右轉，手心向內，由胸前漸漸向西南掤起，高與鼻齊。左腳提起至右踝內側；左臂循右肘下成環抱，成寒雞勢，合抱；同時左腳向南偏東踏出一步成弓勢；左臂向南掤開，略低於肩，掌心向內；右掌循左臂內部漸漸按下，與右胯齊平，雙臂像拉開弓的樣子，箭在弦子；目視正西。（圖1-4-4、圖1-4-5）

圖1-4-4

圖1-4-5

2. 捋

接上動。右臂隨腰左轉至胯際，向南做環抱；左手擰掌心向下，右手翻掌心向上成合抱，似抱大西瓜的樣子；右腳提回，經左腳內側向西略偏北踏出；雙手乘腰右轉送向西方，高與鼻齊（圖1-4-6、圖1-4-7）。旋即翻右手心向下，翻左手心向上，置於右肘內旁，做向後拖拉之狀；含胸後坐，右腳變虛成打虎勢；目視西方。（圖1-4-8）

圖 1-4-6

圖 1-4-7

圖 1-4-8

3. 擠

接上動。雙手繼續不斷往下、向後拖拉，左手經過左胯旁向後圓轉至左耳旁，右手拉至右胯前隨即上提至胸際；同時身向下坐，右腳完全變虛，此其一。左掌前推貼於右臂內部，右臂以前臂外部趁右腳前弓向西擠出，這叫做補掌發勁，或稱合掌發勁。前弓後五趾抓地，沉肩垂肘；目視西方。（圖 1-4-9、圖 1-4-10）

圖 1-4-9　　　　　　　　圖 1-4-10

4. 按

接上動。雙手平行分開，與肩等寬，手心向下，趁含胸後坐，慢慢收至兩耳前上方，復趁身下坐之勢，雙腕下沉，由胸前平推向西略向上掀，好像搖櫓的樣子；同時右膝前弓。身須中正，勿使前撲。此動謂之雙掌發勁。（圖1-4-11、圖1-4-12）

圖 1-4-11　　　　　　　　圖 1-4-12

太極拳是具有民族特徵的體育項目，具有緩、柔、圓、均等特點。

【提示】

1. 猿臂舒展，掌握法則。

2. 屈腿定式45°，身軀中正。

3. 右上掤。

4. 左平掤，邁步如貓行，鬆襠弓勢。

5. 屈膝沉襠，左轉腰，疊胯，環抱，寒雞勢，變合抱。

6. 上步左採右挒，弓勢。

7. 捋，後坐，打虎勢。

8. 放鬆，下沉，蓄勢待發，眼神前視。

9. 擠，齊頭並進，補掌發勁，沉肩垂肘，頂頭懸。

10. 按，後坐，虛靈察勁，推，勁發於後腳跟。

【要求】

1. 雙手提起時意領雙腕，下按時沉肩垂肘，尾閭收。

2. 右上掤時，含胸擴背，以腰帶動雙臂。

3. 左平掤終了時，眼神向西。

4. 接左平掤，先屈後（右）腿沉襠，做到中定，身體中正，全身放鬆後，再疊左胯，隨左轉腰做環抱。

5. 下捋時，左手採，右手挒，意在右前臂。

6. 雙手後拉時，不能同時下掛。右手慢行，拉至胸前，猶如在牆上畫一圓圈。左手快一些，向左後甩圈至左耳旁。

7. 身轉正（西）時，手、眼、身、步同時擠出，所謂齊頭並進。前擠時，右前臂斜向上，肘下垂。

8. 含胸後坐，雙手向下做捋鬚狀後略外分，試勁，再按（按，可向上、向下、向前）。前按時，尾閭收，鼓小

腹（即氣沉丹田）。

第二式　單　鞭

接前式。左腳尖轉向東南角；雙手心轉外側向南，與肩齊平，隨向左鼓盪之勢，以迎面弧線形轉至東南；右腳尖也隨之轉東南方。接著雙掌抱回，右手心向裏上拉，高與眉齊，左手心向上，下沉與胯齊；同時，含胸，右轉腰，疊右胯，提左腳收回至右腳內側；右手五指下撮，向右方成勾手，左手慢慢向西、向上抄過腰際至右前臂腕下，此其一。

左轉腰，沉襠；左手齊眉向東偏北立掌坐腕揚長擊出，食指對準眉心；同時，左腳向東偏北踏出成弓勢；在後的勾手向西南前伸，臂形要求曲中求直，切勿聳肩抬肘，務必沉襠和四肢舒展。（圖 1-4-13—圖 1-4-16）

圖 1-4-13

圖 1-4-14

太極拳是具有民族特徵的體育項目，具有緩、柔、圓、均等特點。

圖 1-4-15

圖 1-4-16

太極拳是具有民族特徵的體育項目，具有緩、柔、圓、均等特點。

【提示】

1. 放左腳尖，左採右挒，向左拉。

2. 以腰帶手，胸向東南。

3. 含胸，勾掛，抱、蓄勢待發。

4. 向東偏北，邁步如貓行，太極勢，打虎勢，煞步沉襠。

5. 漸漸前弓，孔雀開屏，單按掌，三尖照準。

【要求】

1. 雙臂鼓蕩、以腰帶手外，尚要分清虛實。

2. 左腳收至右腳內側時，身略下沉，出左腳先以太極勢著地，經過弓馬勢、馬勢，再變弓勢。右腳尖裏扣。

3. 單鞭終了為半疊襠弓勢，三尖（手尖，鼻尖，腳尖）對正，身下沉，名曰煞步下勢。

第三式　提手上勢

接前式。疊左胯，放勾手，沉襠，右轉腰，左腳尖轉

圖 1-4-17

圖 1-4-18

向東南,再疊左胯支住全身,右腳提起經左腳內側,以弧形向南偏西踏出,右腳跟置於左腳前一尺許,成太極式;同時,雙掌趁腰腿右轉勢漸漸向南合攏,手心相對,是為一合勁,右手在前,食指對著右耳,左手在後,位於右肘下方。此式要身正襠圓,忌夾襠起伏。(圖 1-4-17、圖 1-4-18)

【提示】轉換變勢,疊胯鬆腰,沉襠,轉左腳尖向東偏南,再疊住左胯,右腳放鬆,畫弧向南偏西成太極勢,同時雙手一合,身向東南。

【要求】做到兩疊一鬆,先疊胯,鬆胯,屈膝沉襠,再疊胯,內外三合。

第四式 白鶴亮翅

接前式。其一,雙掌捋回,左手經腰際向後環繞至左耳角,右手捋至左肋下,上提至胸,乘右腳收回即向南偏東踏出前弓之時,以右前臂外部向正南連擠帶靠,左掌前

推搭在右前臂內側，藉以加大力量。

其二，乘肩靠臂擠至極點彈回之時，沉襠，右腳尖轉向東南，左轉腰，身向東再行坐實右腳，支住全身，提起左腳，經由右踝骨內側行一小圈向正東伸出半步，腳尖點地；右手將掌向下沉於膝前，左手仍在右前臂內側。

其三，右掌轉外，迎臉上升至右額角前；左掌下按至左大腿外側；同時，身軀漸漸升起，是為一分勁。此式之動作好像立鶴把翅膀展開。（圖1-4-19—圖1-4-22）

【提示】

左合抱，寒雞勢，蓄勢待發，上步連擠帶靠「如球撞壁回」。屈膝沉襠，放鬆，起，仰之彌高，捲簾掌上虛下實，目視東方，高架虛勢。

【要求】

1. 雙手合抱時放鬆。

2. 左手下摟對方的右手或腳。右手上提作捲簾掌，左腳全虛（原為前踢），右腳支撐全身重量。

圖1-4-19

圖1-4-20

圖 1-4-21　　　　　　　　圖 1-4-22

第五式　摟膝拗步

接前式。身體漸漸下沉；右掌隨腰向左扭轉，手心朝上，轉肘下沉，由左肩前向下，經右胯向後圓轉至右耳角，掌心向下；同時，左手向東北角提起與肩相平，向南捯去，趁腰右轉之時，經右肩前下摟，趁提回左腳再行踏出之際從膝前摟過，仍置於左大腿外側；同時，右掌坐腕向東按出；腿成弓勢。
（圖 1-4-23—圖 1-4-25）

注：向左或右擋開來勢，均稱作捯。

【提示】

1. 沉身回肘，左手平捯，寒雞勢，蓄勢反抱（下手心向下者稱反抱）。

圖 1-4-23

圖 1-4-24　　　　　　　　圖 1-4-25

2. 邁步如貓行，左手左下捯，右掌從耳邊出，舒掌坐腕，單推，三尖對正，胸向東北。

【要求】

1. 回肘時，腰左右（先左後右）轉，帶領肘、腕同時轉動。

2. 上式為上升，本式為下降。

3. 回肘時，要含胸，推出時，要尾閭收，氣沉丹田。

4. 定式為疊襠弓勢，眼神透過食指遠看。

第六式　手揮琵琶

接前式。疊住左胯，保持中正，提起右腳落於左腳後一尺許，身後坐；同時，右腕先逆後順轉向裏，像採住對方手臂向後拉；左手向前（小指偏向上）轉腕提起（拇指轉向上），與肩同高，向南捯；右手拉回胸前，左手食指對準鼻尖，雙手再往前一送（即一揮）；左腳同時前移成太極勢，面斜向前方，肩胯上下相對，兩肩鬆沉，雙臂保

圖 1-4-26

圖 1-4-27

持弧形，腰背正直。此式姿勢略如提手上勢，但動作截然不同，前者是合勁，此式是一採一挒勁，好像手揮琵琶之抖勁。（圖 1-4-26—圖 1-4-28）

【提示】

疊胯，跟步，右採左挒成撅，沉肩向右帶，前揮，太極勢。

圖 1-4-28

【要求】

1. 右手採，意在腕，左手挒，意在前臂，隨腰右轉勁，身後坐，再向前放出。

2. 定式時，要求做到三合（即手與足合，肘與膝合，肩與胯合）。

第七式　搬攔捶

1. 接前式。右掌上提，左掌下沉，兩掌心相對之後，右手橫掌前推；同時，左腳尖轉向東北，身前弓，抬起右腳跟，揮右肘，身下沉；右手以弧線軌跡往下收至左肋旁，握拳；左掌向後經西北角環繞至左耳角；鬆胯，左轉腰疊住左胯，支住重心，右肩向東，成高架坐盤勢。此是搬攔捶之開始式。提起右腳，循左腳內側向前邁出半步，腳尖向東南，身略下蹲，雙腿彎曲，左膝置於右膝後部，成低架坐盤勢，同時含胸，右轉腰；左掌向右捯；右拳在左肘下，由北翻轉至南面，拳心向上，此時左肩向東，謂之搬，即雙手由左而搬往右，此其一。（圖1-4-29—圖1-4-31）

2. 雙手拉開（對拉拔長之意），左掌向東攔出，高與胸齊，右拳拉回至右腰間；側身右轉腰之時，提起左腳向前邁出一步成太極勢，謂之攔。（圖1-4-32）

圖 1-4-29

圖 1-4-30

圖 1-4-31

圖 1-4-32

3. 隨即右拳在腰間轉小圈向正東擊出；左膝前弓，成左弓勢（圖 1-4-33）。如此搬而攔，攔而後捶，層次分明。此式之要領在動作連貫一氣。

【提示】

1. 左轉腰合抱，撇左腳尖向東北，揮右肘沉襠，搬攔捶預備勢，寒雞勢。

圖 1-4-33

2. 上步搬，側身向右，右腳跟對準左腳尖，低架坐盤勢，沉肩垂肘。

3. 進步攔，太極勢。

4. 含胸擴背，前弓打捶，胸向東北。

【要求】

1. 本式預備勢要含胸，向前搬時要轉腕旋膀和轉踝旋膝。右拳捶出時要含胸，尾閭收。

2. 此式進行中猶如拉牛皮筋一樣，有彈性地伸縮。

第八式　如封似閉

接前式。右捶略前伸，左掌插至右肘下，手心朝上，五指向南；右拳放掌，趁身軀後坐時，右臂屈肘收回至胸前，左掌緣右臂外部上升，交叉成十字封條於胸前；身後坐，雙掌向左右分開至肩前，復向內相合至手心相對於耳前，做向下将鬚狀，趁左膝前弓時，雙掌坐腕徐徐下沉向東按出，似閉門之狀。（圖1-4-34—圖1-4-37）

【提示】

放鬆，抄，如封條，後坐，粘之使起，下沉，尾閭收，似閉，平禧前推，右腳尖扣回。

【要求】

1. 雙臂隨身軀後坐「粘之使起」，意在前臂上方。

2. 前推時，要平禧前進。做法：右腳尖略外撇，右腿屈膝應與右腳尖同一個方向，便於身體下沉，同時上身中

圖1-4-34

圖1-4-35

圖 1-4-36

圖 1-4-37

正，即能做到平襠前進。

第九式　十字手

接前式。放右腳尖，雙臂略捌開，食指相對，屈膝沉襠；隨腰右轉時，雙手上升成虎抱頭，圓過頭頂；左腳尖亦隨之扣向正南；復以弧形軌跡雙臂分向左右，用立掌下劈，高與肩平；由馬勢變為右弓勢，為右盼。此式一似右式單鞭，唯後手不做勾手，而是雙手立掌，十指朝天，此其一。（圖 1-4-38、圖 1-4-39）

其二，左右掌隨回頭向南，掌心向下；腰向右轉，重心移至兩腿之間，放鬆，成中立，如虎爬勢。

其三，回頭觀，向東南左顧，十指同時下掛，似撩甲冑的樣子，掌心向北，成虎踞勢。以螺旋勁經胯旁，轉至掌心朝上，收回已虛之右腳，距離與肩同寬；雙手隨捧隨升，徐徐起立，雙手交叉成十字形於胸前，右手在外，左手在裏。此時，要沉肩收臀，含胸擴背，與起勢一樣。

太極拳是具有民族特徵的體育項目，具有緩、柔、圓、均等特點。

圖 1-4-38

圖 1-4-39

（圖 1-4-40—圖 1-4-43）

【提示】

1. 食指相對，放右腳尖，扣左腳尖，向右盼，三尖照準。

2. 中定：意守小腹，頂頭懸。

3. 左顧：扣右腳尖，以肘為軸，虛掛前臂，兩腋扇

太極拳是具有民族特徵的體育項目，具有緩、柔、圓、均等特點。

圖 1-4-40

圖 1-4-41

圖 1-4-42

圖 1-4-43

開，抱虎，尾閭收。

　　4.直線上升，十字手定式，眼平眺遠處。

【要求】

　　1.雙手上升，十指相對，雙掌下劈，右盼，三尖對正。腰走螺旋，中定。左顧，腰向左轉，再向南轉正。

　　2.雙手上捧，要含胸，尾閭收，虛靈頂勁，臀部下沉，小腹前合，徐徐起立。

第 二 段

第十式　抱虎歸山

　　接前式。身軀漸漸下蹲；左掌下沉，右掌掤起，手心相對，做抱球之狀；同時，身向右轉，左腳尖扣向西南；左掌由東南環繞至左耳角，右掌心向下，從左肩前落下；此時提起右腳向西北角邁出一步，漸成弓勢；右掌下摟及膝，左掌由耳邊向西北方擊出，食指尖對準眉心，右掌在

胯、膝之間，掌心仍向下。此式之後半個動作似摟膝拗步。（圖1-4-44—圖1-4-47）

【提示】

蹲身下氣，先正抱，後反抱，西北斜摟膝，右下捌，左按掌。

【要求】

開始雙手上升，屈膝下降，同時含胸、尾閭收。雙腳

圖1-4-44

圖1-4-45

圖1-4-46

圖1-4-47

變換虛實，次序是右實左虛，然後左實提右腳，做出蛇身仰起搖擺的樣子來。

第十一式　肘底看捶

接前式。其一，左腳尖轉向東南；右手上提，雙手心朝下側向南，高與肩齊，屈肘隨腰向東南擺動；至東南角時，右腳尖亦轉向東南，成左弓勢。隨即含胸右轉腰，扣左腳尖，放右腳尖，漸坐右腿；右手心朝裏，高與眉齊，左手心朝上與腹平，抱回，右手變五指向上；提回左腳停於右腳內側；右掌向西北角翻出，五指上，左手向上兜至右腕下。

其二，左腳向東南方邁出一步，成左手掤左弓勢；復屈膝後坐，隨腰左轉勢，身前探，以左腳跟圓轉向東北；同時，右掌變立掌，隨之向東掠；疊左胯，提右腳落在左腳後半尺許，再坐右腿，左腳向前，腳跟著地，成太極勢；在未成太極勢之前，左掌隨腰左轉向東平捋，右掌隨之向東；左掌轉至北方時，再向後轉下似作舀水狀，此時右掌捌至正東，掌心向北；左掌由左腰間經胸前穿過右手腕部向上，臂成圓形，掌心向南，五指朝天，右掌在左臂外部慢慢按下，至左肘下握拳前擊。此式須貫穿一氣，毋使有斷續之處。（圖1-4-48—圖1-4-56）

圖1-4-48

圖 1-4-49

圖 1-4-50

圖 1-4-51

圖 1-4-52

【提示】

向左採挒，放左腳尖，含胸轉折如勾掛，向西北推出。出步東南左掤，後坐換手。撇左腳尖向東北，轉腰，左手穿，右按下，肘底捶，太極勢。

【要求】

眼神遠看，從而加大腰部的運轉度。

太極拳是具有民族特徵的體育項目，具有緩、柔、圓、均等特點。

圖 1-4-53

圖 1-4-54

圖 1-4-55

圖 1-4-56

第十二式 倒攆猴

1.倒攆猴左式：接前式。左掌掌心向前下按，右拳變掌，慢慢抽回貼於右胯旁，手心朝上，繼續不斷向西南方掄轉繞至右耳角，同時，左掌翻掌心朝天；提左腳經右踝後退一步，腳掌著地，左轉腰；右掌向東按出，經過左臂

上時，左掌從右肘下抽回貼於左胯旁，手心仍朝上；逐漸坐左腿成弓馬勢；目視正東；右食指對準鼻尖。此動之關鍵在腰似車輪，沉肩垂肘。（圖1-4-57—圖1-4-59）

2. 倒攆猴右式：動作同前，唯方向相反。（圖1-4-60、圖1-4-61）

3. 倒攆猴左式：動作同 1. 倒攆猴左式。（圖1-4-62、圖1-4-63）

【提示】

倒攆猴一勢為獅子開口、退步前推、三尖相照。二勢為後坐，眼看東方遠處，三勢亦為後坐，要像車輪後滾，不要起伏。

【要求】

後退時，身體下降屈膝，鬆沉，身向東南，便於提起後

圖 1-4-57

太極拳是具有民族特徵的體育項目，具有緩、柔、圓、均等特點。

圖 1-4-58

圖 1-4-59

圖1-4-60

圖1-4-61

圖1-4-62

圖1-4-63

太極拳是具有民族特徵的體育項目，具有緩、柔、圓、均等特點。

退之腳，輕靈，打出右掌，身向東北，做到退中有進。不要出現缺陷凹凸現象。

第十三式　斜飛勢

斜飛勢右式：接前式。做到第三個倒攆猴右手在前時，含胸沉肩，鬆右胯，右掌向前、向下做撈物狀，乘腰

左轉兜至左腰前；同時，左掌由西北角環繞至胸前，兩掌心相對做抱物狀；右腳撤回至左腳後一尺許，腳掌著地，腰右轉，扣左腳尖，後坐，提右腳向西南邁出一步漸成弓勢；同時，右掌沿左肘下向西南上方挑起，手心斜朝上，高與頭齊；眼神從右腕上前視；左掌從右肩前循右臂內側下按，高與左胯平，五指向南。（圖1-4-64—圖1-4-67）

圖1-4-64

圖1-4-65

圖1-4-66

圖1-4-67

太極拳是具有民族特徵的體育項目，具有緩、柔、圓、均等特點。

圖 1-4-68

圖 1-4-69

　　斜飛勢左式：接前式。鬆胯，右腳尖轉向東南，復坐右腿，支住全身；左手向左做撈物狀，向裏收至右腰旁，手心朝上；同時，右掌翻掌心向下，五指朝東移於左肩前，上下掌心相對；收左腳於右腳後一尺許，以腳掌著地，擰腰左轉，成寒雞勢，左腳向東北角邁出一步，逐漸成弓勢；同

圖 1-4-70

時，左臂沿右肘下向東北角挑起，掌心斜向上，高與頭平；眼神從左腕上前視；右手從左肩前循左臂內側向右下慢慢下按，置於右胯旁，五指向東。（圖 1-4-68─圖 1-4-70）

　　【提示】

　　右式：沉肩、含胸，抱，撤右腳，轉、合、開，肩中

有背。

左式：屈膝沉襠，向東招手，抱、轉、合、開，肩中有背。

【要求】

1. 做到姿勢縮小後再放大。如右式，當右腳後撤、右掌下插時成交叉掌，即為縮小，邁出右腳、雙掌分開時，即為放大。定式為鬆襠弓勢。

2. 拳譜說：「斜飛勢肩中有背。」所謂肩中有背，即雙手分開時，先用肩扛，再用背前背，如扛口袋的背勁。

第十四式　海底針

接前式。其一：疊住左胯，穩定前身，提起右腳至左腳後虛懸；右掌由下向東提至與右肩平，掌心向北；左掌心向南，附於右前臂內部；右腳復向西南後退半步，做閃身勢，成半弓步半馬勢。

其二：右腳支住體重，提起左腳，勿高過右膝，以弧形圈由北向後、再向東虛懸；同時，右手上提至右耳旁，左手向下、向北繞一小圈再向東提起；趁身下蹲時，右掌五指由耳旁斜向地面直插；左掌經右腕上按至左腿外側；左腳尖點地；眼向東視。不要出現低頭、彎腰和凸臀現象。（圖 1-4-71—1-4-74）

【提示】

疊胯並步一引手，後撤一閃身，全身放鬆，下採，向東看。

【要求】

1. 做到上提下採的勁勢，即右手隨右腳後退上提至右

圖 1-4-71

圖 1-4-72

圖 1-4-73

圖 1-4-74

耳旁時為上提,右手下插時為下採的勁勢。

2. 右手下插,左掌停於左腿旁,左腳尖點地,三者同時完成。

第十五式　扇通背

接前式。雙手前提,高與肩平;目視遠方,鬆右胯,

圖 1-4-75　　　　　　　　　　圖 1-4-76

太極拳是具有民族特徵的體育項目，具有緩、柔、圓、均等特點。

下沉；乘腰右轉，兩臂向右肩上方翻起，掌心向外；提左腳向東偏北踏出，腳跟著地；左手在右臂下從肩前向東偏北前推，勁帶上托勢，對準鼻尖；右掌提至右額角上方，手心朝南。趁雙手展開之勢，成左弓勢。（圖 1-4-75、圖 1-4-76）

【提示】

掌握法則，起，出步如貓行，向東偏北推，身向東南，成左弓勢。

【要求】

1. 上身漸漸豎直，身體下坐，接著出左腳、出掌如抖翎。

2. 雙臂展開之時，兩肩胛骨相靠近如相通之勢；做到像展開摺扇模樣，勁在一抖；但仍要含胸擴背，做到「勁以曲蓄而有餘」。使動作有伸展的餘地。切勿挺胸、直臂、聳肩和出現頓挫現象。

第十六式　雲　手

雲手之一：接前式。右腳尖撇向正南，屈膝沉襠，成右弓勢；右掌由頭上向西南方落下，右食指對準鼻尖；同時左掌乘腰右轉從東北上方轉腕向下，手心向裏，經過膝胯之間再向右抄上，置於右手脈門低處，距離約一拳許。復乘腰向左轉，左掌稍上提，拇指齊眉，手心向裏，橫拉至東方翻掌按出，目光隨之；同時，右掌轉腕向下，手心向裏，經過膝、胯之間再向左抄上，置於左手脈門低處，距離一拳許，成左弓勢；疊襠提右腳靠近左腳，平行距離約一虎口許，腳掌著地（即腳跟虛懸），左食指正對鼻尖。（圖1-4-77－圖1-4-80）

雲手之二：隨轉腰向西，右掌稍上提，拇指齊眉，手心向裏，橫拉至西方翻掌按出，目光隨之；左掌同時轉腕向下，手心向裏，經過膝、胯之間再向上置於右手脈門低處，距離一拳許；在右掌齊眉橫拉之時，坐實右腳，提左

圖1-4-77

圖1-4-78

圖1-4-79

圖1-4-80

腳向東橫出一步，以腳掌著地，成右弓勢。復隨腰向左轉動，左掌稍上提，拇指齊眉，手心向裏，橫拉至東方翻掌按出，目光隨之；同時，右掌轉腕向下，手心向裏，經過膝、胯之間再向上置於左手脈門低處，距離約一拳許；在左掌齊眉橫拉之際，坐實左腳，提右腳靠近左腳，平行距離小半步，腳跟虛懸；左食指對準鼻尖。圖略。

雲手之三：動作同雲手之一。圖略。

【提示】

其一：放腳尖，右轉腰，上手採，下手抄。

左轉腰，左採右抄，靠近右足。

其二：向西，向東。

上繞下蹺，行圈要圓。

【要求】

雲手之要領在於腰部之左右轉動，左右掌之此起彼落，手腳動作之連綿不斷，好像白雲行空，川流不息，沉浮有致。

在齊眉橫拉時，要沉肩含胸，尾閭收，然後輕鬆地外按。向左出步時，要疊住右胯；同時，上身宜中正，勿前傾，眼要透過食指遠視，不要只看橫拉之手。

第十七式　高探馬

接前式。其一：轉腰向西；右掌上提齊鼻，手心向裏，橫拉至西方翻掌按下（勿低頭），目光隨之；同時，左掌轉腕向下，手心向裏，經過膝、胯之間再向右上抄置於右手脈門低處；右腳實，虛提左腳於原地。（圖1-4-81、圖1-4-82）

其二：右掌向下做舀水之狀，轉手心朝上，經過右腰際穿向胸前；左腳向東邁出一步成弓勢；同時，隨腰左轉，左掌上提，經眉際橫拉至東方，轉為俯掌，向下做撫按馬項之狀；疊胯提起右腳，跟上半步在左腳後，漸漸坐實右腿。

其三：擰左掌翻手心朝天，趁腰左轉勢，右掌由胸前

圖1-4-81

圖1-4-82

圖1-4-83

圖1-4-84

太極拳是具有民族特徵的體育項目，具有緩、柔、圓、均等特點。

經左臂上部徐徐向東翻掌探出，橫掌與口齊平，掌心向東，小指橫向天，五指朝北；同時，左掌也徐徐經右肘下圓弧抽回貼於左腰間；左腳尖點地成高架虛勢；目視遠方。此式似牽馬勒韁之狀，故名。（圖1-4-83—圖1-4-85）

圖1-4-85

【提示】

其一，解拴馬樁；其二，撫馬鞍，高探馬；其三，勒韁上馬，五指朝北，橫前臂與口齊高，高架虛勢。

【要求】

右掌由下往上前推時，上身下沉，氣沉於小腹。左腳虛懸時，用頂勁漸漸起立，有上下對拉拔長身軀之意。

圖 1-4-86

圖 1-4-87

第十八式　左右分腳

1. 右分腳

接前式。其一：身軀漸漸
下沉，鬆右胯；右掌隨腰由東
向南平掠，經右腰際手心向
上，至左肋手心朝裏；同時，
左掌由腰間向左、向上提，畫
弧形置於左肩前，手心朝裏，
上下手成環抱狀。右轉腰，疊

圖 1-4-88

胯，提左腳向東北角踏出半步，腳跟虛點地；趁腰左轉復
右轉勢之同時，右掌掌心轉向下，穿過左臂上部向東南方
抹去，如抹桌面一般地畫平面圓；同時，左掌也平畫圓弧
行至右肘內側，雙掌同時立起，似提手上勢的手型，成三
點一斜線，成疊襠左弓勢；眼神透過右手心處窺視東南前
方。（圖 1-4-86─圖 1-4-88）

太
極
拳
是
具
有
民
族
特
徵
的
體
育
項
目
，
具
有
緩
、
柔
、
圓
、
均
等
特
點
。

太極拳是具有民族特徵的體育項目，具有緩、柔、圓、均等特點。

圖 1-4-89

圖 1-4-90

　　其二：雙手隨左轉腰變捋式，捋回至左腰、胯間，身後坐，屈右膝沉襠，外撇左腳尖，復前弓疊胯；同時，左掌由左腰間向北環繞上提齊頂，迎面下落至左肩前；右掌同時由左膝前上提，與右腿一道提起；屈膝與胸窩齊高虛懸；右掌向上在外，左手在裏，兩腕交叉，手心左右向；乘右轉腰

圖 1-4-91

勢，以右腳背之外側向東南方橫踢出去；雙掌同時向左右分開，與右腿平行一線，右手食指對準鼻尖，左食指對左耳角上方，雙肘略屈，沉肩垂肘，含胸擴背。此勢應以腰帶腿方能柔和。初學者提腿後，可在左腳內側暫停，待穩定重心後再行踢出，但不及一氣呵成為好。（圖 1-4-89—圖 1-4-91）

2. 左分腳

接前勢。身軀徐徐鬆沉，隨之右腳向東南方漸漸落下，腳尖點地；同時，右掌畫弧向東移於右肩前方；左掌向南畫弧移於右肋前，雙掌掌心朝裏成右環抱狀；左轉腰，疊胯提右腳向東南角踏出半步，腳跟點地；雙手先互行平面圓圈，再走立圈，右弓勢；然後提左腿，以左腳背外側向東北角橫踢出去。左式之動作過程與右式相同，唯手與腳和方向相反，可參考右分腳的姿勢。（圖1-4-92—圖1-4-97）

【提示】

右分腳：漸次下蹲，左抱，托肘窺視，疊胯，鬆胯，前弓疊胯，放鬆，起，分右腳向東南橫掃。

左分腳：神閒氣定，放鬆落步，右抱，托肘斜攻，沉襠，前弓疊胯，起，分左腳向東北橫掃，後手與耳角齊高。

【要求】

1. 左分腳要與右分腳動作相對稱。

圖1-4-92

圖1-4-93

太極拳是具有民族特徵的體育項目，具有緩、柔、圓、均等特點。

圖 1-4-94

圖 1-4-95

太極拳是具有民族特徵的體育項目，具有緩、柔、圓、均等特點。

圖 1-4-96

圖 1-4-97

2. 右、左分腳的定式要站得穩，須有三個條件：首先眼要平視，提起腿後再分，提得高（以左膝能貼胸為佳）則分得高。其次要沉著，身略傾向分出之腳。再次是練腿功，站起時要有信心。

第十九式　轉身左蹬腳

接前式。趁左腳踢後下沉之勢，腰向左轉，以右腳跟為軸，腳掌由東南向北偏西轉動，面朝西北，藉落腿下蹲勢，穩住重心；雙掌借身體圓轉勢交叉右胸前；左腳尖朝下，虛懸於右腳內部（初學者可以點地）。然後漸漸升起，提左腳以腳跟向正西蹬出；雙掌同時分開展出，動作與左右分腳相同。（圖1-4-98、圖1-4-99）

【提示】

以腳跟為軸，一氣呵成，高架虛勢。掌心東西向，左掌在外，目視遠處。起蹬，腳跟與胯齊高，肘、膝上下相對。

【要求】

1. 右腳轉向西北，要一次完成，不要零碎而動。
2. 提起左腿後（貼胸）再蹬，蹬出之腳意在腳跟。

圖1-4-98

圖1-4-99

圖1-4-100　　　　　　　　圖1-4-101

太極拳是具有民族特徵的體育項目，具有緩、柔、圓、均等特點。

第二十式　上步摟膝拗步

接前式。其一，身趁下蹲時，懸收左腳，兩臂掤掛，旋踝轉膝，向西南繞一逆圈，落步坐實，腳尖向西南，右腿彎曲，身轉西南；同時，左手轉腕旋膀，由下翻上與左腳同轉一順圈，回至腹前，手心朝上；趁落步向左轉腰；右手也轉腕旋膀，向上轉動置於胸前，手心朝下，雙掌成合抱狀，右掌推拗，沉襠。（圖1-4-100、圖1-4-101）

其二，疊左胯，提右腳至左腳內側，腳尖點地；同時，左掌從左胯前向東南圓轉而上至左耳旁；右掌移向左肩前；趁腰右轉，提右腳向西方踏出一步；左掌從耳際向正西方推出；右掌向下摟過膝蓋置於右腿旁。（圖1-4-102─圖1-4-104）

【提示】

掤掛（左手在左膝裏，右手在右膝處），緩緩下沉，落步腳尖向西南，沉襠，反抱，蓄勢待發，上步，單推。

圖 1-4-102

圖 1-4-103

圖 1-4-104

【要求】

左腳下落時要轉踝旋膝，同時雙手放鬆掤掛，以肘為軸隨左腳輪轉，走出「長袖善舞」之姿。

第二十一式　進步栽捶（五捶之三）

接前式。屈左膝沉襠，右腳尖撇向西北，復前弓疊住

右胯，提左腳經右腳內側向西偏南踏出一步，暫成太極勢；同時，左掌由前方轉掌心向裏、向胸前稍回收，復轉腕，手心朝下，五指內屈做抓握頭髮之狀，向左下略採後再放掌轉腕向右；右掌由東北方向上圓轉繞至右額旁握拳，在腰向左轉之際，經左臂內部下栽至左膝右旁；左掌從右前臂腕部經內側按下，置於左腿外側；在向下栽搥時成左弓勢，頸部與右腳跟成斜坡垂直線，要頂頭懸，勿使有鬆懈之處。（圖1-4-105、圖1-4-106）

【提示】

重心略後移，撇右腳尖向西北，進步，貓行前弓，下搥。

【要求】

定式，上體自頸至腳跟，如滑梯成斜坡直線，頭向右側視右拳，不可弓背、低頭或抬頭。

圖1-4-105

圖1-4-106

第二十二式 轉身撇身捶（五捶之四）

接前式。其一：屈膝沉襠，身軀正直，左腳尖扣向北；隨腰右轉勢；左掌向西圓轉上提至左額前上方，掌心朝外；右拳上提至左肋下，拳心向下；眼隨腰環視，胸向東北方。（圖1-4-107─圖1-4-109）

其二：後坐左腿，收右腳至左腳內側成寒雞勢；左掌由額前落下，右拳略上提，兩臂在左肋前相合，左立掌在右拳外，向左擰腰，五指下撇向西北；眼回看西北。復輪轉上提，左手抄於右腕內交叉；趁腰右轉，提右腳向東南踏出一步；拳、掌交叉平額向右，至馬步時鬆沉，翻右拳心朝上向

圖1-4-107

圖1-4-108

圖1-4-109

東南方下劈，左掌循右前臂內翻掌心向下，同時向東南方撲出，胸向東偏南，成右弓勢；同時右拳收回至右腰際；目視左掌前方。（圖1-4-110）

圖1-4-110

【提示】

屈膝沉襠，扣腳尖，轉身環視，回頭觀，抄手結，牽馬，沉肩，劈（右拳），撲面掌（立掌）。

【要求】

1. 意識鬆沉（肌肉下垂），身勿站起。目環視至東北。

2. 此式兩次「亮相」，第一次目環視至東北，第二次收回右腳，左掌下落，目回視西北。

3. 由西北向東南撇捶，在右腕內側交叉，然後向前做撲面掌。

第二十三式　披身蹬腳

接前式。其一：疊右胯，翻轉左手心朝上，提左腳經右腳內側向東北隅踏出一步，暫成太極勢，同時，隨擰腰向左復向右轉動；右拳由腰際向左變橫掌，循胸際手心向下穿左臂上部抹向東南垂肘立掌，掌心向東迎臉一晃；左掌同時平抹至右肘下；目向東南，胸向東南，成左弓勢。

其二：雙臂隨腰右轉向右平抹，復向左捋回；屈膝沉

　、外撇左腳尖；雙臂平肩圓掤，前弓疊胯；左掌隨身向後圓轉至頭頂，復向前迎面下落至左肩前；同時，右掌從東南前方向下經左腰至右膝並隨腿上提，與左手兩腕交叉（左裏右外），掌心向外；身軀亦隨右腿提腿漸漸升起，右膝與胸窩齊平，然後向右以腳跟向東南隅蹬出，高與腰平；同時，雙掌自左額前分開展出，右手食指與眉心齊，左手食指與左耳角齊高；左腿穩立，勿使搖擺，其關鍵在於沉肩含胸；目視右食指前方。（圖1-4-111－圖1-4-115）

【提示】

前弓，邁步，披身，食指對鼻尖，疊胯，鬆胯，再疊胯，起蹬，東南角。

【要求】

1. 披身是搶對方外門，因

圖1-4-111

圖1-4-112

圖1-4-113

太極拳是具有民族特徵的體育項目，具有緩、柔、圓、均等特點。

圖 1-4-114　　　　　　　　圖 1-4-115

此左腳上步要上到北面略偏東為佳，與上式連起來步子應走三角形。

2. 左右手行立圈時勿同時下掛，左手略先行。

第二十四式　左右打虎勢

1. 退步左打虎

接前式。身體鬆沉，徐徐下蹲，收回右腳落於左腳內側並行，距離一虎口，腳掌虛著地；同時，左手從西北向上畫弧向東拂面而過，置於右前臂內側；右手從東南方畫弧向北迎面下落，雙手組成捋勢。接著，右腳踏實，左腳蹺起腳跟，疊右胯，提左腳向西北隅後退一步成半撲虎勢；隨腰左轉，雙手下捋，漸成左弓勢，捋手高度在胯、腰之間，切忌前俯夾臂。待左掌捋至正北時，屈右膝沉襠，腰繼續左轉，同時含胸鬆沉；左掌變拳，由胯間向西北上方圓轉至左額前，右掌也同時握拳上提至左肋間，成左疊襠弓勢；左拳由左額上向東北方額前擊出，拳心朝

外；右拳置於左肋間，拳心朝內是一採；目視東北前方。
（圖1-4-116─圖1-4-120）

　　2. 轉身右打虎

　　其一：屈右膝沉襠，趁鬆左胯右轉腰，扣左腳尖，轉身向東南，眼神隨之；同時，左拳變掌，向右直捌；右拳在肘下，當胸向東南時，在右前臂外側落下捌開成亮相姿勢；提右腳收於左腳內側即向東南隅下勢做撲虎勢或半撲虎勢（初學者可以直接做弓勢）；同時，右拳以拳背向南橫捌，左掌以手心向南，迎面掠過，猶如撲蝶向下採沉；步成右弓勢；屈左膝沉襠，趁腰右轉勢，右拳掠過腳面（初學者可以掠過膝蓋）；右膝前弓，為疊襠弓勢；右拳向西南

圖1-4-116

太極拳是具有民族特徵的體育項目，具有緩、柔、圓、均等特點。

圖1-4-117

圖1-4-118

圖 1-4-119

圖 1-4-120

角圓轉至右額前向東北擊出，拳心朝外，左拳稍上提至右肋間打住，拳心朝內；隨出擊目視東北前方。此左右打虎兩勢，必須熟練到手腳一致，方能趨於縝密。（圖 1-4-121－圖 1-4-125）

【提示】

雙引掌落步，交換虛實，一疊胯；退步捋，二疊胯；

圖 1-4-121

圖 1-4-122

圖 1-4-123

圖 1-4-124

屈膝沉襠，過門，含胸尾閭
收，捶向東北，三疊胯。後
坐，右轉身，頂頭懸，掤開，
右式，一疊胯；右捌左採，二
疊胯；屈膝沉襠，三疊胯，捶
向東北。

【要求】

1. 做到一捋三疊，如左打
虎勢的三疊；右腳踏實，疊住
右胯，退步捋，成左弓勢，疊
住左胯，屈膝沉襠，左轉腰，

圖 1-4-125

含胸，握拳擊出，再成左弓勢，疊左胯。

2. 打虎勢定式時，須做到手、眼、身法、步同時到
點。

第二十五式　回身右蹬腳

接前式。含胸鬆沉，雙臂向東掤開，胸向東，左拳變掌向東北如甩水袖狀抖腕甩去；坐實右腿，撇左腳尖；左掌心翻向上，由東北向東平抹；同時，右拳變掌，向東北穿過左前臂上平抹，圓轉向東成立掌，左掌在右肘下，如高探馬狀；在雙掌平抹繼續畫圓向右時，前弓左膝坐實，扣右腳尖；隨腰左轉，雙手由東南向北、向下将；當左手将至左腰間時，屈膝沉襠，後坐右腿，繼續左轉腰，左腳尖外撇，面向北方；左手向西北圓轉，向上至頭頂，迎面下落於左肩前，同時，右手過右膝前圓轉上提，與左手相合，兩腕交叉，右手在外；同時，前弓疊胯，提右腳，駐於左腳後側，距離約半尺許，以腳掌著地坐實。隨即右轉腰回身向東，扣左腳尖後，復坐實左腿，身稍鬆沉，提右腳，膝與胸平，向東南方以腳跟向前蹬出，高與腰齊；同時，雙掌前後分開展出，與前披身蹬腳動作相同。（圖1–4–126—圖1–4–132、圖1–4–132附圖）

太極拳是具有民族特徵的體育項目，具有緩、柔、圓、均等特點。

圖1-4-126

圖1-4-127

圖 1-4-128

圖 1-4-129

圖 1-4-130

圖 1-4-131

圖 1-4-132

圖 1-4-132 附圖

太極拳是具有民族特徵的體育項目，具有緩、柔、圓、均等特點。

【提示】

鬆沉，向東北甩手平抹，鬆襠弓勢，屈右膝，沉襠，腳尖向東北，疊胯，起，面向北，回身，目視東南，蹬腳，上體放鬆。

【要求】

1. 做到轉腰旋胯，當左手捋至左腰不能再捋時，要屈膝沉襠（中定），含胸尾閭收，所謂「意氣須換得靈，乃有圓活之趣，所謂變換虛實也。」

2. 此式開始做法，亦可先屈左膝沉襠，扣右腳，身下降。

第二十六式　雙風貫耳

接前式。趁腰右轉及身軀下蹲之勢，右腳由南而西懸空轉一小圓圈，屈膝虛懸；同時雙掌掤掛，手心向後，似撩鎧甲一般，雙掌心在胯間向裏轉腕，掌心朝前，由胯間斜向東南角上托（初學者，可以先行向東南角落步成弓勢），旋即收回雙掌，以手背沉至右膝兩旁分開，向左右轉腕各繞一圓圈；隨即右腳向東南隅踏出一步，暫為太極勢；雙掌握拳，弧形向東南上方合擊，兩拳眼相對，與兩太陽穴齊高，兩肘下垂，似螳螂捕蟬之勢，成右弓勢；目前視。（圖 1-4-133—圖 1-4-136）

按：此式如先落步做成弓勢，則雙手收回之際，須後坐成太極勢，擊出時復歸為弓勢。

因為用空中懸擊出雙拳，難度較高，不易平衡，可待腰腿穩健後，動作自然能從心所欲矣。

圖 1-4-133

圖 1-4-134

圖 1-4-135

圖 1-4-136

【提示】

前臂掤掛，兩腋掤開，落步，雙風插入，後坐，下沉，貫耳拳，臂如螳螂。

【要求】

避免以胸當敵，當完成雙風後，身向後坐。雙手掤掛時，應從容用「甩勁」，分向左右行圈，向前貫耳。

第二十七式 左右蹬腳

1. 接前式。屈膝沉襠，腰向右轉，右腳尖稍轉偏南；同時，雙拳變掌向上，左手向東，右手向西分開；前弓右膝疊胯（閃），胸向南，目東視；虛提左腳跟，復下落圓轉經胯間；雙掌相合於襠內，兩腕交叉，左手在裏，右手在外，雙掌背均朝外，目視東南；十字掌上提至右肩前；左腳從右腳後提起，膝與胸平，腳跟向正東蹬出，高與腰齊；雙手隨蹬腳立掌向前後分開展出（展）。其姿勢似「回身蹬腳」。（圖1–4–137—圖1–4–139）

圖1-4-137

2. 接前動。趁向右後轉腰左腿懸空轉動之勢，以右腳掌

圖1-4-138

圖1-4-139

太極拳是具有民族特徵的體育項目，具有緩、柔、圓、均等特點。

為軸，向右、向後轉身，左腳落於右腳後一尺許，腳尖偏東北踏實，右腳變虛（挪）；同時，雙掌隨後轉身也隨之互易西、東之位，左掌由前轉腕向上而下，右掌由上轉腕向下而上，雙手交叉會合於左肩前方，右手在外，左手在裏，掌心左右向；提起右腳，以腳跟向東蹬出，與腰齊高；同時，雙手隨蹬腳以立掌向前後分開展出（騰）。其蹬腳與立掌分開與左蹬腳相同。（圖1-4-140─圖1-4-142、圖1-4-142附

太極拳是具有民族特徵的體育項目，具有緩、柔、圓、均等特點。

圖1-4-140

圖1-4-141

圖1-4-142　　　　　圖1-4-142附圖

圖）

【提示】

復往後坐，略撇右腳尖偏南，放鬆，起，蹬腳向東，肘與膝距離一拳許，玉環步，隨勢轉身，沉肩，頂頭懸，虛懷若谷，起，蹬右腿。

【要求】

1. 此式亦名「鴛鴦腿玉連環」，為武松醉打蔣門神的一招。做來應從容不迫，一氣呵成。

2. 轉身時要放鬆、沉肩，兩掌掤掛，然後左手順轉，右手下擺，提起右腳跟，以腰帶動雙臂，則轉動靈活。

第二十八式　落步搬攔捶

接前式。其一：身軀漸漸下蹲，雙掌掤掛，左掌向西北輪轉向上至左耳角；右掌由前下沉變拳抄至左肋旁，成反抱姿勢（按：右掌心向下稱反抱）；右腳徐徐下落，旋踝轉膝，由東向南、向後、向北前繞一小圓圈，腳尖朝東南角落步，成高架坐盤勢；趁腰向右轉，雙手搬，進步攔，含胸、尾閭收，前弓打捶。其動作與前搬攔捶相同。（圖 1-4-143—圖 1-4-147）

【提示】

放鬆、沉肩，雙臂掤掛（右手在右膝裏，左手在左胯外），下蹲，搬，攔，捶。

【要求】

右腳由東向南、向後、向北、向前行圈時，要轉踝旋膝，同時，還要轉腰旋胯，方能圓活有效。

圖 1-4-143

圖 1-4-143 附圖

圖 1-4-144

圖 1-4-145

圖 1-4-146

圖 1-4-147

太極拳是具有民族特徵的體育項目，具有緩、柔、圓、均等特點。

第二十九式　如封似閉

動作說明同第八式。（圖 1-4-148—圖 1-4-151）

圖 1-4-148

圖 1-4-149

太極拳是具有民族特徵的體育項目，具有緩、柔、圓、均等特點。

圖 1-4-150

圖 1-4-151

第三十式 十字手

動作說明同第九式。（圖 1-4-152—圖 1-4-157）

圖 1-4-152

圖 1-4-153

圖 1-4-154

圖 1-4-155

太極拳是具有民族特徵的體育項目，具有緩、柔、圓、均等特點。

圖 1-4-156　　　　　　　圖 1-4-157

第 三 段

第三十一式　野馬分鬃

1. 野馬分鬃之一（右勢）

接前式。身軀中正，徐徐下蹲；左掌下沉至腹，右掌翻掌心向下於頦下，合抱，右實；左腳尖轉向西南，坐實；雙掌掤開輪轉，右掌向上、向西北角向下抄至左胯旁；左掌由下向東南、向上兜至右肩前；趁腰向西北隅運轉時，提右腳經左腳內側邁前一步踏出成打虎勢；右掌從左肘下向西北轉腰用臂膀橫捌，肘下垂，掌心向裏，齊鼻；腿變右弓勢；左掌從右前臂陰面漸漸向後捋下，置於左胯旁，掌心偏向外；右轉腰，先看左掌，橫捌時看右掌；目視西北。（圖 1-4-158—圖 1-4-160）

2. 野馬分鬃之二（左勢）

接上動。鬆腰胯，撇右腳尖向西北，前弓，向右轉

圖 1-4-158

圖 1-4-159

圖 1-4-160

圖 1-4-161

腰；轉右手心向下於左肩前，左掌循胯前，隨上提左腳抄至右胯前；左腳經過右腳內側，向西南邁進一步成打虎勢；左掌從右肘下向西南用臂膀橫捌，肘下垂，掌心向裏齊鼻成左弓勢；右掌從左前臂陰面漸漸向後捋下，置於右胯旁；目視西南。（圖 1-4-161—圖 1-4-163）

圖 1-4-162　　　　　　　　圖 1-4-163

太極拳是具有民族特徵的體育項目，具有

3. 野馬分鬃之三（右勢）

同本式之一。（圖 1-4-164—圖 1-4-166）

注：攬雀尾，掤手係撐開之托勁，掌不過肩。斜飛勢係上挑之掀勁，掌齊眉際，肘不過肩。野馬分鬃係圓轉之捌勁，掌與鼻齊，肘不過肩，形雖近似而動作各異。

【提示】

右勢：抱，交叉掌，出步，前弓，橫捌手。

左勢：屈膝沉襠，撇右腳尖向西北，轉腰看右掌，轉看左手，向西南捌出。

右勢：屈膝沉襠，以腰帶手，向西北橫捌。

【要求】

1. 此式的勁法是向旁橫捌，並須將右，左，右三勢

圖 1-4-164

圖 1-4-165　　　　　　　圖 1-4-166

連起來做。見《幫學篇》「三分鬃橫捌休延」。

　　2. 本式弓步比一般弓步稍為開一些，但不到 45° 斜角，腳尖要求與膝蓋方向一致。兩肩勿出現高低。

第三十二式　玉女穿梭

　　1. 玉女穿梭之一（左勢）

　　接前式。隨屈膝沉襠腳尖外撇，右掌心轉下，屈回與胸齊平；左手隨右轉腰前弓，沿胯際向前兜上至右腰旁，兩手合抱；同時，提左腳向西南，以腳掌著地落於右腳前半尺許；左轉腰，左手穿右臂下向西南高處掀起，略高於頂，目光隨之；右手隨左肱伸向西南，雙手略向上捧，右手後帶，循左肱部抽回，至右耳前；同時踏出左腳向西南隅，左手心朝上、朝外滾翻；右手沉下至胸前，漸漸向西南經左腕下按出，腿成左弓勢；左掌置於額前，臂成圓形。此式之情態猶似推窗揭簾，向外展望。（圖 1-4-167—圖 1-4-169）

圖 1-4-167

圖 1-4-168

圖 1-4-169

2. 玉女穿梭之二（右勢）

接上動。鬆左胯，後坐，兩掌環抱，右轉腰，左腳尖轉向北坐實，右腳變虛；右掌隨右轉身由外向裏裹於左腰旁，左掌落下與胸齊平，兩手成合抱狀；右腳向東南後撤半步，腳掌著地，落於左腳後，步成反八字之形，右轉腰轉身；右手穿左臂下向東南高處掀起，略高於頂，目光隨

之；左手隨右肱伸向東南，雙手略向上掤，左手後帶，循右肱部抽回至耳前；踏出右腳，向東南隅漸成弓勢；右手心朝上，朝外滾翻，左掌沉下至胸前，向東南經右腕下按出，右掌置於額前，臂成圓形。此動之動作，全在雙臂撐開，穿來度往，方能八面玲瓏。（圖1-4-170—圖1-4-172）

圖1-4-170

圖1-4-171

圖1-4-172

太極拳是具有民族特徵的體育項目，具有緩、柔、圓、均等特點。

3. 玉女穿梭之三（左勢）

方向朝東北隅，其他均同動作一。（圖 1-4-173—圖 1-4-175）

4. 玉女穿梭之四（右勢）

方向朝西北隅，其他均同動作二。（圖 1-4-176—圖 1-4-178）

太極拳是具有民族特徵的體育項目，具有緩、柔、圓、均等特點。

圖 1-4-173

圖 1-4-174

圖 1-4-175

圖 1-4-176

圖 1-4-177　　　　　　　圖 1-4-178

【提示】

1. 精神貫注西南，抱，上挑，移左腳向西偏南，上滾右推，掌從耳邊出。

2. 環抱，撤步右轉合抱，轉身，右手上挑東南角，移步向東偏南，上滾左推。

3. 屈膝沉襠，向東北瞧，抱，上挑，移左腳向東偏北，上滾右推。

4. 環抱，撤右腳，右轉身，上挑，移步向西偏北托滾，推掌。

【要求】

玉女穿梭，是比喻心靈手巧。此式做來要眼看採手（上挑可不看），手隨腰動，上滾下按，步法輕靈。

第三十三式　金雞獨立

1. 金雞獨立（左勢）

接前式。鬆右胯，左腳尖撇向東南，向左轉腰，繼

之，右腳尖亦轉向東南；同時，左手採，右手捌，組成捋勢向下拖拉，腿成左弓勢。（圖1-4-179）

當左手捋至左胯時，雙手上托與額齊高；屈右膝後坐成太極勢；左掌裏轉，向鼻際下插至襠前，小指向外；右掌裏擰，小指向裏，置於左肩前，稱為順鸞肘。再撇左腳向東北；左手由東北繞上，置於右肩前，手背向南；右手裏轉，向鼻際下插至襠前，五指向地，小指外擰，手心朝南，稱為拗鸞肘。左腳屈膝前弓漸漸升起，身軀隨之升高；右手由襠下隨右腿提起向南翹起擋開。屈肘五指朝天，手心向北，置於右耳前；左手同時經右肘內部下按，大指微貼左胯旁，手心向下，目視東南。此動要求右肘距離右膝一拳，切勿躬腰，形似一把大茶壺。（圖1-4-180—圖1-4-182）

2. 金雞獨立（右勢）

接上動。身軀復下降，退右腳落於左腳後一尺許，兩腳掌成反八字形，向後坐實成太極勢；左手趁右轉腰後退

圖1-4-179

圖1-4-180

圖 1-4-181　　　　　　　圖 1-4-182

之勢，由左腿外側經左膝前繞至左腿內側，手背向南，五指朝地；同時，右手向左置於左肩前，手背向北；左腿屈膝前弓漸漸升起，隨之身軀升高；左手由襠下隨提左腿向北翹起擋開之勢，屈肘距左膝一拳，五指朝天，手心向南，置於左耳前；右手同時經左肘內部下按至拇指微貼右胯旁，手心向下，目視正東。此式切勿身先起立而後提手，或先提手而後提腿，要求一動無不動，一靜無不靜，手腳動靜一致方合標準。不獨此式如是，其他解數也同是一理。（圖 1-4-183、圖 1-4-184）

【提示】

1. 放左腳尖，捋式，左靠，順鸞肘，左手落，右手起，目視東南，太極勢。

2. 拗鸞肘：撇左腳尖向東北，高架坐盤，手捌腳挑，獨立勢；身向東南漸次下沉，左手反摟，身軀中止，緩緩上升，左獨立，站穩。

圖 1-4-183

圖 1-4-184

【要求】

要做出「鸞肘」（古稱青鳥肘），兩肘上下擺動似鳳舞姿態，以逗雌凰，所謂鳳求凰也。

第三十四式　十字腿

1. 十字腿（一）

接前式。上體鬆沉，左腳尖點地，後坐；左掌向下，由東向北繞圓圈，回至左肩間，手心向上；右掌同時由南向東繞圓圈，回至右肩前，雙臂抱圓，兩掌心相對。右手經左臂上橫掌前推，五指朝北；左掌經右肘下畫平圓回至左腰間，手心朝上；向右轉腰，左掌在右腕上穿出向正東，與眼齊高；右掌拉回左肘下，置於左胸旁，手心朝下；同時，左腳向東踏出半步成弓勢，目視東方。此動要領在含胸下沉，即能趨於穩健。（圖 1-4-185、圖 1-4-186）

圖1-4-185

圖1-4-186

2. 十字腿（二）（又名單擺蓮）

接前動。鬆左胯，後坐，腰向右轉，扣左腳尖向南偏西，轉身向西南；隨轉身，左掌五指朝北翻過頭頂，手心向西；右掌在左肘下坐腕；提右腳由西南角起踢，腳尖向下，高與腰平，向西北角平掃；同時，左掌向西北落下，向西南平掠，拍右腳背出聲。（圖1-4-187—圖1-4-

圖1-4-187

圖1-4-188

太極拳是具有民族特徵的體育項目，具有緩、柔、圓、均等特點。

圖1-4-189　　　　　　圖1-4-190

太極拳是具有民族特徵的體育項目，具有緩、柔、圓、均等特點。

189）

【提示】

沉肩，上體放鬆，左右掌輪轉，貓行落步，高探馬，帶穿掌，後坐，轉腰，左掌手指向北轉，右掌坐腕，眼視正西，鬆腿拍腳，放鬆站穩。

【要求】

1.帶穿掌，兩手在胸前圍繞畫圈，防止以胸當敵。

2.單擺蓮，走平圈（與小架走立圈不同）。

第三十五式　進步指襠捶

接前式。抽出脇下右掌向前平抒，右臂與右踢腿平行，左臂平於左方；隨腰右轉，右手經北繞至身後，左手垂腕向左前方轉立掌向西；此時橫掃之右腳由西北向裏轉至正西，趁身軀下沉勢，腳尖朝西北，落於左腳前一尺許，隨右轉腰左腳邁上一大步；同時，右手在後，向裏轉至腰間握拳，趁腰左轉勢直向前方指出，拳與腹齊，腿成

圖 1-4-191

圖 1-4-192

圖 1-4-193

圖 1-4-194

左弓勢；同時，左手在右臂內側按下，至左腿外側，身略前傾，頸椎部與右腳跟成斜坡形；目向前視，勿彎腰低頭。（圖 1-4-190—圖 1-4-194）

【提示】

漸次下沉，右腳跟先著地，雙臂向右輪轉，成坐盤勢，左掤右握拳，上左步似貓行，出拳前指。

【要求】

此式橫掃之右腳落地時要轉踝旋胯，打出之捶，高度介於搬攔捶與栽捶之間。

第三十六式　上步下勢七星

接前式。其一，鬆胯後坐，左腳尖外撇；屈右肘，橫臂於胸前，沉雙肩，復前弓放掌向前、向下做撈物之狀，抄至左腰旁；左掌向後繞東南角兜回平於胸前，雙手合抱狀；同時，右腳提上，經左足內側向正西踏出一步成弓勢；右掌經左肘下向西上方搠去；左掌隨之經右臂上部抽回至右肘內旁，兩掌心朝上（圖1-4-195—圖1-4-197）。右掌過

圖1-4-195

太極拳是具有民族特徵的體育項目，具有緩、柔、圓、均等特點。

圖1-4-196

圖1-4-197

頂,向北、向東、向南至西揮一小圓圈;同時,身後坐,左轉腰,扣右腳尖向西南,蹲身下坐,以左腳跟鑱出成撲虎勢,左腳腳趾朝南,成一字形,臀部距離右腳跟一拳三指;右掌由頭頂圓轉向下、向右後方,平肩、掌心朝外;左掌內轉向前插,以小指貼於左腳背;目視前方。要身軀中正,勿起僵勁。(圖1-4-198—圖1-4-200)

其二,左腳以腳跟為軸,將腳尖撇向東北,漸次向前起身,前弓坐實;掤左臂橫於胸前;提上右腳,經左腳內側向東伸出半步,腳尖點地成虛勢;同時,右手經腰際變拳向東,在左腕下擊出;左掌變拳成交叉形。要注意虛勢褙圓。(圖1-4-201、圖1-4-202)

圖 1-4-198

圖 1-4-199

圖 1-4-200

太極拳是具有民族特徵的體育項目,具有緩、柔、圓、均等特點。

圖1-4-201　　　　　　　　圖1-4-202

【提示】

後坐，橫臂上掤，左轉腰沉肩，抱，右臂上托，運五指向北轉圈，轉右腳尖向西南下勢，左手小指貼於腳背，右手圓掤在後平肩，掌心向西。捲襠前進，上掤下箭，中架虛勢。

【要求】

撲腿下勢，要身直，落臀和縮胯，上步七星要捲襠前進，先向下沉襠，再起身上步。

第三十七式　退步跨虎

接前式。提起右膝；雙拳變掌，在右膝上按下並向左右分開，經兩胯旁向外繞轉向前環抱，十指相對，似摟抱大樹狀，雙手在面前交叉如十字手；右腳經左腳內側後退一步，趁右轉腰勢，身後坐，半面右轉腰；雙手上下分開，即擺左腕下按至左腿外側，擺右腕掤起至右額旁成弧形；左腳尖點地成虛勢，極目遠眺，胸偏東南，神采奕奕

太極拳是具有民族特徵的體育項目，具有緩、柔、圓、均等特點。

宛如騎虎。此狀與「白鶴亮翅」架勢相同，皆是分開之勁，但一則前進，一則後退。此式架勢略低，雙手略開。（圖1-4-203—圖1-4-206）

【提示】

退步係小弓勢，半面向右轉，含胸沉肩，左肩稍塌，目視正東，低架虛勢。

圖1-4-203

圖1-4-204

圖1-4-205

圖1-4-206

太極拳是具有民族特徵的體育項目，具有緩、柔、圓、均等特點。

【要求】

做到引進落空，在遇到對方進勢過猛、來不及還手的時候，可退步讓開，誘敵深入，再伺機進攻。

第三十八式　轉身雙擺蓮

接前式。其一：左腳以前腳掌為軸，右腳以腳跟為軸，右轉身向西，左腳跟外撇，後坐，轉右腳尖外撇，坐實；左手向東北平起，趁右轉腰向南平掠，隨轉隨屈肘護於胸窩前握拳；右掌變拳屈肘，迎面落下護於面前；同時，上左腳向西邁半步，以腳跟著地，隨即轉身面向東北坐實，右腳變虛，成高架虛勢；雙拳沉肘置於右耳旁，右拳高左拳低。

其二：用右腳背外側由東北角起踢，向東南平掃，高與胯齊，右轉腰；雙拳變掌，由東南角向東北平掠，拍右腳背出雙聲，左手與左肩齊高，右手與胸相齊；腳與胯平，目視前方。動作似風擺荷葉之姿，柔腰百折，屹然獨立。（圖1-4-207—圖1-4-212）

【提示】

抬左臂放鬆，轉左腳掌，倒體重，轉右腳跟，半掃趨向西偏北，圈臂，右轉體向東，雙拳停於右耳旁，高架虛勢；以腰帶腿，由左擺到右，雙掌由右擺到左，拍腳背雙響，平腿站穩屹立。

圖 1-4-207

圖 1-4-208

圖 1-4-209

圖 1-4-210

圖 1-4-210 附圖

圖 1-4-211

圖 1-4-212

太極拳是具有民族特徵的體育項目，具有緩、柔、圓、均等特點。

【要求】

1. 擺蓮亦叫「擺面」，即踢對方面部。此式動作似風擺荷葉，柔腰百折。所謂「疾風知勁草，難裏見功夫」的高標準。「擺面」應高於面，一般高與腰齊即可，拍腳背應有「啪啪」兩聲。擺後左手、右手、右腳三者依次而下，成斜坡形三點一線。

2. 右腿擺蓮是橫勁，要用轉腰來帶動右腿外擺，要求右腿微屈，腳的高度不超過肩部，充分運用腰部力量，勁達腳背。

第三十九式　彎弓射虎

接前式。徐徐蹲身下坐；雙掌向上、向北上空圓繞兩個圈如魚泡狀，順勢向下捋回，與胯齊平；同時，右腳向東南角落步成弓勢，然後身向後坐；趁腰、胯右轉勢，雙掌經膝前向西南圓轉，右掌變拳上繞於右額前，左掌在胸前變拳，經右腋間上繞至右耳前，含胸，左轉腰，向東北方出擊左拳；腿成右鬆襠弓勢；目視東北。（圖 1-4-213－圖 1-4-215）

【提示】

落步，雙手向北圓轉，右弓勢，屈膝沉襠，左拳從右耳前發出，仍歸右弓勢。

【要求】

1. 此式姿態似「彎弓搭箭，弓開滿月」。神態如負嵎

圖 1-4-213

圖 1-4-214

圖 1-4-215

待虎，精神貫注，專視一方。

2. 終了勢須防止右肘上抬，肩部上聳，身體前撲。

第四十式　白蛇吐信

接前式。轉左腳尖向北，身軀後坐，右腳尖向東成打虎勢；同時，含胸，右拳變掌迎面落下，經左臂上向東平削，高與腰平，橫掌五指尖向北，掌心向下，臂成弧形；左拳變掌，掌心向上、向南、向右肘下繞回置於左肋前。其形態似京劇中之挦鬍鬚，削掌似白蛇吐信。（圖 1-4-216—圖 1-4-219）

【提示】

合，開，打虎勢。

【要求】

做到胸圓、臂圓，襠也圓，向東平削之右掌應低於左掌，做居高臨下之勢，亦可伸出雙指（食指中指）代替右掌，以象徵蛇之吐信。

圖 1-4-216

圖 1-4-217

圖 1-4-218

圖 1-4-219

第四十一式　進步搬攔捶

接前式。鬆沉，左轉腰，扣右腳尖向北，前弓，提右腳至左腳內側；同時，左手向後、向北繞至左耳上角，手心向下；右掌變拳，兜繞至左肋間；左轉腰，提右腳，繞弧形向東踏出半步，腳尖朝東南，成高架坐盤勢；同時，

雙手搬、攔、捶三動與第七式相同。（圖 1-4-220—圖 1-4-224）

【提示】

含胸，扣右腳，左轉腰向北，搬攔捶預備，上步搬，進步攔，含胸打捶。

【要求】

同第七式。

圖 1-4-220

圖 1-4-221

圖 1-4-222

太極拳是具有民族特徵的體育項目，具有緩、柔、圓、均等特點。

圖 1-4-223　　　　　　　　圖 1-4-224

第四十二式　如封似閉

接前式。右捶略前伸；左掌插向右肘下，手心朝天，五指向南；右拳放掌，趁身軀後坐勢，右臂屈肘收回胸前；左掌繞右臂外側上升，交叉，像橫十字封條置於胸前；身復下坐；雙掌向左右分展至肩前，復向內相合，至手心相對於耳前，做向下捋鬚狀，趁左腳前弓勢，雙掌坐腕，徐徐向東按出，似閉門之狀。（圖 1-4-225—圖 1-4-228）

【提示】

如封，粘之使起，雙掌先放後收，似閉，關上門戶。

【要求】

同第八式。

圖 1-4-225

圖 1-4-226

圖 1-4-227

圖 1-4-228

第四十三式　十字手

同第九式。（圖 1-4-229—圖 1-4-234）

【提示】

右盼，中定，左顧，中定，起。

太極拳是具有民族特徵的體育項目，具有緩、柔、圓、均等特點。

圖 1-4-229　　　　　　　圖 1-4-230

圖 1-4-231　　　　　　　圖 1-4-232

圖 1-4-233　　　　　　　圖 1-4-234

太極拳是具有民族特徵的體育項目，具有緩、柔、圓、均等特點。

【要求】

同第九式。

太極收勢

接前式。雙掌向前落至胯旁，同時屈膝略下坐，五指朝地，繼續向前略提，下按做起立之勢，貼胯旁轉一小圈收回；左腳與右腳並齊，身軀漸漸站立，似原地起勢，分毫不差。（圖1-4-235－圖1-4-238）

圖 1-4-235

圖 1-4-236

圖 1-4-237

圖 1-4-238

太極拳是具有民族特徵的體育項目，具有緩、柔、圓、均等特點。

【提示】

緩緩放下雙臂，起立，並足，納氣存神，歸還原地。

【要求】

收勢完了，氣不喘，心不慌，面不轉色，氣血通暢。

三、大功架太極拳路線、步位示意圖說明

這張大功架太極拳的示意圖是為了學者能按圖索驥，確定方位，便於大家掌握。

四十三式大功架太極拳係傳統套路，動作精練，習慣上稱它為「中拳」。練完一趟需 10～15 分鐘，既節約時間，又可獲得足夠的運動量，無論在教學上還是體療上都有實用的價值。

集中精力練好套路、打出水準以後，可依據各人的興趣，適當地續上重複式子，即成為老套路 81 式、85 式、88 式或 122 式。這套拳稱為「大拳」。路線、步位的要求均須歸還原地。

另外，還有「小拳」，根據傳統套路的 36 個基本姿勢所組成，一般適合在表演或比賽時採用。

為了增長功夫或進行體療，也有練「四把式」的，即選定摟膝拗步、倒攆猴、雲手和野馬分鬃四式連綴成套，進行週而復始的練習。此外，還可以把各個式子進行正反兩面的（即左、右）練習，以鍛鍊靈活性和加大運動量。

繼承和發揚傳統套路的優點，無論這樣練或那樣練，均無不可。研究和鍛鍊的過程，也是增強體質的過程。我國武術傳統套路的姿勢和動作，編排都有一定的順序，包

四十三式楊式大功架太極拳路線、步位示意圖

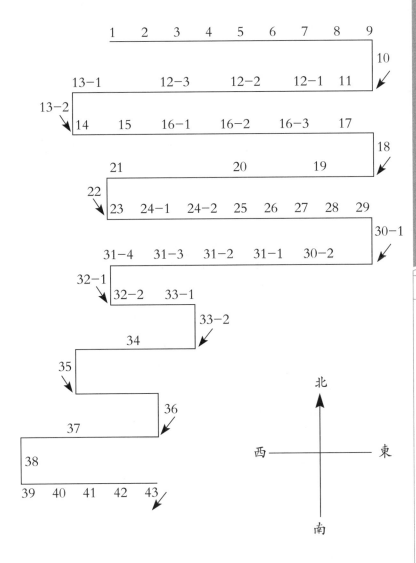

緩、柔、圓、均等特點。　太極拳是具有民族特徵的體育項目，具有

含著一組一組的化和發的勁路，這些套路是經過前人長期的研究而總結的一套經驗，並根據人體生理必然的反應而制定的。如果要加以刪改變易，必須慎重處理。

本書介紹的四十三式楊式大功架太極拳，也只是為廣大愛好太極拳運動者提供一條學習的捷徑，以利於更有效地提高健康水準。

第五節　楊式大功架太極拳幫學篇及其解釋

口訣：

起旗鼓①猿臂②舒展，攬雀尾掤捋擠按③。

變單鞭霎④步下勢，提手上擴背胸含。

接亮翅連擠帶靠，拗步掌下降鬆腰。

揮琵琶採捯成撅⑤，搬攔捶從旁緊逼。

十字手左顧右盼，抱虎歸偏身防踢。

肘底捶股肱三折⑥，倒攆猴雖退寓⑦進。

兩斜飛肩中有背，海底針俯之彌⑧深。

扇通背側翅抖翎，三雲手繞蹺⑨不停。

高探馬勒韁上鞍，右分腳托肘斜攻。

左分腳驚鑽橫掃，轉身蹬巓⑩起裝⑪腿。

摟膝抱揚長單推，使栽捶鷹抓虎項。

撇身捶牽馬亮相，披身蹬側身弄⑫招。

退步虎一將三迭⑬，翻伏虎捯採相兼。

回身蹬餌⑭彼輕取，風貫耳決不饒輕。

左起腳佯輸詐敗，飛右腿⑮就機連發。

三分鬃橫捌休延，四穿梭八面擒空。

兩鸞肘金雞獨立，懸腳虛揭起挑襠。

帶穿掌眼明手便，單擺蓮綠荷出水。

指襠捶貓行當先，上步托下勢蜿蜒⑯。

七星勢驚上擊下，退步虎引阱落陷。

雙擺蓮柔腰百轉⑰，彎弓射負嵎⑱待虎。

蛇吐信⑲先發制人⑳，似封閉粘之使起。

歸原地面不改色，合太極氣固神凝。

【注】

①旗鼓，指姿勢動作。

②猿臂，猿臂天然沉肩垂肘，這裏是借用說明太極拳的手法應像猿臂動作。

③掤捋擠按，是四種不同力量的手法。

④霎，是剎那之間，這裏是指沉下襠去。

⑤搣，是折斷之意。

⑥三折，是往返三次轉折。

⑦寓，含蓄在內。

⑧彌，更加、充滿。

⑨繞蹺，繞是圍繞不息，是指手的動作；蹺是上落不停，是指足的動作。

⑩巔，頂巔，這是指腳踢得高。

⑪裝，裝扮，這裏是指巧按裝上，巧踢著。

⑫弄，戲弄，作弄，把玩。

⑬迭，輪流交換，是指交換虛實。

⑭餌，誘餌，是賣個破綻的意思。

⑮飛右腿，這一撲有名堂「玉連環鴛鴦腿」，即先飛

太極拳是具有民族特徵的體育項目，具有緩、柔、圓、均等特點。

起左腳，轉過身來再飛起右腳。

⑯蜿蜒，彎彎曲曲的樣子。

⑰柔腰百轉，這是指周身柔軟姿勢優美。所謂「柔腰百折若無骨，丟卻全身俱是腿」。

⑱崼，山曲，稱為崼。

⑲信，蛇的舌頭，是蛇用來探索敵情，即探消息。這裏比喻反應靈敏，使招敏捷。

⑳先發制人，即彼不動己不動，彼一動己先動，以靜待動之意。

第一段

口訣：起旗鼓猿臂舒展

毛主席在《矛盾論》中說：「事物的矛盾法則，即對立統一的法則，是唯物辯證法的最根本的法則。」列寧說：「就根本的意義講，辯證法是研究物件的本身中的矛盾。」

太極拳運動在運動的過程中存在著很多矛盾，如「動與靜」「陰與陽」等。在拳論中認為動則為陽，靜則為陰，陰陽相濟，互為其根，相反相成。太極拳又在動的時候寓有靜意，於靜中又有動機，故其本身的法則是對立統一的法則，陰陽相濟即是剛柔相濟。如發勁時為剛，收蓄時為柔，剛以制人，柔以化人，在運用上隨著勢的變化而變化。「勢」是指形勢，或是進攻，或是退卻，化即化去對方之力，不使加在我的身上，故須柔中寓剛。

在練拳的時候不能丟卻掤勁，否則就易被人壓扁。所以，我們平時練拳是體驗矛盾，處理矛盾，從而能掌握矛

盾的規律和運用的技巧。

比如：僵硬與輕鬆、開展與緊湊、拘謹與灑脫、虛實、輕重、沉浮、緩急、紊亂與清楚、險平、伸屈、化打、開合、呼吸、忽隱與忽現，這種種矛盾貫串於練拳過程的始終。

太極拳姿勢動作所規定的法則：含胸、擴背、頂頭懸、沉肩、垂肘、尾閭收，是運用來處理對立統一的基本法則。要做到剛柔相濟，說來很簡單，練拳時是恰當地掌握肌筋的一弛一張。比如暗不暗明而暗，因暗見明。沒有明就沒有暗，沒有暗就顯不出明，這是自然的道理。正確的姿勢動作應該是剛柔相濟，虛實分明。

拳論中提到「走即是粘、粘即是走，陽不離陰，陰不離陽」。按照唯物辯證法的觀點，自然的變化，主要是由於自然界內部矛盾的發展。古人把太極拳的開合虛實用陰陽二字來代表，陰陽的變化就是虛實互相滲透，潛移默化，促使事物的發展，起到對身體新陳代謝的效果。所以說：誰善於處理矛盾，誰就練得好，在技術上也是一樣。

句中的猿字，是說臂形需模仿猿臂，做到沉肩垂肘，手法敏捷善於攀緣。起旗鼓，要如行軍作戰，需具有敵情觀念，有整裝待發的意思。

口訣：攬雀尾掤捋擠按

攬字的解釋是擷天下之秀，如一攬子、招攬、包攬，是博取雀類的特長，如翎毛抖擻的孔雀開屏，雀尾修長婆娑生姿。掤、捋、擠、按是本式需抖擻出的四種不同勁法，是太極拳的主要手法，在套路上是一再重複操練的動作。見前述八勁五勢。

口訣：變單鞭雲步下勢

按太極拳動作的排列，分三大段十一節，段以十字手為界，節以單鞭為轉捩點。全套不同式樣的動作是三十六個，為了起承轉合，使之段落分明，演繹為有抑揚頓挫的八十一式，這是前人照九九自乘、滿數的數學道理彙編成套的。如今有八十八式、一百二十二式、八十四式、八十五式的套路，都是同樣的動作，不過其中多加了分解動作，或左右連貫的一式分為兩式的原故。

例如：單鞭下勢本是一個動作，即「閃避驚取」，現在則分成兩個動作了。

雲是「一刹那」，雲步下勢是為了避免出現凹凸（即起伏）。雲又是武術上的術語，意思步子放低一些，俗稱「步子雲下去」，即「蹲低一點兒」。

單鞭的勾子又稱抓拳，它的作用一是撥開來招，二是在不近不遠的距離，為了出擊得勁，可以用腕的陽面打擊對方。鞭是作抽打撲擊講，如鞭撻。有人稱此式為「丹變」「單變」，大概是領會不同的關係，弄得諧音變義了。單鞭在套路裏等於做文章的另起一項，承上啟下，起到繼往開來的作用。

口訣：提手上擴背胸含

這個動作用的勁是連擠帶靠。做到哪裏停止算是完成本式的全部動作呢？一般人認為，提右腳向南成左實右虛，太極勢樁型，雙掌向南，右前左後，像手揮琵琶那樣就是定式。現在八十八式和八十五式太極拳書上，都是這樣進行分解的。

其實不然。這樣只是做了提手，而從楊式小功架即現

在稱吳式太極拳的架式，從太極對拳，從勁法口訣，從技擊用法上看，提手後，即左手採住對方的左腕，右前臂捌住對方的肘節，往裏一帶即成蓄勢掤抱，上右腳插到對方身後，成右弓勢椿型，同時右肩向對方左側面前靠，右肱擠住對方左臂使之不得周轉，左掌補在自己的右臂上協力發勁。口訣是「如錢之投鼓，其聲鏗鏘然」。這才是提手上勢的定式。

這樣分解，在教學上就明確得多，怪不得一般人對提手上勢和手揮琵琶的動作總是分不清楚，造成了各練各的樣子。擴背胸含，是提手上勢要掌握的法則。

口訣：接亮翅連擠帶靠

這裏是按約定俗成寫的，就是說連擠帶靠應歸在上式的提手上勢。此式是「垂簾暗腿」，即由靠後的定式，掤滿的雙臂以右前臂上捲對方的左臂，向對方眼簾上揚，即垂簾掌；左掌下摟對方的右臂，在對方顧上難顧下之際，用左腳向其脛骨踢去。此招練來只是示意而不踢出，所以稱為暗腿藏。

雙臂張開如鶴亮翅，象徵鬆鶴延年。長生不老是不符合客觀事實的，不過是人們的理想，但是打太極拳能夠延年益壽，延緩衰老過程，迎來有活力的晚年，則完全是可能的，符合客觀事實，合乎生理科學。

口訣：拗步掌下降鬆腰

上式動作是升起，本式動作是下降。摟膝的臂形必須呈現弧形，要在身軀中正不阿的條件下，做到下摟及膝，這就說明有腿勁，下過工夫，否則是難以摟到的，除非伸直胳膊，或彎曲身體。強有力的腿功是保證上體自由運轉

的要點。出左腳打右掌稱拗步，出右腳打右掌稱順步。鬆腰的訣竅在於含胸，如此才能靈活。做到邁步如貓行，即舉步鬆，落步輕，運勁如抽絲。

抽絲的具體做法，即動作勻緩，等速圓轉，弛張合度，連綿不斷。著法：設若對方迎面打來右拳，我以左臂捌，順勢下摟，一垂掌，上左腳攔腰抱住對方，以右掌叉出。此式用來，必然有兩種反應：一是對方頭部後仰則順勢叉跌之；二是對方頭部前俯則迎面擊之。

口訣：揮琵琶採捌成撅

撅的勁勢屬於捌，是折斷的意思。上面說的「摟」和「分」也屬於捌，下面還要說搬、攔、滾，也都屬於捌勁，定名稱主要是為了教學清楚起見，所以詳細分解。

按拳論說，「掤捋擠按四正也」。所謂四正並非東南西北，而是依自己的鼻子方向，無論發出或撤回，即前後向使勁稱為正。「採、捌、肘、靠四隅也」。所謂四隅並非西南，東南，東北，西北角，而是以自己為中心，向上下左右旁側使勁的，稱為隅。所以上述諸勁是捌，撅有折斷之意。此式用法，先以右手採住對方的右手腕，以左前臂向南橫捌對方之肘，稱為「手調琵琶」；撅住對方胳膊，使之失卻肘關節的能彎性，向裏略為一帶，稱為「懷抱琵琶」，然後向前一揮發出，稱為「手揮琵琶」。故稱是名。

口訣：搬攔捶從旁緊逼

也有稱盤根錯節或步步緊逼的。盤根錯節是比喻步法雖然縱橫交錯，但走向仍有條理。步步緊逼是說要連續進攻，不讓對方有喘息之機。搬攔捶是太極拳五捶之一，搬

太極拳是具有民族特徵的體育項目，具有緩、柔、圓、均等特點。

的動作是應該用兩隻手，一隻手動作就不是搬。攔在這裏是一隻手攔開。捶是拳打。順序動作是一搬二攔三打捶。有些練習者僅用一隻右拳搬，那就名不符實了，記此以供參考。

「從旁緊逼」，我趁搬勢上右腳，搶佔對方的右側，逼使對方趨於死角，隨即攔開其右手，暴露出其胸懷要害，我上左腳以右拳捶之。此招須謹防對方以左臂還擊。我以右臂上滾，左掌出擊，無不奏效。

口訣：十字手左顧右盼

此式經研究，不單單是十字手，而是抱虎歸山十字手，簡稱十字手。楊式小功架與大功架，手法安排應該完全一致，所不同只是動作大小而已。所謂先求開展後求緊湊，小架就叫抱虎歸山十字手，接下式是斜摟膝。還有太極對拳的用法可資佐證，將對方雙臂夾住，抱起而投擲之，己身屹立交叉兩腕，做十字手定式。

太極對拳也係楊氏所傳，為什麼名稱會紊亂到如此呢？考其原因，過去重文輕武，江湖末技，為所謂「士大夫」所不恥，加之我國過去遭受過民族壓迫，會武術者多數深藏，武術走過一段衰落的道路。那時候，輾轉傳遞，率皆口授，極少文字教材，不免穿鑿誤會。如今發掘，古為今用，對於有象徵性、思想性，特別是那些耐人尋味、有教學意義的拳式名稱，不可輕易刪掉。專業性的術語有它傳統的特點，簡潔、正確、生動，但是也有糟粕的地方。我們接受前人的智慧要有鑒別，當然不能照單全收，要從實際出發，全面分析，去其粗陋，恰當潤色。

例如：《水滸傳》第九回「林沖棒打洪教頭」，「洪

太極拳是具有民族特徵的體育項目，具有緩、柔、圓、均等特點。

教頭……把棒盡心使個旗鼓，吐個門戶喚做『把火燒天勢』。」「林沖……也橫著棒，使個門戶，吐個勢，喚做『撥草尋蛇勢』。」前者名稱似乎粗獷，氣勢逼人，後者名稱比較精細，有無畏的氣魄，明知草裏有蛇，偏向草裏撩撥。《水滸傳》對拳式描述，可謂惟妙惟肖，是可作為借鑒的。

要改，但不要失掉前人精彩的果實。另外，武術形式不能強求統一，允許選擇嘗試，根據個人體格發揮所長，打出風格。

第二段

口訣：抱虎歸偏身防踢

此式與上式拗步掌基本相同，請參閱。上式向正東進擊，本式向西北後擊。當做蓄勢待發時，宜注意支重腿，必須彎曲到45°角與地面平，這是鍛鍊上的要求，也是測驗功夫的規格。

但一般初學者和年老體弱者不在此列，可按自己身體情況掌握高低，及至有了腿力，再行放低也可。我國有句成語「過猶不及」，意思是說，做得過分了，反而達不到目的。鍛鍊身體貴在歲月之久，不在一日之長。

「偏身防踢」的著法是：對方從右側踢來，我蹲身以右手抄執對方的右腳跟，以左臂還擊。這是摟膝拗步的「移步換形」，從不同的角度，練習多種變化。

口訣：肘底捶股肱三折

本式的動作恰好是三折肱。《左傳》裏說：「三折肱知為良醫」。是說熟練此道，精於斯術。又吳承恩著《西

遊記》裏說：「孫行者施為三折肱。」還有歌訣說「往返鼓蕩」的，那是氣遍全身、通順滑腱之謂。這兩說都很貼切，各有千秋。

肘底捶是太極拳五捶之二，從太極拳套路解數的安排來看，每段開始的動作是攬雀尾加單鞭。本式雖然不抓勾子，但仍是單鞭解數。

「解數」二字是武術的專用術語。「解數」的含義，包括來招去勢，手、眼、身法、步等功夫上的本領。武術是我國的文化，武術上的專用術語被民間採用作為生活用語的可謂舉不勝舉，如「拳打不識」「單刀直入」「莫掉槍花」「當頭一棒」「口蜜腹劍」等等。

此招著法：我向右使上採左挒，左前臂粘連對方的右肱部，跟著前進左腳，用右掌叉其右腋下，向上推發，同時以左胯沖其臀部，使其雙腳離地，同時腹部鼓推，三者齊力，可將對方凌空掀起。

注意：一經發出，勢難留住，碰頭磕腦，傷筋動骨。千萬小心，莫逞英雄。

口訣：倒攆猴雖退寓進

「攆」是古代的手推車，專門鋪的攆道，如同現代的馬路。攆道平坦，行車不顛簸。攆在這裏的意思是動作不要顛簸，要求平穩如攆。

猴字與第一式起旗鼓猿臂舒展同一含義，這裏指形態像猿猴，動作後退，要意含進攻。這是太極長拳十三勢中的一勢，即後退法。

它的方法是在敵進我退的時候，必須有一隻手前撐作為掩護，不能雙手同時下掛，以免失去保護，也不能回頭

太極拳是具有民族特徵的體育項目，具有緩、柔、圓、均等特點。

看手，要監視對方。後退的腳不能成絞花步，要由寒雞步變做打虎勢樁型，這樣才能步法平穩。

口訣：兩斜飛肩中有背

原來太極對拳有左右兩個斜飛勢，它的動作，好像是雄鷹斂翅停棲在樹上，雙足一躍凌空斜飛的樣子。

用法：先以左手採住對方的左腕，右肩插入對方的腋下，上右腳到對方身後，上扛使對方凌空，力由脊發，將對方由我的背脊後摔出去。其效果如何，要看發勁是否乾脆，手腳是否齊力。這是講的右式，左式亦可參考。

口訣：海底針俯之彌深

針：集中一點之謂。用法是：右手採挽對方的右腕，向上一揚向下一挫，這就是拳論所說的「意欲向下即寓上，若將物掀起加以挫之」之意。這一挫使得巧，能將人跌個倒栽蔥。在向下挫、折時，左掌在右腕上一頓，加大發勁，下採須採到極限（地面）。

關於拳式用法，前人非不欲傳人，蓋因須擇人而教，一經出手，非同兒戲。練拳目的，是以練好身體為第一要義，可以終身受用。拳式用法非日常所需，宜慎之。

口訣：扇通背側翅抖翎

亦稱「如抖摺扇」，是指發勁要出於自然，不是生硬強弄或矯揉做作，倒不如平鋪直敘來得自然。此式與上式海底針是連貫用法，我一採覺其手回抽，乘勢撒手前推，使勁像打開摺扇一樣。

有的稱此式為山通背、蟾通臂、閃通背等。如果需要名稱在教學上起作用，當以扇通背為恰當。你看外形動作如抖摺扇，又像側翅抖翎，內裏的動作係兩塊扇形的肩胛

太極拳是具有民族特徵的體育項目，具有緩、柔、圓、均等特點。

骨，在沉肩的條件下相互接通，否則易於挺胸。

口訣：**三雲手繞蹺不停**

這是說纏絲連綿不斷地做三個雲手，不要停滯。手的繞，抽絲綿綿，腳的蹺，如蹺晃板，要舉腿鬆，落步輕，要做到「心如白雲常自在，意似流水任東西」的意境。

太極拳是圓弧運動，它運動的規律，一是要陰陽兩圓成切線，例如左右摟膝拗步的立面圓。二是兩圓相交必須通過圓心，例如白蛇吐芯的斜面圓。三是兩圓上下必須重疊，例如左右分腳的起手平面圓。所有動作都可以類推。雲手的勁法是一捌一採。步型是四平步，即襠平、眼平、肩平、氣平。

口訣：**高探馬勒韁上鞍**

左手牽韁一採，右手勒馬打一掌。這一掌叫抹眉紅，橫掌前探，一點步左腳踏上金鐙，好像要騙腿上馬的樣子，眼瞻前方，威風凜凜。高探馬的名稱是名副其實，非常形象。

著法：無論採住對方的右手或左手，我一手向裏引，一手向對方迎面撲，這樣一拉一拒，對方前腳一時不得挪動，我即起左腳向其迎面骨（腓骨）踢之，如中的，對方兩眼流淚，蹈地不起而失去戰鬥力。

口訣：**右分腳托肘斜攻**

大意是說：閃到對方的右側，斜刺裏進攻。

方法是，我右手由下向上抄執對方之肘，使其暴露右脅，從而踢之。

口訣：**左分腳驚鑽橫掃**

左式與右式一樣，這是由左側進攻。

太極拳是具有民族特徵的體育項目，具有緩、柔、圓、均等特點。

具體做法，一蹲身向對方左側鑽入，用我左臂撥開他雙臂，由下上抄，托起他左肘關節，暴露他左脇，我起左腳橫踢之。

口訣：轉身蹬巔起裝腿

巔是頂峰，要求腿蹬得高。裝是巧安排。此招法是「預先設下牢籠套，準備香餌釣金鼇」。「裝腿」一詞見明代戚繼光著《紀效新書》。

口訣：摟膝抱揚長單推

此式與第六式同是一理，請參考。抱是蓄勢待發，勁兒是右前臂捌，左掌按，按時宜舒掌坐腕，由左耳邊推出。太極拳有個定律，按掌須從耳旁發出，即「掌從耳邊發」。

口訣：使栽捶鷹抓虎項

此式的用法，在於「鋼爪鋒芒快」，一把抓住對方襟領或髮辮不放，順勢向下按捺，一時叫他難以轉折，揚起右拳下捶。自身要求「頂頭懸」，好似仰頭的老虎，大有「雄姿猛氣橫」之概。

栽字的解釋是向下打，如栽跟斗，栽樹。下栽時身體略前探 25°角，與地面平，切勿強行挺腰，否則招致身體僵硬，反而不中正。這是太極拳五捶之三。

口訣：撇身捶牽馬亮相

書法向左下寫的一種筆形稱撇。此式做來雙手先向左下一撇，以助欲右先左的蓄勢，然後做第二個環視半周亮相，亮相即吐個門戶，也就是拉開架式準備戰鬥的意思。再向右側雙手拋撇出去，像牽馬的樣子。

撇也有作劈的，撇作灑脫、爽快講，引申為乾淨俐

落。這是太極拳五捶之四。

口訣：披身蹬側身弄招

用現代的話來說，一見拳式名稱，便產生相應的聯想，起畫龍點睛的作用。

例如本式的口訣，披身是向旁邊進攻的意思，側身弄招是側著身子使方法，披字作所向披靡講，又作覆蓋講。前者形容招法利害，後者指明上下一齊使招，即以鋪天蓋地之勢，全面進攻。

口訣：退步虎一挒三送

此式的挒勢與攬雀尾的挒為同一勁法，一是上步挒，一是退步挒。挒字含義，意在防範未然。挒的動作使起來，自身比較危險，因為對方可以趁機向我身體衝擊，所以要挒中陰陽變，即左手採為陽，右手捯為陰，抓住了叫對方撞不進，這一採一捯要變換得法的意思。

一挒三送即小腹邊緣與大腿根部折疊了三次，亦即虛實交換了三次。送有兩個作用，一是輔助手法上加大頓挫力，二是穩住身體重心，利於進退變換，虛實清楚。

口訣：翻伏虎捯採相兼

此式與上式一樣，同樣有三次折疊，重點是右拳捯左掌採兩個勁，然後右掌迎面撲去。所以握拳不在太極五捶之列，它與下式的雙風貫耳、上步七星、彎弓射虎，用法都不是出捶，而是打掌。

口訣：回身蹬餌彼輕取

欲收到鍛鍊上的效果，必須採用武術上專用的口令和口訣。口令宜短句，要求聽得清，記得明，口訣宜押韻合轍，抓住動作的要領和特點，易於朗誦，字句含義要深

太極拳是具有民族特徵的體育項目，具有緩、柔、圓、均等特點。

刻、形象、正確。教學方法要深入淺出，層層剝進，簡潔而生動。口令和口訣是提要，因而不包括動作的順序，還須示範、講解、領打、討論。

例如講解這個餌彼輕取，即是故示弱點，偽做佯輸詐敗之勢，誘使對方來攻，乘其前追一時留腳不住的當口，我突然回身起腿，使對方陷入我圈套之中，歸於失敗。為了教學生動深刻，可舉《水滸傳》「王進夜走延安府」王進教九紋龍史進對棒，王進故做敗勢拖棒而走，誘史進趕來，王進一個鷂子翻身棒向史進頭上落下，史進擎棒招架，不意王進轉棒向下在臁兒骨這一撥，撲隆通，史進跌了個仰面朝天。教者可舉一反三。

口訣：風貫耳決不饒輕

太極拳口訣和名稱可以適當地誇張，以引起聯想和鼓舞精神，但不能不切實際，詞不達意，令人費解。本式名稱有的書上叫做雙峰貫耳，也有叫做雙風灌耳，這峰字和灌字就令人費解。

峰是山巒，灌是灌溉，如果「峰」比做拳，那麼上步七星的拳和彎弓射虎也是雙拳，豈不一樣都是雙峰。灌作注入液體講，風又不是液體，由此我們仍應稱為雙風貫耳，是使用雙掌壓使空氣貫串耳門。雖然是拳不在五捶之列，但定名定式決不能粗枝大葉，空虛無物。「決不饒輕」，是說敢於勝利。

口訣：左起腳佯輸詐敗，飛右腿就機連發

這兩招要連起來解釋，它有閃展騰挪之法，名叫玉環步鴛鴦腿。施耐庵所特寫的武松醉打蔣門神，這一撲生動地說明了太極拳是歷代勞動人民在長期實踐中逐步產生出

太極拳是具有民族特徵的體育項目，具有緩、柔、圓、均等特點。

來的一項技擊手法。

具體的用法，先以掌向對方迎面一虛影，身子向前一閃，接著雙臂撐開像大鵬展翅，再起左腳向對方佯踢，隨即轉過身來，挪一個位置（此招稱玉環步），趁對方摸不清我為什麼要轉身之際，我即騰起右腿，向對方襠裏踢去，這就是武術上的佯哄誘詐之法。

第 三 段

口訣：三分鬃橫挒休延

休延二字的解釋即不要停滯，要連續不斷地做。據《辭源》載：「野馬落地不沾泥沙。」比喻身段的翩式，又說「野馬是田野的浮氣，遠望如水波」，比喻氣勢的壯觀，野馬奔騰必然令鬃毛向左右分披，比喻其精神抖擻。本式前臂向左右橫挒，與口齊高。攬雀尾的掤式是撐開，前臂與肩頭齊高；斜飛勢是上挑勁，前臂與頭頂齊高。這三式是有區別的，切勿類同。

口訣：四穿梭八面擒空

玉女穿梭、織女穿梭、四角穿梭都是同樣一個動作。玉女，比喻穿來度往的織布，動作靈活。「八面擒空」是要求兩腋扇開，身體不受壓抑，手不下掛，符合拳論所說的「立身須中正安舒，支撐八面」，以免出現頂、扁、丟、抗之弊。

用法，一手捉住對方的手腕，另一手鑽入對方的腋下掀起對方胳膊，右手推對方的胸部，以我之胯沖擊對方的下肢，如能手腳齊用，則效果顯著。動作方向為西南、東南、東北、西北，也是順序。「支撐八面」軀幹留有緩衝

區，以資保護。身體不中正，則弊病百出，包括頂、扁、丟、抗的出現。頂是用蠻力撐住，扁是雙臂不懸，丟是雙手沒有準繩，抗是彊勁。

口訣：**兩鸞肘金雞獨立**

順序先做順鸞後做拗鸞。鸞肘一詞見明代戚繼光著《拳經捷要篇》。「鸞」是武術的精簡術語，意即用巧妙迷惑的手法，使人眼花撩亂而乘機取勝的意思。據《聊齋志異》說：鸞是大青鳥，青鳥善舞，能夠乘騎，形態優美。金雞即錦雞，生來非常美麗，金色的脖子，火紅的背脊，斑尾揚翹，長於獨立，同樣都是比喻拳式的好看。

武術的歷史，伴隨民族發展而來，不但好看且風格獨特。隨著體育科學的道理普及民間，很多人知道練習太極拳能夠祛病延年，但想學卻懶得動，或怕學不會，被人笑，難看不光采。俗話說得好：「礱糠搓繩起頭難。」人只怕不動，一開始動手，也就容易學會了。近代的醫藥能治百病，但是增加肺活量，防止肌肉萎縮，則是沒有良藥的。無數事例證明，練太極拳能治癒這類病。

口訣：**懸腳虛揭起挑襠**

懸腳虛這一詞，出自戚繼光的《紀效新書》，據該書自序說：他參考了宋朝趙匡胤的三十二式長拳，搜集了古今許多拳種的特點、優點，彙編成三十二式的套路，作為基本功，訓練兵將。可惜我國現在僅存二十四式，另有八幅圖解已失散。最近發現流於日本，為江戶時代的兵法家所珍藏。

《紀效新書》的拳式圖解，與現今流傳的各式太極拳的名稱、拳式大部分相同，或許和現在的太極拳有血緣關

太極拳是具有民族特徵的體育項目，具有緩、柔、圓、均等特點。

係。「揭起挑襠」，是抬腿踢襠的意思。

口訣：帶穿掌眼明手便

此式原名高探馬帶穿掌，與單鞭下勢一樣，是一個式子，而不是兩個式子。距今 50 年以前，撇身捶轉做搬攔捶，當中有一個過渡式子，叫筋斗捶，所以統稱緊三捶，是一組連續進攻的手法。

1925 年，楊式太極拳繼承人楊澄甫去南方教學時，對套路拳式稍微有增刪，即將全套四個筋斗捶中最後一個改作出掌，題名白蛇吐芯。

陳式太極拳原是有白蛇吐芯的，但趙堡架、武式、李式、孫式的拳式都沒有白蛇吐芯這個式子。楊澄甫在第二個手揮琵琶後加了一個摟膝拗步，又在第一段十字手後的攬雀尾變單鞭時，不列斜單鞭名稱，但動作仍然一樣，只是不抓勾子。又將十字單擺蓮一式簡化為蹬腳，這是為了使多數人容易接受。後又有人將第一個轉身撇身捶中的撇拳改作撇掌，算做白蛇吐芯。

根據各式各勁、各勁各法的道理，這些改變似乎牽強，不如原來的拳式交代得清楚，故記此以供參考。

口訣：單擺蓮綠荷出水

有雙擺橫踢，也有單擺橫踢，說明腿有多種的踢法。簡單地講，太極拳有八種踢腿法：翅、蹬、接、起、襯、挑、擺、掃。其中翅、蹬、擺、挑四種有明顯的表現法，其餘四種含而不露，難度雖高，但是很巧妙，可見太極拳腿法的齊備。翅：即左右分腳。

具體做法是閃到旁邊，揚手托住對方肘部，用腳背外側面踢出。蹬：即披身蹬腳。接：當別人踢來時，我抬起

太極拳是具有民族特徵的體育項目，具有緩、柔、圓、均等特點。

腳由上向下接住踢來之腳，繼而踩之。起：即進步栽捶後，是麒麟步接轉身二起腳。

如今陳式是這樣練習的，孫式稱踐步打捶，麒麟步定式。襯：即鴛鴦腳，用腳背撩踢襠部。挑：即金雞獨立。擺：即單雙擺蓮腿。掃：即轉身擺蓮的掃趟腿。

陳式二路還保持老式的練法。現在這些個腿法，只是形象地比畫了。這個動作做來猶如荷花透水，迎風蕩漾，雙臂圓撐，好比一張荷葉。此式因為難度較高，容易前俯後仰站立不穩，所以改為普通蹬腿，則易於推廣。

口訣：指襠捶貓行當先

此捶為太極拳五捶之末。掌握六個法則，是鍛鍊上必不可少的要求，掌握不好，不能增長功夫。另外，上肢的弛和張，下肢負荷交換虛實，又是增強耐力、彈力、靈巧、平衡、反應等素質的手段，是消除身體笨滯僵硬的方法。掌握法則能使內部各器官活動加強，推動不隨意肌和內部機件的活躍，並協調起來，減少和防止肌肉的萎縮、肥胖症，增加肺活量及耐力，促進新陳代謝的旺盛，收到延年益壽的功效。

此式用法，左手掤起對方右臂，繼而向襠部打捶。此式須婉轉落步向前，虛實要分得清楚，不要採用打夯式落步，以免出現凹凸。

口訣：上步托下勢蜿蜒

此式原是單鞭下勢，做起來要求身若游龍，蜿蜒多姿。做來不能抬頭看手、低頭看腳，犯此即毫無神色。眼神要先射向出擊的方向，這個道理很簡單，「看準了再打，而不是瞎打」。身軀漸次下降，宛如樹梢落葉，飄然

有致，不能直起直伏，宜捲襠前進。

下勢時要求身軀中正，左手小指搭在左腳背上為合格。下勢是「巧鑽驚取」之法，係下式的先導動作，故其不成為一個單獨的姿勢。

口訣：七星勢驚上擊下

此式用法，以雙臂向對方當面一迎，即虛晃一招，左腳彈踢臁兒骨，就叫做驚上擊下。

「七星」，羅貫中所著《三國演義》中管輅囑趙顏求壽一段說：「南斗星主生，北斗星（即七星）主死。」這裏借來比喻拳勢的兇險，而不是人們所說的七星是雙肘、雙膝、雙肩承一頭。若如此，拳式都是雙肘、雙膝、雙肩承一頭，豈不式式都是七星了？

口訣：退步虎引阱落陷

這裏的虎比喻來勢勇猛。用掤化的方法，誘使對方推來的雙掌撲空，這樣就落入我的圈套，我即舉腳踹之。此式比白鶴亮翅架子低，是低架虛勢，白鶴亮翅是高架虛勢。

口訣：雙擺蓮柔腰百轉

轉過身來雙掌拍腳背作響，要求橫踢站牢（即穩固），如蜻蜓撼石柱，紋絲不動，踢腳的腳跟與胯部齊平。這就需要不斷實踐，在實踐中增加肌筋收縮的強度，這個強度即是功夫。此式單腳站穩，上半身應在難裏見功夫，轉折擺動柔中有剛，所以前人詠詩說：「柔腰百折若無骨，丟卻全身皆是腿。」這裏所表現的似日映朝霞，迎風吐豔，而不是人們傳說的擺三寸金蓮，那樣豈不成為笑話。

又有人說這叫「擺面」，還算較確切，但要求過高，不宜作為體療之用。此式顯然是從「前掃趟腿接騰空擺蓮」沿革而來的，難度就更大了。

口訣：**彎弓射負嵎待虎**

「負嵎待虎」是句成語，即隱蔽在山峪的石旁，彎好弓搭上箭，等待射老虎。這個姿勢前人叫待機而動，太極拳術語叫蓄勢待發。

口訣：**蛇吐信先發制人**

口訣：**似封閉粘之使起**

象徵動作的關門閉戶。從用法上來講必須擴背發力。擴背過去稱拔背，拔背使背部的斜方肌收縮上提，連帶頸直肌上鼓，牽引腹肌僵硬，致使氣血一時賁張，形態拱肩縮背，很不自然。擴背係兩肩下沉，使背肌群向左右兩側延伸舒張，從生理上肌筋不過分緊張，能自由圓轉，形態也好看。

粘之使起，在對方推我雙臂時，我向後、向上、向兩側提起，引對方腳跟離地，從而用兩前臂向前壓出，同時頂頭擴背以助沖勢，這種凌厲的推法，具有很大威脅力。

再者，陳式太極拳的六封四閉，並不是音誤，它屬防守動作，有此式的歌訣為證。歌云：「上下前後左右門，六封嚴防無隙趁，東南西北角關緊，十方處處壁壘森。」

口訣：**歸原地面不改色**

打太極拳和下圍棋一樣，沿用一種不成規矩的規矩，著圍棋是黑先白後，打太極拳則講求九九歸原，說明步法有一定的準繩，表示功夫，即收勢須歸到起勢的地方，這已成定規。面不變色，說明雖幾經波折，仍泰然自若，這

是肺活量大，掌握得好，練成體健身輕，骨節柔和，步履敏捷，如此日常工作不以為累，心情如同少年一樣活潑，大有拔山扛鼎之能力。且看拳術場上，童顏鶴髮，比比皆是，這是有力的證明。

本篇所述，只是個人實踐的微薄之見，以供初學者和意欲提高者作參考用。本篇解釋的一部分材料，曾在南京五臺山與全市太極拳愛好者公開討論 15 次，承許多有識者提出有關意見，使我獲益不少，一併致謝。

編者限於水準，錯誤和不妥之處，必然不少，深望太極拳愛好者，倘有親身體會，有新的發現，尚望增補，有幸者非獨我個人而已矣。

第六節　練太極拳的常見病及其糾正方法

初練太極拳，掌握理法不夠，姿勢難求盡善盡美，出現毛病是自然的，認真練習，注意改正毛病，逐步掌握理法，姿勢漸趨完美，也是必然的。

改正毛病的過程也是鍛鍊的過程。開始練拳時，應注意姿勢的正確，出現毛病就及時糾正，則收效較快，否則練之日久，習慣成自然，改也就比較困難了。現將太極拳一般常見的毛病及發生原因、糾正方法，擇要述明如下：

1. 抬　頭

常在上體前傾之際，以仰首代替平衡時出現。是由於沒有做到沉襠。應下頜微收，下沉臀部。

2. 低 頭

常在捋手或下手呈抱球狀，或是倒攆猴看後手時出現。是因為眼看下手故。注意讓自己眼視使招的方向。

3. 僵 硬

在動作中由於腰部未能轉動而出現。原因是使用拙力，引起筋肌未能放鬆，帶來憋氣。宜放鬆全身肌肉至惰性狀態，自然產生慣力反應。

4. 前 俯

常在海底針、單鞭下勢、栽捶或轉動時出現。原因是不會沉襠，即不會尾閭收。宜注意尾閭中正，立身中正安舒。

5. 後 仰

常在雙按、野馬分鬃、分腿或蹬腳之時，原因是不會含胸擴背及上體放鬆。宜鬆腰、坐胯。

6. 撅 臀

常在雲手或邁步時出現。原因是大腿支持體重的力量不夠。宜縮臀下氣，平穩襠、胯。

7. 左歪右斜

常在邁出左腳或右腳時、由太極勢變弓勢時、右左蹬腳時的出現。原因是腿力不足，基本功不夠。宜放鬆，沉肩、含胸。

8. 斜 視

常在往後行圈之際出現。原因是意欲保持頂頭懸。宜正視，目含收斂，切忌瞠目。

9. 聳 肩

隨處均會出現。原因是習慣成自然。宜沉肩垂肘，注

意「順項貫頂兩膀鬆」。

10. 下　掛

常在下手環抱時臂形挺直，或隨勢動作之際太隨意所致。臂形應如懷中抱月。

11. 翹　肘

常在舉手或出招時出現，在做單鞭、白鶴亮翅等式時較為常見。原因是沒有沉肩。宜頂頭懸，注意肘尖下垂。

12. 花　指

有一些練者，手指曲捲如蘭花指或太做作。原因是誤認為食指對鼻尖就是中正，或把抖顫的假勁誤作真勁。宜掌指如瓦楞形，以求氣血通暢。

13. 冒　腰

常在栽捶、海底針、起腳、下勢之時。原因是腿部基本功不夠，以冒腰代替下蹲式。宜鍛鍊腿部的負荷力。

14. 屈　臂

常在摟膝拗步的出手、單鞭的後手、起腳的後手中出現。原因是手無掤勁。宜含胸、沉肩、擴背，雙手呼應。

15. 搖　曳

如摟膝之來回擺動、野馬分鬃之梯形前進等狀態。原因是誤以搖晃為放鬆。宜螺旋力前進。須往返有折疊，穩住重心，進退有轉換，變換勁法。

16. 顛　簸

即頓挫。一步一顛，忽高忽低。原因是腿力不夠。宜練基本功站樁八式。

17. 凹　凸

常在連續進步如摟膝、搬攔捶、雲手等式中出現。原

太極拳是具有民族特徵的體育項目，具有緩、柔、圓、均等特點。

因是功夫不夠，絞不住勁而出現起伏。宜沉襠，精力集中，勿使渙散。

18. 斷　續

即動作快而姿勢慢，或先快後慢，先慢後快，不勻稱。原因是體力不足或性情急躁。宜從容不迫，穩步前進。

19. 丟　頂

常發生於轉換變式之際，雙手鬆軟無物。是由於沒有勁。宜注意沉肩垂肘。

20. 過　勁

即弓式膝蓋超過腳尖，偏重。原因是後腳掌翻起，或後腿曲蜷。宜沉襠，練站樁功夫。

21. 雙　重

常出現於玉女穿梭、雲手的四平步中，步法笨拙。原因是不懂用意識交換虛實。宜注意步法，漸次交換重心。手法除雙按之外，左右手都是分工的。

22. 亮　底

常在出腿或成太極勢時腳心朝前。原因是腿部肌肉不放鬆。宜練好太極勢的基本功。

23. 夾　襠

常出現在太極勢、虛勢中。是由於底面積占得太小，不費腿力。宜注意圓襠，四方平穩，八面玲瓏。

24. 夾　臂

每個動作中都會發生。原因是沒有含胸。宜注意沉肩垂肘，胸、臂之間留有餘地。

25. 拙　力

好使用蠻力，周身不能輕鬆，完整一氣。原因是初學

太極拳是具有民族特徵的體育項目，具有緩、柔、圓、均等特點。

或身體過笨。宜聽任自然，產生慣力。

26. 屏　氣

常在下勢、上步七星或舉腿時出現。原因是沒有含胸擴背，進行腹式呼吸。宜注意存神納氣。

27. 拔　根

即後腳掌翻起或腳跟提起，與過勁相似。宜沉襠，練站樁功夫。

其他還有如垂簾怒目、搖頭晃腦、疏懈零亂，萎靡無神，三尖不相照、上下不相隨、剛柔不相合等等毛病，名目很多，不多列舉。總之，要虛心學習，取長補短，由淺而入深，不斷研習，自臻縝密。

第七節　關於姿勢的說明

太極拳的流派較多，現在流傳和有專著介紹的主要有6種：陳式老架、楊式大架、李式纏繞架、吳式中架、武式小架、孫式活步架，其他還有趙堡架。

拳術好比書法，同是一個字，卻有正、草、隸、篆之分。各種架式有的要求快慢相間，有的要求等速圓轉，但是內部用意識引導圓弧運動和掌握呼吸卻都是一致的。現在先探討一下對外形的要求：

太極拳是具有民族特徵的體育項目，具有緩、柔、圓、均等特點。

一、頭部（包括口、眼、鼻、舌、耳）

1.頭部姿態要求整齊

頸椎骨要自然順著脖子豎起，面部肌肉放鬆，下頜微微裏收，以能自然轉動為主。不要在出掌時下頜前伸，不要出現頸部血脈賁張的弊病，不要搖頭晃腦，頭部不要翹起、搭拉、左偏或者右歪。

2.口、鼻、舌

口要輕閉，舌尖微頂上腭（俗稱上膛），用鼻孔呼吸。如果感到呼吸不暢，可以張口吐氣。

3.眼

眼要求焦距集中，使目光有神而不散亂。眼神的規律，總是先射向出擊的方向。即使有看手的時候，也是為了正確使招一瞥而過。這樣可以使眼神帶動腰部的動轉度。例如楊式大架肘底捶一式，如果看手運行，轉腰的幅度就會小於 25°，而且易於出現抬頭看手和低頭看腳的毛病。如果眼神注意出擊的方向，就會顯得氣宇軒昂。

不要橫眉怒視或垂簾閉目，更不要呆視，隨手運轉。眼隨手轉，不但目無神氣，出擊也漫無目標，造成整個軀幹形同一段木頭。

4.耳

周圍雖有嘈雜之聲，要做到充耳不聞。頭部的虛靈頂

勁是抑制思想不集中的方法，專心一意，目不旁視。做好
每一個細小的動作，也是排除干擾的方法。

二、軀　幹

這裏要著重探討軀幹中的幾個問題。

1. 關於軀幹中正

整個軀幹在打太極拳的過程中，必須盡可能保持中
正。拳論說：「立身須中正安舒。」安舒就是要求軀幹的
肌筋不要緊張，以免引起僵硬。但也有個別動作要求軀幹
前探。例如「摟膝拗步」的單掌前推是為了能夠擊到目的
物；「海底針」的前探是為了下採得更有力量；太極劍的
「海底撈月」是為了出劍遠些；太極刀的「鴛鴦腿發半身
斜」是為了踢得更遠些；小架子的野馬分鬃，身如半躺，
那是為了靠。這些姿勢都不是偏倚，而是有意識地這樣
做。

軀幹好比筆桿，筆桿無論斜到什麼程度，本身還是中
正的。那麼，怎樣的姿勢屬於不中正呢？例如強行扣胸、
凸肚、挺胸、撅臀等，犯了這些毛病軀幹就不中正，呈現
彎曲狀，而且筋骨也隨之緊張，也就不得安舒。

舉例來說，大功架的「右野馬分鬃」轉「左野馬分
鬃」這個動作，必須含胸擴背，略屈後膝（左膝），使之
沉襠，軀幹放鬆，上下垂直，然後重心移至右大腿，保持
45°彎曲，承擔全部體重，再舉左腳緩緩向前邁出，使整個
軀幹平穩地轉腰前移。

在做這些動作時有三個毛病不能犯：一是身體起伏以

太極拳是具有民族特徵的體育項目，具有緩、柔、圓、均等特點。

減輕腿部的負重；二是軀幹前撲，撅起臀部，以代替軀幹沒有上升；三是以凸肚以為中正。犯了以上三種毛病，不但不合太極拳的規矩，而且破壞了優美的形象，最主要是練不出腿的功夫。

須知雙腿交換弛張，增加大腿的負荷，可以促使毛細血管擴張，加速血液向心臟回流，導致血液循環的暢通，從而營養和溫濡全身。這是太極拳異於其他運動項目的特點之一。如果捨此優點而不予重視，雖然學習太極拳也能強身，但是效果較差，而且遲緩。

2. 關於含胸

含胸的正確姿勢，是使整個胸腔略成淺度弧形，這樣能使蹲身動作和踢腿動作的姿勢更加穩健。

3. 關於拔背

原來「拔背」二字，是用於技擊方法上的，意思是將對方背起，一低頭將對方翻過自己的頭部，剎那間將對方摔出去。例如陳式太極拳的閃通背、楊式太極拳的斜飛勢，都是用拔背發勁的動作。

在一般情況下，「拔背」應該說是「擴背」，而不是拔背。擴揹運動是背肌群向兩旁擴展伸縮的動作。這個動作是防止背肌群過早鬆弛，不會引起脊柱骨骼失去肌肉的支撐，體形變成彎腰駝背。背肌群每時每刻都在緊張地用勁，所以容易感覺疲勞。

例如勞動過久或坐的時間太長了，就感到腰酸背痛，需要坐一下或躺下來休息一下，以放鬆背肌群。人們的打

太極拳是具有民族特徵的體育項目，具有緩、柔、圓、均等特點。

哈欠、伸懶腰就是放鬆背肌群的運動。

這樣我們就可以理解，「擴背」運動是鍛鍊背肌群的好辦法，久之能加強背肌群的伸縮強度和柔韌性、耐久性，在理療上起到避免動輒腰酸背痛和未老先衰的作用。我們研究的答案是：擴背而不是拔背，中正不總是軀幹上下垂直，主要是安舒。掌握安舒的方法，要使胸、背、腰、腹的肌筋全部放鬆，全賴於腿部有足夠的負荷力。

4. 關於鬆腰

「鬆」的解釋就是不用力，尤其不要強行用力，因為一用力，動作就不自然，著意在用力部分，則其他部分必不平均。太極拳要求順乎自然地運動。鬆腰到底應該如何掌握？這是許多人想知道的問題。

確實，「鬆腰」兩字的提法似乎比較籠統，應該說是「鬆腰肌」。因為腰部肌肉有司感神經，能夠自我控制，腰椎骨則不能，而單獨鬆腰又是做不到的，只有在胸肌、腹肌同時放鬆的條件下，腰肌才能放鬆。因為各部肌肉群，天生有連帶關係。「鬆腹」能夠延伸到腹部兩側的骨骼和它下面的恥骨、坐骨聯成的盆骨起到靈活作用，實際上轉腰的同時也在轉胯。如果腰部挺直，鐵板一塊，非但不能轉動，而且身體容易失去重心，上下動作不能相隨。

太極拳的動作總是兩腳虛實交換的，此起彼落。當做轉身蹬腳的時候，腰部必定作為支點，向出腿方向略呈彎曲，以調整身體平衡。如果腰不柔和，必然因站不穩而產生零碎動作，或打夯式地急於落地。鬆腰還要放鬆腹肌，以使呼吸平靜舒坦。拳論有「腹內鬆淨氣騰然」「刻刻留

意在腰間」等語，可見腰肌放鬆的重要性。

例如做單鞭一式，主要在於鬆腰，由腰帶動兩臂來回鼓蕩，否則只動胳膊，直來直去地畫道道兒，動作既不美觀，更談不到像拉手風琴那樣的有韻律節奏了。

經我們研究，對於「鬆腰」的答案是：鬆腰必定與含胸、鬆腹交織在一起，是同時進行的，如果腰肌能夠鬆淨，做到動作節節貫串，就比較容易把握了。

三、上肢（包括臂、掌、腕、肩、肘）

太極拳的臂形要似直非直，隨曲就伸，無論推出或收回，打捶或抓勾子，都是或大或小的弧形，推出的臂不要挺直，這一點是各式太極拳共同的標準。但是，手掌的形狀在推出時各有不同。

例如流行最廣的楊式太極拳的掌形，貫穿全套路總是瓦楞形狀。出掌前推，舒掌坐腕，意領中指，藉以引出臂勁。

老架陳式太極拳的掌形，像怒放的一朵蘭花，向外轉，意領拇指，向裏轉，意領小指，藉以引出內身活動的纏絲勁。

吳式拳的掌形，基本和楊式一樣，但出掌時有所不同，它要求掌心微凸，隨即虛攏；間有四指並直，如攬雀尾的擠式、手揮琵琶的揮式，這樣掌握是為了引長胳膊的肌肉和韌帶。

武式與孫式太極拳的掌形基本相同，多半是平直的，出掌前引，張開五指，狀為扇形，以帶動胸廓的擴張與收縮。

太極拳是具有民族特徵的體育項目，具有緩、柔、圓、均等特點。

　　各式太極拳掌形雖然不同，但卻深合生理作用，恰如拳論所說的「其根在腳，發於腿，主宰於腰，形於手指」。如掌指蜷曲，那就不符合要求了。

　　沉肩也是太極拳的重要環節。在做雙手合抱時（即蓄勢時），肩部關節要自然鬆開，不要聳起；轉臂前推時，肩部關節要一方面前推，一方面下沉，藉以牽動肩部兩側的肌肉和韌帶。要用意引導這個動作，在將推到終點時，像打閃般「刷」地一下，用最短暫的時間，使這個動作放出全身的力量，但切記不要屏氣、不要生硬造作而起僵勁。

　　垂肘。在出掌前推時，要使肘尖基本上指向地面，但不必強行向下，一強行向下又會起僵勁，起僵勁就失去肌肉和韌帶的彈性。有的動作如白鶴亮翅、扇通背、雙風貫耳等式，肘部高於肩部，肘尖也應基本向下。肘尖後扇或上翹，肩關節必定隨之上聳，這是關節結構的連鎖反應，這不但破壞了姿勢的優美，影響了身體的平衡，也容易使呼吸上浮。

　　沉肩垂肘在雙人推手時尤為重要。肩、肘用以運化來勢，只要一聳肩翹肘即自動失重。所以初學太極拳時，要養成沉肩、垂肘的習慣。手臂一伸一屈，不要直來直往，平出平回，儘量做到胳膊旋轉由虛到實。

　　例如楊式的摟膝拗步，右臂由前向下、向後經右耳角向前坐腕推與肩平，即自然包含一個圓弧形。動作之輪轉是虛勢，推出是實勢。又如單鞭一式，兩臂來回鼓蕩，起點是實，向左輪轉是虛，勾回右手是實，左掌向左是虛，轉掌前推變為實，接下式又變虛，這就是由虛到實，由實

到虛的表現法。

好比量血壓時的鼓氣一樣，由緊到鬆，由鬆到緊，這樣做手指肚會覺得發脹，手指顫動。這種現象由於肌肉的弛張關係，不是什麼暗勁，而是掌握了沉肩垂肘，時張時弛的方法做對了。

對身體的益處是胳膊肌輕度緊張時，壓縮血管容量，相對地血液向心臟回流，胳膊肌鬆弛時，血管放大，相對地血液充盈，好像「活塞泵」的運轉，促使血液流暢，加快循環，精神也隨之旺盛。

我們研究的答案是：用沉肩垂肘的方法，有節奏地使肌肉弛張，促進血液循環，能夠改善心臟與血管的功能，代替了用大力使肌肉弛張。這是太極拳的特點之一，對老年人保持健康，給病弱者以理法治療是個很好的方法。

四、下肢（包括胯、膝、踝、足）

下肢承擔著全身的重量。要做到下盤穩固，邁步時要虛實分明，邁出的椿型要合乎標準。欲達到上述要求，主要在於胯部靈活，大腿的肌肉伸縮有力。最好在練拳之前，做些輔助活動，如壓腿、踢腿、轉膝、擺胯等動作。其他如踢毽子和跳橡皮筋也是靈活下肢的好辦法。

太極拳練習中絕大部分時間要屈膝坐腿，它的動作緩慢，要求有升有降，有單腿獨立，有兩腳不斷地此起彼落，交換虛實，所以比起其他快速運動項目，太極拳腿部的運動量要大得多，久練之後，勢必膝部韌帶有力，腿部肌肉發達。

對練習者來講，胯、膝關節靈活，才能運用自如，上

太極拳是具有民族特徵的體育項目，具有緩、柔、圓、均等特點。

肢動作也自然輕靈。反之，必然會影響上身，造成身體東倒西歪，或者直挺挺地凸著肚子。增加腿力的方法，要根據個人體質情況，在盤架子時，可逐漸降低屈膝坐腿的程度，在不妨礙正確姿勢的條件下，漸次放低，彎曲度可以45°、75°以至90°來訓練。

太極拳的八種基本樁型，也可以每日輪流站樁，或專做下蹲起立的單項動作都可以，但是這步功夫貴在日日漸次增長，不能急於求成。

腳尖的轉動位置恰當與否，直接影響到身體各部的姿勢，與出手的勢順或勢背有相當的關係。腳尖的外撇和裏扣，腳的前進後退，腳尖上翹，腳跟擺落，都應當掌握分寸。

例如轉身撇身捶一式，由栽捶做起，身欲右轉，必先屈後腿沉襠，扣左腳尖向裏，方能夠轉體。如果裏扣角度不正確，完成動作就比較勉強澀滯。

例如右野馬分鬃，前腿彎曲成右弓勢樁型，意欲做上步向左，必須先屈後腿沉襠，減輕右腿承擔的體重，以便右腳尖向右外撇，然後再前弓支持全身，提起左腳經過右踝骨內側向前偏左邁出，先以腳跟落地，成左太極勢樁型，漸漸下落腳掌，踏實成左弓勢。這個動作的過程就是虛實交換的過程。

又如手揮琵琶的腳跟著地，也不是完全沒有承擔體重的，它還是起著支點的作用，以使轉換變式靈活。

再如倒攆猴的後退，先以腳掌著地，腳跟必須向裏擺成45°角，做成弓馬勢樁型，才能四方平穩，如果腳跟不向裏擺，那麼兩腿膝蓋距離太近，就會起僵勁，造成出擊

方向也不正確。

又如右分腳，左腳獨立必須成 45°角，否則右腳的方向就踢不準；轉身蹬腳也是同樣道理。

總之腳的裏扣外撇，要根據上下式的方位變化而運用，腳踏不準，樁型就不正。用時要注意腳的轉動，要以腳跟為軸，避免用腳掌滑動，引起「鬆懈」「坍塌」「拔根」的弊病，始終使自己的身體保持在運動中的中心，如此則必然穩固。

我們的研究答案是：下肢的腿勁是基本功，胯部要轉動靈活，首先腳的轉動要合度。達到以上要求，所謂「圓活之趣」就容易做到了。

太極拳是具有民族特徵的體育項目，具有緩、柔、圓、均等特點。

第二章
楊式小功架太極拳四十六式

第一節　關於楊式小功架太極拳的說明

　　「小架子」太極拳，是經過長期發展而形成的。由於它具有「內大外小」的特點，對內臟功能的鍛鍊作用較大，又適於體力較差的人鍛鍊，所以很有推廣的價值。因為這套拳的動作比較複雜，又少詳細的學習參考資料，學習中有一定難度。

　　筆者以楊式及吳式小架子為基礎，編成這套「楊班侯小架子太極拳」。在技術方面爭取做到通俗易懂，切合實用，深入淺出，不失精華，既普及又提高。

一、古爲今用，服務當前

　　這套拳是在楊式「八十一式」的基礎上，經過審慎的考慮，大加整理而編成的。改編後共有四十六式（包括了太極拳的全部三十六個整套式子；為了銜接各式，選用八個重複式；加上「起勢」和「合太極」共四十六式），保留了傳統的優良手法，刪去了繁複的 35 個動作。

　　使這套拳的結構更加精煉、緊湊。這樣不但容易學習

和記憶，更重要的是，它節省了練拳的時間，同時也以足夠的運動量，保證鍛鍊的效果。據實踐，大約 20 分鐘可以做完，因而容易堅持下去。按動作結構，仍分為三段。時間不夠還可以機動安排，做兩三段，甚至幾個式子。練完後，對於驅散疲勞、充沛精力很有益處。

二、定名立式，推陳出新

傳統太極拳的名稱，帶有一定的江湖氣，個別架式與其動作名稱看來並不相符，都予以編改，以求達到顧名思義，有利於習練動作。

傳統太極拳的某些動作難度很大，一般說來，除了做專業表演之外，廣大群眾沒有必要花費過大的精力和過多的時間去熟悉它們。我也經過審慎考慮，區別對待，或予精簡，或予刪去。

三、敘述動作，力求詳盡

這套拳文圖並重，力圖從各個角度詳細描述，並且盡可能用一些日常勞動、生活中人們實用的姿勢加以形容，以便對初學者掌握正確的姿勢能有切實的幫助，對於有一定基礎者鞏固記憶細節也有用處，對於熟練者，則可以透過深入的交流，互相觀摩，彼此切磋，取長補短，共同提高。

四、闡釋理法，結合實際

為了打好太極拳，講求理法是應該的。所謂「理法」，並不是什麼神秘的東西，它是多年來，一些專業練

「小架子」太極拳，是經過長期發展而形成的。

拳的人士從實踐中總結、提煉出來的帶有指導性的規律，掌握和運用這些規律，拳就能練得好些，健身的作用就會大些，姿勢也能優美些。

本書除了對一部分理法（如樁法、勁法等）作集中介紹外，更著重在有關式子、動作後面，結合實踐，採用「詮釋」，對有關本套太極拳的一些法度、名詞等作出說明，以發揮理論指導實踐的作用。

五、先易後難，循序漸進

本套拳式，對傳統架式的順序基本未予更動，以較好地保持「楊班侯小功架太極拳」的本來面目。對於初學者，則是由對各式的不同要求來體現「先易後難」。開始時，著重要求做到姿勢正確，在法度上說得不多，免得顧此失彼，感到困難。隨著基礎能力的不斷提高，也就陸續增加了一些新的要求，以求走向深入，引人入勝。

這套拳，較適合於當面講授、輔導，亦可作為教學材料之用。個人參照它自學，也是可以的，但需要多下些工夫。實踐證明，有許多人是按講義自學學會的，只是整套拳練起來澀滯一些。

傳統形式的「楊班侯小功架太極拳」傳自龔潤田老師。龔與北京滿族人吳鑒泉的父親吳全佑及許禹生、楊澄甫是同代人，龔之技得自楊澄甫的父親楊班侯。1933 年龔受張之江之聘來南京教學，我隨之從學一年，愧無所得，但向慕之私，愛好之念，未嘗一日去懷。久想將此技傳之後學者，以免湮沒。

「小架子」太極拳，是經過長期發展而形成的。

第二節　楊式小功架太極拳四十六式動作名稱

一、楊式傳統八十一式太極拳動作名稱

第一段

第 一 式　太極起勢

第 二 式　攬雀尾

第 三 式　單鞭

第 四 式　提手上勢

第 五 式　白鶴亮翅

第 六 式　左摟膝拗步

第 七 式　手揮琵琶

第 八 式　上步搬攔捶

第 九 式　如封似閉

第 十 式　十字手

第二段

第十一式　抱虎歸山

第十二式　攬雀尾

第十三式　斜單鞭

第十四式　肘底看捶

　　　　　（單引掌）

第十五式　倒攆猴

第十六式　提手上勢

第十七式　左摟膝拗步

　　　　　（雙引掌）

第 十八 式　　斜飛式

　　　　　（雙引掌）

第 十九 式　白鶴亮翅

第 二十 式　海底針

第二十一式　轉身撤身捶

第二十二式　上步攬雀尾

第二十三式　扇通背

第二十四式　卸步搬攔捶

第二十五式　單鞭

第二十六式　單鞭

第二十七式　雲步

第二十八式　高探馬左右

　　　　　分腳

第二十九式　轉身左蹬腳

「小架子」太極拳，是經過長期發展而形成的。

195

形成的。「小架子」太極拳，是經過長期發展而

第七十五式　迎面掌雙擺面　　第七十九式　進步攬雀尾
第七十六式　彎弓射虎　　　　第 八十 式　單　鞭
第七十七式　轉身撇身捶　　　第八十一式　十字手合太極
第七十八式　高探馬迎面掌

二、楊式小功架太極拳四十六式 動作名稱

第 一 段

第 一 式　太極起勢
第 二 式　攬雀尾
第 三 式　單鞭
第 四 式　提手上勢
第 五 式　白鶴亮翅
第 六 式　左摟膝拗步
第 七 式　手揮琵琶
第 八 式　上步搬攔捶
第 九 式　如封似閉
第 十 式　抱虎歸山十字手

第 二 段

第十一式　前後斜摟膝拗步
第十二式　肘底看捶
　　　　　（單引掌）
第十三式　倒攆猴
第十四式　斜飛勢

第 十五 式　海底針
第 十六 式　扇通背
第 十七 式　雲手
第 十八 式　高探馬左右分
　　　　　腳
第 十九 式　轉身左蹬腳
第 二十 式　左右正摟膝拗
　　　　　步
第二十一式　進步栽捶
第二十二式　轉身撇身捶
第二十三式　卸步搬攔捶
第二十四式　披身右蹬腳
第二十五式　退步左右打虎
　　　　　（雙引掌）
第二十六式　坐盤二起腳
第二十七式　雙風貫耳
第二十八式　玉環步鴛鴦腳
第二十九式　手揮琵琶

「小架子」太極拳，是經過長期發展而形成的。

第三節　楊式小功架太極拳四十六式順序助記歌

1. 心靜氣沉起
2. 雀屏開單鞭
3. 提手亮翅後
4. 摟膝手揮前
5. 搬攔捶封閉
6. 抱虎十字見
7. 摟肘倒攆猴
8. 斜飛海底扇
9. 雲高分左右
10. 蹬摟栽撇搬
11. 披身退打虎
12. 二起貫耳拳
13. 鴛鴦揮琵琶
14. 搬如十再現
15. 野馬四隅梭
16. 金雞穿單蓮
17. 指襠捋下勢
18. 七星跨虎旋
19. 雙擺彎弓射
20. 探馬走連環
21. 進步攬雀尾
22. 單鞭十合原

形成的。
「小架子」太極拳，是經過長期發展而

第四節　楊式小功架太極拳四十六式動作圖解

第 一 段

預備勢

面向正南，兩腳自然平行站立，腳趾朝前，胯骨外側與兩腳外側成垂直線；兩肩下沉，雙臂垂直，下頦微收；極目遠眺。待神情安定後，兩掌漸漸扭動到手背朝南，兩大拇指靠大腿兩側。不挺胸，不凸肚，不彎腰，不屈背，肌筋骨節放鬆，身如懸膽。這時除兩腳掌著地以外，全身任何部分都不受抑壓，八面玲瓏，中正安舒。（圖2-4-1）

【要求】姿態如蒼松挺拔，搖曳多姿。

【注釋】這個八面玲瓏的狀態，是一直要保持到最終的一個姿態，無論中間各架式的轉輾變換難度有多大，都必須保持到底。如果保持不住，必須反覆訓練。

圖2-4-1

第一式　太極起勢

接上式。左手向東南方，右手向西南方，漸漸以俯掌上

形成的。「小架子」太極拳，是經過長期發展而

提；當雙掌與肩近平時，雙腿屈膝下沉45°，右腳尖微向西南撇開坐實，左腳向南前伸半步成太極勢；當雙手圓轉至額前會合時，緩緩落下合抱胸前，左側掌向內，與右肩齊高；右立掌向前附在左前臂中間，與胸齊高，兩腋扇起，必須垂肘；眼前視。此式做來雙手像畫一個大括弧（即畫一個太極圖案）。（圖2-4-2）

圖 2-4-2

【要求】胸、臂圓撐，好像拱抱著一個大球，神情安舒，又如坐在高腳的椅子上。

【注釋】練太極拳的步型，以太極勢為標準，分高架子、中架子和低架子三種，應根據體力的強弱，精神狀態的情況，自己選擇。高架子是腿型似曲非曲地站著練；中架子是腿型彎曲45°；低架子是腿型彎曲90°。對初學者來說，練中架子較為適當。

第二式　攬雀尾

本式可以分為五個動作進行說明。

1. 掤　勢

接上式。含胸、擺臂（由右而左，走弧形）、尾閭收（鼓小腹），身、腰漸漸向右轉，左腳腳尖在原地扣向西南方踏實，屈膝承擔體重，右腳跟在原地提起向裏轉，腳趾仍舊點地成高架虛勢，面向西偏北；在轉腳交換虛實的

同時，右手以俯掌循弧線漸漸向西偏北上，食指高與鼻齊；左手以仰掌在右前臂下隨著運行，循弧形附在右前臂中間成 45°坡形。這時胸與雙臂像兩張弓合成一個橢圓形，懸臂垂肘，身軀中正，目視西方偏北。神態好像左手挌袖、右手摘取矮樹上的東西。三尖相對。（圖 2-4-3）

【注釋】右手指尖對正鼻子尖，鼻子尖又對正右腳大趾趾尖，簡稱「三尖相對」。

2. 挌　勢

接上動。掌形不變，雙手循弧線向北拉回（拉即「挌」）；同時向右轉腰。（圖 2-4-4）

【要求】挌的時候像攀折柳枝。

3. 擠　勢

此動可以分為兩步說明。

第一步，當雙肘拉到彎曲時，右腳隨著收回，暫時駐在左腳踝骨內側虛懸（或前腳掌落地，比較容易練習），待雙手拉到右肩頭前面時，向左轉腰閃身，兩腋扇開，眼

圖 2-4-3

圖 2-4-4

看右手，不要低頭或垂目。然後右掌緩緩變為仰掌，左掌隨之變為俯掌附在右掌脈門上，雙掌經右鎖骨前到頦下暫駐。這個動作像舀水模樣，頂頭懸，目轉向前視，為下個擠出的姿勢做好準備，蓄勢待發。（圖2-4-5）

【要求】左腳站得穩。左右交錯翻掌的時候像荷葉迎風波動。

第二步，接上動，虛懸的右腳循弧線向西偏北挨近地面伸出一步，先腳跟著地，然後腳掌踏實；左腿伸直以助擠勢成右弓勢；同時，雙掌手形不變，向南轉向西方偏北，循弧線齊頭並進；下頦微收，眼看前方，身略為前探；懸垂雙肘，用右手背輔以左掌向前擠壓而出，三尖相對。（圖2-4-6）

【要求】上一動之捋勢係向北、向東而下，畫了一張弓形；而本動之擠勢向南、向西、偏北而上，又畫了一張弓形，合成一個45°坡形的平面圓圈。

「小架子」太極拳，是經過長期發展而形成的。

圖2-4-5

圖2-4-6

4. 按 勢

此動可以分為兩步說明。

第一步，接上動。變右掌為側掌，左掌不變，仍舊扶在右腕上，扇起雙腋向右側轉腰，同時帶動雙臂循弧線向北上掤粘起（所謂「粘」就是粘之使起）；邊上掤邊向後坐實左腿成左太極勢；當轉到面向北不能再轉腰時，右手垂肘變立掌，手心向南，繼續畫弧運行駐於右頰前；目視右手，給下面按出的姿勢做好蓄勁準備。（圖2-4-7）

【要求】「八面擒空」。

第二步，接上動。左手以立掌扶於右腕上，左轉腰略為向後閃身，讓雙掌經過面前轉向南再轉正西；此時右腳尖撇向西南角，漸漸屈右膝，踏實弓出；徐徐擰右腕按出，手指與眉齊高，手臂不要伸太直；身向西南方略為前探，右腿弓，左腿撐，成右弓勢，以催助按出的力量；沉肩垂肘，目視正西。（圖2-4-8）

【要求】左右掌的運轉是由西往北到東，再由東往南

圖2-4-7

圖2-4-8

到西，轉了一個平向圓周。要周轉得圓，不要出現死彎。尾閭骨指向地面像畫了一個橫寫的問號。動作的神情像推開窗戶，探身望月。

第三式　單　鞭

此式也是攬雀尾之五。可以分為兩步說明。

第一步為孔雀開屏。

接上式。先下疊右胯；右掌隨疊胯之勢，合撮五指下掛變為勾手，然後挪左腳到左後方，與右腳成平行，腳跟先著地，隨著外撇腳掌，兩腳橫在一線上。（圖2-4-9）

【注釋】疊胯：即大腿根內側與小腹下部互相挨靠。疊胯對於穩定重心、兩腳虛實交換和動作的輕靈、姿態的優美、加強鍛鍊的效果而言，是比較重要的一個環節。

第二步為沉襠下氣。

接上動。趁左腳落實，屈左膝變為八字形的騎馬勢；左掌離開右腕，垂肘側掌，手心向裏，循弧線向東，漸漸

圖2-4-9

形成的。「小架子」太極拳，是經過長期發展而

「小架子」太極拳，是經過長期發展而形成的。

經過眉宇之間變為立掌，面向東南，撐掌沉腕，邊沉襠邊向東南按去，三尖相對；眼看東南；大腿彎曲45°（與地面成45°角），屈直對稱；右手腕與右耳尖齊高。（圖2-4-10）

【要求】勿塌腰，勿撅臀，腰背自然平正，沉肩下氣。

【注釋】以上掤捋擠按四勢連貫做起來，像鳥類的翎毛抖擻。如做單鞭，就像孔雀開屏。無論何種形式的太極拳，做攬雀尾都是雙手相合，運動內臟，調理筋肌，一直做到第五勢才亮開雙臂，做出孔雀開屏的樣子，完成整組的動作。攬雀尾的另一個意義是：人體運動可以模仿孔雀的天然本能，體毛髮膚也能夠隨意運行。

沉襠是大腿根內側與小腹下部的邊緣互相離開，可以往下沉，如果是弓勢，「叫鬆襠弓勢」，如果是獨立勢，站著的腳是彎曲下沉，叫「圓襠獨立勢」。沉襠、鬆襠和圓襠配合架式的亮相，使人顯得精神煥發，是比較重要的一環。

第四式　提手上勢

此式可以分為五個動作說明。

1. 上拳入懷

接上式。右手放開勾子變俯掌下撲；身體漸漸向左移動，使體重落在左腿成打虎勢；左手也同時俯掌下撲，身偏在左側前探；眼看右掌下方。兩掌雖然左右分開，但須遙遙相對，如通聲氣。（圖2-4-11）

【要求】神情像轟趕一群雛雞，周身上下均成弧形，不要低頭。

2. 合　抱

接上動。徐徐疊左胯，右臂放鬆自然下降；右腳向左

圖 2-4-10

圖 2-4-11

收回，靠於左腳踝骨內側；左臂沉肩，再上提與肩齊高，呈平圓形；右掌自下抄上變為仰掌，扭小指向上呈縱的圓形，置於左肋旁；目視正南遠處。此時上下手像合抱一個大木球。（圖 2-4-12）

【要求】左腿屈膝獨立，要站得穩固，身軀中正。

【注釋】太極拳運行的幾種圖形：

圖 2-4-12

①縱圓　②橫圓　③坡圓

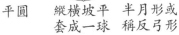

④平圓　⑤縱橫坡平套成一球　⑥半月形或稱反弓形

（以下簡稱某形，可與上圖對照）

「小架子」太極拳，是經過長期發展而形成的。

圖 2-4-13　　　　　　　　　　圖 2-4-14

「小架子」太極拳，是經過長期發展而形成的。

3. 前　滾

接上動。將虛懸的右腳循半月形向南伸踏成左太極勢；同時，旋捻右臂轉側掌自下向上轉起，手背向南，高與胸齊；與此同時落下左掌，以手心附在右前臂中間，與胸齊高，這時右臂呈平圓形，左臂呈坡圓形。（圖 2-4-13）

4. 前　弓

接上動。仍在原地，右腳掌漸漸地落地踏實成右弓勢，屈膝疊襠，做好提手上勢的準備。（圖 2-4-14）

5. 上　提

接上動。左腳趁勢上步，與右腳平齊一線，腳趾朝南；右前臂向外轉動上提，漸至頭頂上方，變為掌心朝外；左掌下按幫助分開的勁勢，按到左腿外側；雙腳站直，兩膝呈自然彎曲，兩肩高低一致；目視前方遠處。（圖 2-4-15）

【要求】從動作一到動作五，手勢在推進的時候要像潮水翻騰；起身上提要像掀起巨浪。

圖 2-4-15　　　　　　圖 2-4-16

第五式　白鶴亮翅

此式可以分為三動加以說明。

1. 左　顧

接上式。左轉腰，目視東方遠處，身向東南；右掌五指漸漸直插向東；步型不變，這時整個肢體像彎曲到 45°（指和垂直線的角度）的一個弓形。（圖 2-4-16）

【要求】雙腿線條對稱，不要在無意中扭成麻花的形狀。

2. 下　蹲

接上動。右掌徐徐下按，手指照舊向東；屈雙腿沉身，沉右肩，邊沉邊右轉腰，仍舊回到面向正南；左俯掌也依舊在左腿外側呈縱圓形；當雙腿彎曲到 45°時，右俯掌拇指對準左腋窩呈平面形，為下一個動作（右手採，左手捌）做好準備。（圖 2-4-17）

【要求】四平。即眼平視；右前臂平；兩肩平；雙腿

圖 2-4-17

平（至於腿平，要在下一個動作身體再繼續下沉時體現，膝蓋前屈不要超過腳尖）。

3. 採　挒

接上動。雙腿繼續下沉到 90°；右掌再由下向東前伸，手腕轉一個由左向右逆轉的小縱形圓圈，小指向上，掌心向南；左掌也用小指向上，掌心向北，前臂滾動由右向左，掌心順轉也向南。接著，雙臂轉動像伸懶腰般地由東循弧線上升，轉到頭頂，左右食指相對距離約 15 公分，兩臂形成滿月；目視正南。（圖 2-4-18、圖 2-4-19）

【要求】不要鞠躬，頭部不後仰，姿勢像古畫中的白鶴亮翅圖。

【注釋】順轉逆轉。順時針方向的轉動稱「順轉」，逆時針方向的轉動稱「逆轉」。以後均簡稱順轉或逆轉。

第六式　左摟膝拗步

此式可以分為兩動加以說明。

圖 2-4-18

圖 2-4-19

「小架子」太極拳，是經過長期發展而

1. 蓄勢待發

接上式。身體緩緩下降，先使左腳略為負重，扣右腳尖徐徐向東南踏實，負擔全部體重，提起左腳，懸在右腳的前面，腳尖下墜，距地面 5 公分；同時，沉肩運臂落下，與肩齊高，右側掌在左前臂的上面，逆轉一個小平圓圈，拉回，呈平圓形，五指向東；左

圖 2-4-20

立掌同時在右臂的腕下，也順轉一個小圓圈，呈縱圓形，掌心向南；此時身向東南；雙掌交叉，左掌在外、在下，右掌在內、在上，兩手背前後相對置於右頰旁；目視東方，做蓄勁待發之狀。（圖 2-4-20）

【要求】神情像艄公捌舵一樣

2. 單　按

接上動。左腳向東循半月形踏出，腳跟先著地；同時，右掌也循半月形直插向東，徐徐沉腕，翹起五指變為立掌，邊按出邊凸出掌心，以體現力貫於手指；左掌離開右手的前臂，漸漸下捋，摟過左膝蓋之前，變俯掌置於左大腿外側；左腳掌也漸次踏實，右腿撐直

圖 2-4-21

成左弓勢，身向前探，後腦勺與腳跟成直線；右臂與肩平；三尖相對，目視前方。（圖 2-4-21）

【要求】手腳一致同時到點，即右腿撐直時，右掌正好推出到點，左掌也正好圓轉到左大腿的外側。這是一動無不動、一靜無不靜的具體表現。

【注釋】前面提手上勢的「提」，白鶴亮翅的「滾」和本式的摟，還有扭、擰、捻等這些不同的太極拳術語，都歸屬於「捋」或「振」。「捋」是順著風勢水流，向橫的方向進行的（所謂「東西捋舵」），是為了撥開、擋開、搬開、攔開，分化外來的勁力，也是進取的先行手法。

第七式　手揮琵琶

此式可以分為四動加以說明。

1. 採捋成撅

接上式。先疊住左胯，穩固全身，右腳向左腳後移 20 公分，然後屈右膝坐實，承擔全身體重，左腳尖略翹成右

太極勢；同時，右掌腕在面前轉，先逆後順行一個小圓圈（即一採），向懷里拉回變立掌，掌心向北；左掌也同時提起向前，先順轉，小指向上，後用前臂和腕逆轉一個小圓圈（即「一挒」），也向後拉回變立掌，掌心向南。這時左掌位置在前、在上，右掌位置在後、在下，放到左前臂下面，

圖 2-4-22

兩臂都呈縱圓形；身向東南，三尖相對，「內外三合」，目視東方。（圖 2-4-22）

【要求】其形像手彈琵琶。

【注釋】外形三合：（1）「手與足合」，即手腳上下相對成直線；（2）「肘與膝合」，即肘膝上下相對成直線；（3）「肩與胯合」，即肩與胯上下要對成直線。若能做到外三合，姿勢便端正緊湊。只要下點功夫是能夠做到的。

內裏三合：初學的人往往對它難以深入理解，但要指出它是太極拳的精髓，只要注意經常練習是不難辦到的。

內三合係指（1）「心與意合」，即想到哪兒就能做到哪兒，思想和動向一致，如果心猿不定，思想和動向必然貌合神離。比如要把腿踢高，但不是有堅定的意識去踢高，僅僅隨便一比畫就作罷，就是不合。

（2）「意與氣合」，「意念動向」到哪裏「氣勢」就隨到哪裏。這樣牽動往來，就會氣勢磅礴，圓活輕靈，興

味盎然；如果意向不定，氣勢不順，即所謂「意氣不投」，當然也不會有圓活之處了。比如從一個姿勢下接另一個姿勢，本想做得圓活些，但氣勢澀滯不順，做得不夠完善，就是不合。

（3）「氣與力合」，力是從氣勢運動而生，用它改變物的位置，要求做到氣不外溢力能從心。這樣屈伸開合，自然靈活有致。如果氣餒力僵，破綻百出，自顧都不暇，當然達不到靈活有致了。比如想發出抖擻的勁，但是有氣無力（勢還可以，力不行）或有力無氣即勁還可以，勢不行或氣與力不一致（架勢不對，使不上勁），不能變動來勢的方向，不能舒展自如，就是不合。

具體做法：（1）「心與意合」，要「勢勢盡心須用意，得來不覺費功夫」。（2）「意與氣合」是「交換虛實必留意，氣遍全身不稍滯」。（3）「氣與力合」要「尾閭中正氣貫頂，步隨身換脊發力」。其實這「內三合」的要求，在太極拳的整套運動過程中都需要體現出來，這裏是舉一反三。

2. 懷抱琵琶

接上動。步型不變，腰左轉身向東，徐徐縮回；左掌撐腕復立掌，掌心向東，指尖與髮際齊高，遮掩於左額前（不要遮住左眼而妨礙視線）；右立掌擺腕向裏，手背向東，置於頰下，好像懷抱琵琶。（圖2-4-23）

圖 2-4-23

形成的。　「小架子」太極拳，是經過長期發展而

【要求】沉肩，姿態好像懷抱琵琶半遮面。

3. 揮動琵琶

接上動。雙掌由北逆轉向南，扭左立掌，掌心向南，經過鼻前；擰右掌變成仰掌經過胸前（右掌中指置於左腕下同時運轉）；身體略為下沉，面向南，左腳前伸半步，疊胯屈膝踏實成左弓勢，身前探；眼神隨雙掌移到右胸前再回頭東看。然後，雙掌十指向東，由南循半月形漸漸前進，伸臂揮出；右腳邊起立邊上步，落在左腳跟的後面，踏成一個開口的人字形步（兩腳跟相距約 10 公分），兩腿微微彎曲，身向東南；眼看正東，肩胯相合，三尖相合。（圖 2-4-24、圖 2-4-25）

【要求】左胯的折疊要分明。左肘不要轉向身後，兩肘不要靠近兩肋。要含胸，使雙掌運轉有充分餘地。神情好像揮動琵琶。

【注釋】八種銜接步法：（1）跟步。如本式的動作3。（2）並行步。如提手上勢的動作 5。（3）寒雞步。如摟膝

圖 2-4-24

圖 2-4-25

拗步動作1。它的姿勢像寒天的雞一腳站立，一腳懸空曲蜷。（4）小四平步。如白鶴亮翅動作2。（5）大四平步。如下面「抱虎歸山十字手」等。（6）後交叉步。如後面的「退步打虎」等。（7）玉環步。如後面的「鴛鴦腳」。（8）前交叉步。如下面的「落步手揮琵琶」等。

各式的具體做法，（1）（2）（3）（4）前已述明，（5）（6）（7）（8）各式隨後陸續解說。這八種步法是銜接前後兩個「樁型」的過渡性動作，它總是不定型地活動著，也是太極拳整體的組成部分。做好步法，弄清它的形態和作用，對練好太極拳是非常必要的。後面說明就簡稱某某步法。

4. 懷抱琵琶

接上動。雙掌偏北循半月形縮回，像懷抱琵琶半掩面的樣子，和本式動作2的手勢和掌形完全相同，只是屈膝，雙腿徐徐下沉到45°，由右腿承擔體重，腳形不變，兩眼前看。（圖2-4-26）

【要求】不要夾襠，即兩大腿不要併攏。

第八式　上步搬攔捶

此式可以分為三動加以說明。

1. 搬

接上動。兩臂扇起，雙掌同時由北向頦下逆轉，立左掌，掌心朝南，右手搙腕變仰掌，中指放在左腕下，經過鼻前，漸漸向南循半月形向正東搬去，雙手伸直；腰也隨掌同向轉動，轉到身向東南，同時，左腳向東偏北邁出半步，屈膝前弓，腳掌緩緩落實，右腳撐直成左弓勢；眼神

圖 2-4-26

圖 2-4-27

隨雙掌運動，但不要垂簾閉目和低頭彎腰。（圖 2-4-27）

【要求】屈膝前弓膝蓋不超過腳尖，超過謂之「過勁」，撐直後也不要挪動腳跟。動腳跟謂之「拔根」。也不要在一個式子做好以後，部分肢體還在動彈，這就是「零碎動」。要四肢、身軀、神情一致送到「及物點」。

【注釋】（1）「過勁」是太極拳術語，是說勁力使得太過分，反而不成椿形，致使架子不端正和重心不穩固。

（2）「拔根」比喻樹根被拔起，站不住了。這是專指八種椿型的要求，八種步法的活動不在其列。

（3）零碎動。太極拳要一動無不動，一靜無不靜。整個動作過程雖然循環不息，連綿不斷，但是上動和下動卻有明顯界限。比如調正體位而擺動腳尖，必須在一動進行中同時加以調正，不能在此動做完之後再行扣腳尖向前補正。「後補」就不是一個整體動，而是「零碎動」了。

2. 攔

接上動。左轉腰；雙掌向北逆轉，變右掌為側掌，掌

圖 2-4-28

圖 2-4-29

心向北，後坐為右太極勢；伸直的左立掌垂下肘部，縮回一半（胳膊全長的一半），掌心向南，呈縱圓形，三尖相對；在左肘縮回的同時，右掌在左前臂下向北逆轉，拉到左肘下，面向南。然後雙臂分開，左掌前伸向東稱為攔（即攔開）；右掌邊拉邊變為拳，拉到右胯上角的外側；目視正東。（圖 2-4-28、圖 2-4-29）

【要求】和動作 1 合併，像雙手扶住把柄，推轉石磨。

3. 捶

接上動。含胸，「氣沉丹田」；原地左轉腰，眼看東方，屈左膝，撐右腳，出右拳（謂之捶），完整一氣地向正東擊出，漸漸成左弓勢。捶出的側拳拳心朝北，與右肩齊高（右肩比左肩略為前伸），左掌收回，以掌心扶於右前臂中間，五指向上。（圖 2-4-30）

【要求】身向東北，右臂呈水平，垂肘沉肩。

【注釋】「氣沉丹田」，是生理上「約定俗成」的用

圖 2-4-30

詞，在太極拳上是沉肩垂肘、含胸拔背、頂頭懸、尾閭收，用這個輕而易舉的姿勢，迫使體內上部臟腑（即機件）下降，使橫膈膜像塑膠袋注水般地下沉，這時肺葉舒展，肺活量增加，是人為地進行呼吸，能夠接納更多的新鮮空氣，促進新陳代謝，血脈暢通，是太極拳能夠治病的主要因素之一。

第九式　如封似閉

此式可分為兩動加以說明。

1. 封

接上式。含胸，右肩胛略為向前、向北伸，左掌向右肘下上摟到右前臂外側；原地不動，含胸後坐，屈右膝成右太極勢；右側掌變立掌向裏掄，雙手背朝東，兩前臂交叉成「×」形封條置於鎖骨之前；目視東方。（圖 2-4-31、圖 2-4-32）

【要求】身體不要東倒西歪，左偏右倚。

圖2-4-31　　　　　　　　　　　圖2-4-32

2.閉

　　接上動。繼續徐徐後坐，雙肘下垂，雙掌左右撤開。然後右掌向南順轉，左掌向北逆轉，十指朝天，在兩耳前轉一個小圓圈。落臀下沉，做捋鬍鬚樣子，到胸前兩掌心相對，趁下沉平裼之勢，轉掌向東、向上推出（如關門之狀，稱為「閉」），手指與眉齊高；同時，落實左腳掌，弓左膝，撑直右腿，恢復成左弓勢；面向東，目視前方。（圖2-4-33、圖2-4-34）

　　【要求】如封和似閉要做到形象化。

　　【注釋】平裼：平而直地直線推進動作，如此能借力得勢，產生慣性力。若不平裼推進，在前進中易生凸形，呈兩頭低當中高的樣子，出擊的力量必隨腿部的起伏成彎曲線，就失去了衝擊力。

第十式　抱虎歸山十字手

　　此式可以分為三動加以說明。

圖 2-4-33

圖 2-4-34

1. 虎　趴

接上式。疊左胯承擔體重，挪右腳略向北成弓式（像「伏虎」的樣子）；雙掌拉到膝前；目前視。（圖 2-4-35）

【要求】右腳偏北移的位置，應同左腳成直線。

圖 2-4-35

2. 虎　踞

接上動。先撇右腳尖朝南，再扣左腳朝南，同時扭轉身軀也朝南；右手隨身右轉勢置於右膝前；左手俯掌仍在膝前。成大四平步；目前視。臂膀圓撐，兩掌指尖相對，雄姿煥發，好像猛虎蹲踞的樣子。（圖2-4-36）

圖2-4-36

3. 虎抱頭

接上動。身向右倚，右腳承擔體重；雙俯掌分別左向東南右向西南漸漸上提；左腳擦地漸漸靠近右腳，徐徐起立，成小併行步，同預備勢步型。當雙手圓轉到額前成虎抱頭勢後，緩緩落下合抱胸前，兩腕交叉成「×」形，左立掌在外、掌心向西，右立掌在內，掌心向東；極目遠眺。做定勢（式中虎作抱頭狀，掉頭歸山，故稱「抱虎歸山」）。（圖2-4-37、圖2-4-38）

【要求】左右手、腳要線條平直，軀幹中正，合抱圓滿。

第 二 段

第十一式　前後斜摟膝拗步

此式可分為四動加以說明。

1.、2. 左式（蓄勢）

此兩動是重複的式子，與第六式完全相同，可參照。

圖 2-4-37

圖 2-4-38

圖 2-4-39

圖 2-4-40

只是雙掌已經落在胸前，不要再往下落了。還有左腳是向東南角偏東邁出，右掌也是向東南角推出去的。（圖 2-4-39、圖 2-4-40）

3. 右式（蓄勢）

接上動。右膝微屈，略為後坐，分擔體重，扣左腳尖向西北，臀部順轉半個圈，坐實左腿承擔體重；左臂垂

圖 2-4-41　　　　　　　　圖 2-4-42

直，五指下掛，隨右轉身之勢，在左膝前蕩到西北，利用含胸拔背、肌筋「拮抗」的功能，自然地引左臂上升到右耳前成側掌，五指朝西北，呈平圓形；右立掌也隨右轉之勢掌心向西，呈縱圓形，手背置於左手前外側；同時提起右腳，腳尖下垂，成寒雞步形；目視西北，作待發之狀。（圖 2-4-41、圖 2-4-42）

【要求】順手自然，神情像艄公掌舵一樣。

【注釋】「拮抗」是生理學名詞，指兩部肌肉一伸一屈起相反相成作用。例如上肢的二頭肌是主屈的，三頭肌是主伸的，一拮一抗的功能才能使肘關節屈伸。

4. 右式（摟按）

接上動。漸漸伸出右腳，循半月形踏向西北偏北，腳跟先著地，以表現「邁步如貓行」；左掌也循半月形，擺腕翹指徐徐向前推出，三尖相對；右掌在左肘離開時漸漸下摟右膝，變俯掌置於右大腿外側；右腳掌漸次踏實，同時左腿撐直成右弓勢，身略前探，後腦勺到右腳跟成直

線；目視西北角。（圖 2-4-43）

圖 2-4-43

【注釋】「邁步如貓行」是太極拳術語，意思是像貓一樣邁步，不出聲音。仿效的方法是先用腳跟虛點著地，漸次踏實腳掌（以後簡稱邁步、上步、進步，不再重複）。

它的功效：（1）大腿持久地支持體重，增強了體力和運動量。（2）掌握虛實分明，增強靈敏性，在日常工作和生活中，可以借助於靈敏和平衡的巧勁，節省許多屬於「浪費」的氣力。

第十二式　肘底看捶

此式可分兩動加以說明。

1. 鼓　蕩

接上式。右俯掌漸漸平舉，與肩齊高，左掌也隨之變俯掌，雙掌向南逆轉；同時撇開左腳尖朝南，屈左腿，成為身向西南的八字形騎馬樁勢；雙臂與肩同寬，自然平直，十指向西南。雙臂上轉不停；再撇左腳尖向東南，屈膝坐實成左弓勢承擔體重，右腳由後提起，經左腳踝骨內側以反弓形向南（右側前方）邁出，腳跟落地成左太極勢；雙俯掌的十指指向東南；目視東南。（圖 2-4-44—圖 2-4-47）

【要求】在踏步交換虛實時，身軀不起伏，不頓挫。

「小架子」太極拳，是經過長期發展而形成的。

圖 2-4-44

圖 2-4-45

圖 2-4-46

圖 2-4-47

2. 捌 捶

繼續接上轉不停。扣右腳尖向東南方向，趁勢左轉身後坐，提起左腳跟成右高架虛勢；隨之，右掌變為側掌，向北逆轉呈平圓形，環抱胸前，同時鬆肩、左掌下掛，向裏、向上逆轉一個小圓圈，像淘水般由右腕內側上穿，右掌下按，左升右降，雙掌變拳，左立拳拳眼向裏，與眉齊高，右側拳拳骨朝東，置於左肘下一寸許；同時高架坐勢

圖 2-4-48　　　　　　　圖 2-4-49

變右太極勢，身向東南，做到外形三合；目視前方。（圖 2-4-48、圖 2-4-49）

【要求】手腳一致動作，有條不紊。雙臂起自西北，終於北，逆轉大圓圈，不要出現棱角，要轉得圓活。

第十三式　倒攆猴

此式有右、左、右三式，可以分為七動加以說明。

1. 單引掌

接上式。原地不動，屈左膝向前探身；變左拳為仰掌前伸，右拳仍舊在左肘下；扣右腳尖朝東，撐直右腿成左弓勢，身向東南；三尖相對，做單手引掌之勢，目前視。（圖 2-4-50）

圖 2-4-50

【要求】右膀懸空。

【注釋】本動為單引掌，以後還有（2）雙引掌；（3）交叉掌；（4）雙分掌，隨後陸續解釋。這四種掌法是銜接前後兩個式子的橋樑性動作，也是「拉開架式」準備戰鬥（防禦和進攻）的「兩便架式」，又是起承轉合的分組界限，不屬於有單獨用法的獨立動作範疇之內。弄清它的意義，掌握用法，做到精神貫注，銜接自然，對練好太極拳是非常重要的。

2. 右式　蓄勁

接上動。扇起雙肘，變左仰掌為側掌，隨身體後坐勢向上繃起，動作如同攬雀尾（見圖 2-4-7），可參照。向左逆轉一個小圓圈置於左耳前，五指朝東，掌心向南，臂呈平圓形，與肩齊平；右拳變俯掌，隨腰左轉之勢，五指朝北置於胸前左臂下，雙臂呈坡圓形（南高北低），右肩頭朝東南；同時翹起左腳尖，但不要「亮底」，膝蓋微彎成右太極勢樁型。然後提起左腳成寒雞勢；目視前方，做蓄而待發之勢。（圖 2-4-51、圖 2-4-52）

【要求】神情像猴子將要退縮的樣子。

【注釋】「亮底」為太極拳術語，即腳底翹起超過45°，這種姿勢不正確，給人以可乘之機。因為亮底膝蓋必然繃直，連續反應是身體後仰，出現僵勁，造成重心後傾，站立不穩。

3. 右式　摟按

接上動。將虛懸的左腳向裏收回，經由右腳踝骨的內側上面以「反弓形」倒退一步，向西偏北，虛靈著地成右弓勢；轉腕旋膀，左掌由耳前推出，坐腕變立掌，左腰前

圖 2-4-51

圖 2-4-52

伸，掌心微凸朝東；右俯掌變垂掌，先摟過左膝，再摟右膝，置於右弓勢大腿外側變俯掌；目前視，三尖相對。（圖2-4-53）

【要求】沉肩，頂頭懸，即頸部不要收縮，手牽足引，同時到點。姿勢要求合時縮小，開時伸展。

圖 2-4-53

4. 左式　蓄勁

接上動。先掛下右臂，以含胸拔背加後坐之勢，上抽右掌到右耳前成側掌，五指朝東，掌心向北，臂呈平圓形，與肩齊平；左立掌隨腰右轉勢，掌心朝南，肩頭朝東北，呈縱圓形置於胸前，右掌在裏，左掌在外；同時，翹起右腳尖，成左太極勢樁型，然後提起右腳成寒雞勢；目視前方，做蓄而待發之勢。（圖2-4-54、圖2-4-55）

圖 2-4-54　　　　　　圖 2-4-55

形成的。「小架子」太極拳，是經過長期發展而

【要求】同本式動作 2。

5. 左式　摟按

接上動。將虛懸的右腳向裏收回，經由左腳踝骨上面以反弓形倒退一步，向西偏南，虛靈落步成左弓勢；轉腕旋膀，右掌由耳前推出，坐腕變立掌，右腰前伸，掌心微凸向東；左俯掌變垂掌摟過右膝，再摟左膝，置於左大腿外側變俯掌；目前視，三尖相對。（圖 2-4-56）

【要求】同動作 3。

6. 右式　蓄勁

接上動。本動作完全與動作 4 相同，唯左右相反，可參閱。（圖 2-4-57、圖 2-4-58）

【要求】同動作 4。

7. 右式　摟按

與本式動作 5 相同，唯左右相反。（圖 2-4-59）

【要求】同動作 3。

注：倒攆猴也可以說是倒退摟膝拗步，只是起手不

圖 2-4-56

圖 2-4-57

圖 2-4-58

圖 2-4-59

同，其他動作完全一樣。

第十四式　斜飛勢

此式可以分三動加以說明。

1. 插　入

接上式。微屈左腿稍後坐，撇右腳尖朝東南方向踏

「小架子」太極拳，是經過長期發展而形成的。

圖2-4-60

圖2-4-61

形成的。「小架子」太極拳，是經過長期發展而

實，復前弓，右轉腰，含胸鬆小腹；捻右臂旋轉下蹲；左掌在胸前迴旋一個小圓圈（逆轉），像舀水的樣子，屈肘變仰掌，高與口齊平；與此同時，右俯掌逆轉向西、向上變仰掌，五指朝西；身向南，側身前探，眼神順著左掌心前看。（圖2-4-60、圖2-4-61）

【要求】兩膀分開左右，像雄鷹起飛時兩羽扇動，將要離開樹枝的一剎那。

2. 採 住

接上動。屈右膝約60°，承擔體重，整體下沉，提左腳向前，懸空暫駐於右腳踝骨內側；右掌向上逆轉到右胸前，此時雙掌左前右後，左上右下，左仰右俯；身向東南，目視右手。（圖2-4-62）

【要求】身軀中正，像雄

圖2-4-62

鷹斂翅，足點樹枝騰挪欲飛。

3. 肩中背

接上動。左腳向東偏北以「雀地龍」步法踏出一大步，先用腳跟落地，漸漸踏實，腳尖向東南；同時，左仰掌向東上插，翻小指略向上，與頭頂齊高；右轉腰，目視右俯掌徐徐捋下到右胯前；右腿撐直（以上做法須一邊左腳前弓，一邊右轉體，一邊含胸；一邊左掌上插，一邊右掌下捋，一邊右腳撐直，六位一體，同時動作，同時靜止，才能夠做出勁勢）；兩掌遙相呼應，步子成「半撲虎勢」椿型，構成一個大坡型圓圈。（圖2-4-63、圖2-4-64）

【要求】左腳弓，右臂彎，左臂直，右腿撐，伸屈對照，形態像雄鷹展翅斜沖霄漢。

【注釋】「雀地龍」是武術術語，專指拳術上出步的一種步法。意思某種出步要像燕雀擦地而飛，「龍」是示意以曲線向前。前式攬雀尾之擠勢出步也是這種步法。又

圖2-4-63　　　　　圖2-4-64

說，要像蚯蚓拱地一樣前進。

第十五式　海底針

此式可以分為兩動加以說明。

1. 雙引掌

接上式。疊住右胯，承擔體重，然後「提頂」（即沉肩頂頭懸）豎腰（即直起身軀），身向東南，右腳向左腳後偏北上挪約 20 公分，屈膝後坐成右太極勢；左掌向前一「擺手」（擺：腕部鬆使手掌自然下垂，向上順轉半個圈）變立掌，懸臂垂肘，手心向南；右掌隨腰左轉勢由胯前循弧線向東，變側掌向懷裏環抱，置於左腕下（稍後），手心向北，雙臂呈縱圓形，眼看前方。（圖 2-4-65、圖 2-4-66）

注：本勢與手揮琵琶動作外形定勢相同，但是手法各異。本勢是「兩便手法」，前勢是「採挒成撅」（撅是折斷的意思。）

形成的。「小架子」太極拳，是經過長期發展而

圖 2-4-65

圖 2-4-66

【要求】須做到外形三合，內裏三合。

2. 下　採

接上動。含胸；右立掌向前變垂掌，直身下探到指尖離地 30 公分，臂成斜坡形，在雙腳前面掌心向北；同時，左腳回收到右腳前，腳尖點地，左右兩腳尖相距 25～30 公分；左掌隨下蹲勢收回，用掌心扶在右前臂上；目視前方。（圖 2-4-67）

【要求】不要低頭弓腰。

第十六式　扇通背

此式可以分為兩動加以說明。

1. 隨　人

接上式。含胸沉肩，提頂豎腰；平抬右臂，漸漸向東偏北，側掌，掌心朝北，與肩成直線；左掌仍扶在右前臂內側不變；同時，左腳也向東偏北。用貓行步法徐徐前弓，成左疊襠弓勢。身向東北；眼看前方。（圖 2-4-68）

圖 2-4-67　　　　　　圖 2-4-68

【要求】左腳落地要輕
盈，不要聳肩，右肩比左肩探
出的遠些。

2.通 背

接上動。右掌向上循弧形
順轉收回到右額角上方，呈縱
圓形，側掌，掌心朝南；左掌
離開右前臂漸漸向東偏北推
出，與眉齊高，立掌，掌心朝
東偏北；在扇通背之同時，先

圖 2-4-69

撤右腳尖朝南偏西，後扣左腳尖朝東南，身向東南，屈右
膝成八字形騎馬勢樁型，平褶下氣；目視東偏北，三尖相
對。（圖 2-4-69）

【要求】眼平、手平、褶平。

【注釋】「扇通背」是拳式名稱，是太極拳基本理法
之一，「拔背」的對立面。意思是兩臂上像扇形一樣的肩
胛骨通連在一起。經過扇背與拔背的一張一弛，使背肌活
動力增強，脊椎骨得到有力的支持，就不至於彎腰屈背，
是防止早衰的鍛鍊方法。

第十七式 雲 手

此式可以分為六動加以說明。

1.右 採

接上式。右轉腰，撤右腳尖向西南，漸漸撐直左腿；
右臂舒掌坐腕落到正西，變立掌，掌心朝西；同時，扣左
腳尖朝西南成右弓勢；左掌至半月形，經左膝上方逆轉，

向上、向西抄到右腕下變仰
掌；身向西南，眼看食指，三
尖相對（這是第一個雲手的前
半個動作）。（圖2-4-70）

2. 左 挒

接上動。撐右腕向西北，
扭回身撤左腳尖向東南，漸漸
撐直右腿；屈左肘，前臂向上
豎起，由仰掌如畫一條長虹，
經鼻前變立掌，掌心朝裏；繼

圖2-4-70

續左轉腰，帶動左前臂漸漸向東挪動，舒掌坐腕，食指與
眉齊高，掌心朝東；同時，扣右腳尖朝東南落到正東，成
左弓勢；右掌與左掌同時運轉，呈半月形經右膝上方，順
轉向上、向東抄在左腕下，變仰掌；身向東南，目視左手
食指，三尖相對（到此完成第一個雲手）。（圖2-4-71－
圖2-4-73）

圖2-4-71

圖2-4-72

形成的。「小架子」太極拳，是經過長期發展而

圖 2-4-73　　　　　　　　　圖 2-4-74

3. 右　採

接上動。撐左腕向東北，同時，提起右腳向左腳內側靠近，腳尖朝東南，前腳掌著地，腳跟提起，兩腳距離10～20公分，右腳比左腳後5公分。兩腿微屈。

扭回身，右腳踏實，轉動右腳跟向西北，全腳落地踏實；左腳則隨之提起腳跟，只用腳掌著地。兩腳的交換虛實，似「蹺蹺板」此落彼起。

與此同時，屈右肘，前臂向上豎起，由仰掌如畫一條長虹，經由鼻前變立掌，掌心朝裏；繼續右轉腰帶動右前臂，漸漸向西挪動，舒掌坐腕，落到正西，食指與眉齊高，掌心朝西；同時，提起左腳向東橫邁一步；先落腳掌後落腳跟，腳尖朝西南成右弓勢；左掌與右掌同時運轉，經由左膝上方，呈半月形，逆轉向上、向西，抄到右腕，下變仰掌。身向西南；目視右手食指（這是第二個「雲手」的前半個動作）。（圖 2-4-74—圖 2-4-77）

圖 2-4-75

圖 2-4-76

圖 2-4-77

圖 2-4-78

「小架子」太極拳，是經過長期發展而形成的。

4. 左　挒

接上動。此動與本式動作 2 完全相同（完成第二個雲手）。（可參照圖 2-4-78—圖 2-4-80）

圖 2-4-79

圖 2-4-80

形成的。「小架子」太極拳，是經過長期發展而

5. 右捌、右採

接上動。此動與本式動作3完全相同。請參照（這是這三個雲手前半個動作）。（圖2-4-74—圖2-4-77）

6. 左　捌

接上動。此動與本式動作2完全相同。可參照（完成第三個雲手，至此三個雲手全部完成）。（圖2-4-81）

圖 2-4-81

【要求】連綿不斷，無斷續之處。運掌到鼻前要離鼻15公分，太近了臂膀不成圓形，太遠就散漫無章。手足由腰帶動運轉，因此腰左右轉動幅度要大。神情要悠閒。

第十八式　高探馬左右分腳

此式可以分為八動加以說明。

1. 蓄　勢

接上式。撐左腕向東北，向右扭轉回來；右腳靠近左腳坐實，右腳承擔體重，提起左腳跟成「寒雞步」形；與此同時，右仰掌變為側掌，掌心朝裏，向西順轉如畫一條長虹，經由眉頭，右轉腰，眼看右臂由上落下到右側身旁橫臂放平變俯掌，五指朝南呈平圓形；同時左掌趁右轉腰之勢，呈半月形經右大腿上方，逆轉向上、向西，抄到右腕下變仰掌；身向南。（圖2-4-82）

【要求】神情像解拴馬的繩子。

2. 採

接上動。左轉腰，回頭向東，左腳向東邁出一步，徐徐前弓屈左膝坐實成左弓勢；同時，左仰掌變為側掌，經過眉頭伸向東又變俯掌，高與口齊；右手在右腋下順轉一個小圓圈，如舀水的樣子，變仰掌運行到胸腔前；側身（身向東南）前探，目視東方。（圖2-4-83）

【要求】神情像抓住韁繩。

圖2-4-82

圖2-4-83

3. 右高探馬

接上動。疊左胯，右腳向左腳後偏北前移 20 公分左右，然後屈右膝坐實成「高架虛勢」；與此同時，右仰掌穿向在前的左臂，由左肘彎內側穿過變俯掌，五指尖朝北，小指橫向前推；左掌徐徐抽回變仰掌，置於右肘下 6～7 公分處，此時含胸，右臂垂肘，兩

圖 2-4-84

肩頭遙對，右掌漸漸翹起變立掌，掌心朝北；三尖相對，目視遠處。（圖 2-4-84）

【要求】以上三動，連貫做起來神情像左執繩右拉韁騎上馬，使它跑不出韁繩範圍。

4. 左 分

接上動。右立掌，起肘落掌漸漸放平在胸前，變為俯掌，五指朝北，此時右掌在上，左掌在下，像合捧一個球的樣子；身體徐徐下沉成低架虛勢；雙掌趁勢以腕部為軸，像螺旋器一樣在胸前轉一個小圓圈，漸漸握拳做一個「金龍鎖口」的動作，變左拳在裏，右拳在外，兩腕相交，搭成一個十字架形拉到左肩前，左臂成平圓形，與肩齊高，右臂呈縱圓形；在做「金龍鎖口」的同時，左腳向東北邁出一步，成疊襠左弓勢，身向東北；目視東南角。（圖 2-4-85）

【注釋】「金龍鎖口」是拳術的專用語，例如「金鐘罩」比喻硬功夫，「金蟬脫殼」比喻逃遁。「金龍鎖口」

圖 2-4-85

圖 2-4-86

則是比喻手法兼虛帶實。「虛」即雙手迎面虛晃，借以轉移目標，然後側身由旁邊進取。「實」即順勢吊住對方的手，加以一「挫」，使其一時身體轉不過彎，然後側身從身旁進取。本套拳路當中，像這樣完整的「金龍鎖口」有六個。

5. 踢右腳

接上動。疊住左胯，穩定全身；雙拳上升到髮際，翻右拳，拳心向東；趁勢提右腳到左小腿內側。再彎膝上提向東南角踢出，腳面繃平，腳跟與襠齊高伸直。略成自然彎曲，左腳隨右腳踢出隨即伸直；同時，雙拳隨右腳踢出隨即變掌，循拋物線向前後分開下劈，右側掌，五指朝東南。與右肩齊高，左側掌，五指朝北。與左耳根齊高，兩臂展開似半月形；身向正東。目仍視東南，呈現出心胸寬廣、屹然獨立的樣子。（圖 2-4-86）

【要求】目標是內外形三合。

【注釋】本動的「分腳」。以及下面的撇身、披身等名稱裏，「分」「撇」「披」都是避開正面沖擊而從旁邊

取的意思。傳統的小架子太極拳有閃、展、騰、挪的動作。本式動作 4 就是「閃」。動作 5 就是「展」。還有騰、挪隨後陸續解說。太極拳也是技擊的一種武術。為了使一些架子的動作得到更清楚、形象的說明，因此常有必要借以闡述。

6. 左高探馬

接上動。掛下右小腿，腳尖自然下垂；同時掛下左前臂，變垂掌；略為屈左膝，蹲實全身，右側掌變俯掌，五指向東運轉，與口齊高；含胸，左掌在左腋下逆轉一個小圓圈。如舀水的樣子變仰掌到胸前；此時右腳尖已漸漸落地朝東成高架虛勢；左仰掌穿向右肘內側隨變俯掌，五指尖朝南，小指橫向前推；同時，右掌變仰掌交叉抽回，離左肘下約 6～7 公分。

垂左肘漸漸翹掌變立掌，掌心朝南；身向東南，三尖相對，眼看遠處，呈現出高瞻遠矚的樣子。

以後的「穿掌」同此手法。除特殊的另有說明外，都略稱穿掌，可參照本節，不再逐一詳述。（圖 2-4-87、圖 2-4-88）

【要求】不要出現顛簸。

7. 右 分

接上動。此動與本式動作 4 相同，只是左式改為右式，可參照。（圖 2-4-89）

8. 踢左腳

接上動。此動與本式動作 5 相同，只是左式右式不同，可參照。（圖 2-4-90）

圖 2-4-87

圖 2-4-88

圖 2-4-89

圖 2-4-90

第十九式　轉身左蹬腳

此式可以分為兩動加以說明。

1. 左轉身

接上式。以右腳跟為軸，撇腳尖朝西北，左腳順撇勢向西落下，腳尖點地朝西成高架虛勢，身向西北；同時，

圖 2-4-91　　　　　　　　　　圖 2-4-92

左掌也向西、向下，經腹前上抄到右肩前，臂成縱圓形，握拳，拳心朝裏；右掌也同時變拳，由上逆轉經右額角前落下，與左拳相交，臂呈平圓形，拳心朝外，搭成十字架形，目視正西。（圖 2-4-91）

【要求】左轉身、落腳要一氣呵成。

2. 左腳蹬

接上動。左腳漸漸彎膝上提，向正西徐徐用腳跟前蹬，腳跟與襠齊平，腳尖裏勾；同時，雙拳變掌，上升到髮際，循拋物線前後分開下撇，左側掌，掌心朝北五指向西，高與肩平；右側掌，掌心朝西北與耳根齊高，兩臂圓撑像弓形；目視正西。（圖 2-4-92）

【要求】身不要歪，肩不要有高低。

第二十式　左右正摟膝拗步

本式是重複的式子，只是起手銜接的動作略有點差別。可以分為四動加以說明。

圖 2-4-93

圖 2-4-94

1. 左式　蓄勁

接上式。屈右膝下沉，穩定重心。回收左腳，彎膝懸垂於右腳前，成寒雞步勢；同時雙掌與肩平，漸漸向裏環抱，當抱到十指相對的時候，左肘下垂，立掌朝北，呈縱圓形；右側掌向裏略為抽回，掌心朝南，五指朝西，呈平圓形置於左立掌內側。（本式的姿勢和前式的左右斜摟膝拗步動作1相同，可參照）；身向西北，目視正西。（圖2-4-93）

2. 左式　摟按

接上動。可參照左右斜摟膝拗步動作，唯本動方向為正西。（圖2-4-94）

3. 右式　蓄勁

接上動。右腿微屈，身體重心略為後移，側左腳尖向西南，再前弓承擔全部體重，然後提右腳向前懸於左腳的前面成寒雞步勢；同時，下掛左掌，含胸拔背左轉腰，趁勢提左掌向前、向上抽回到左耳旁邊變側掌，掌心朝北，

圖 2-4-95

圖 2-4-96

五指朝西，呈平圓形；身向西南，目視正西；與此同時，右立掌，垂肘略微回收，掌心朝南，呈縱圓形置於左側掌外側；身向西南，目視正西。（圖 2-4-95、圖 2-4-96）

圖 2-4-97

4. 右式　摟按

接上動。本動方向正西，同前式左右斜摟膝拗步動作 4。可參照。（圖 2-4-97）

本式的四個動作的要求均與前式左右斜摟膝拗步相同。

第二十一式　進步栽捶

此式可以分為兩動加以說明。

1. 下　撇

接上式。提左腳上前，以「反弓形」向西偏南如貓行

圖 2-4-98

圖 2-4-99

邁出一步成右太極勢；同時，左臂屈肘做下撤的樣子，以俯掌橫在胸前，五指朝北；此時掄右掌向後變拳，逆轉上舉到右耳邊；身向西北，一瞬左掌，眼看西北。（圖 2-4-98）

【要求】不要看地面，也不要「垂簾」。

2. 捶

接上動。右拳立拳，經左前臂內側下捶到左膝前變垂拳；左掌撤，向後並向西、向前、向上順轉回到胸前，屈肘下垂變立掌，順右垂拳之勢落下扶在右前臂內側的中間；同時，左腿前弓，右腿撐直成左弓勢椿形，身前探，後腦勺與右腳跟成一條坡形直線。一瞬右拳，目視西方。（圖 2-4-99）

【要求】不要冒腰，不要起「僵勁」。

【注釋】「垂簾」「冒腰」「僵勁」都是通俗話。

（1）「垂簾」是假寐，眼皮下掛像要睡覺的樣子。它不是安靜，真正的安靜是集中思路練好每一個架勢，做到一絲不苟。而「垂簾」就會目不辨動靜。太極拳是模擬性

的技術動作，一定要做到「外示安逸，內固精神」。

（2）「冒腰」是失掉身軀中正，重心前傾，上下就無法完整一氣。

（3）「僵勁」是由於失卻平衡而產生的，反過來僵勁又破壞平衡，引起肌筋緊張，氣息上浮。練太極拳要求用意識帶動動作而不使拙力。避免僵勁的辦法是放鬆肌筋。而放鬆肌筋很簡單，只要含胸，不要神情緊張就能做到。

第二十二式　轉身撇身捶

此式可以分為三動加以說明。

1.亮　相

接上式。微屈右膝。體重略為後移，右轉身，扣左腳尖朝北偏東，彎膝坐實，提起右腳跟。腳尖仍舊點地成高架虛勢，含胸沉肩；左掌隨轉腰勢，漸漸上升到左額角前方變側掌，掌心朝北；右拳撐腕變俯拳上升到左脇下，不要「夾臂」，右臂與腋窩及軀幹要留有空隙，此時雙臂一上一下合成一個縱圓形；目視東北遠處，做出「亮相」架勢。（圖2-4-100）

2.蓄　勁

接上動。左掌變俯掌，落下到左脇前的右拳外側變拳，「懸頂」；一瞬左拳。然後目視西北遠處；身體下沉成為低架虛勢，再一次做出「亮相」架勢。（圖2-4-101、圖2-

圖2-4-100

圖 2-4-101

圖 2-4-102

4-102）

3. 下　撇

接上動。右轉身，提右腳成寒雞步形；左掌插入右前臂下，兩腋扇起，打成一個抄手結（雙臂成麻花形搭在一起），由北向上順轉，經過左額前，向東南角撇下右拳，與胸齊高呈仰拳；左拳在下撇時，翻出變為立掌，腕部貼在右腕上面；與此同時，右腳也向東南邁出一步，撐直左腿，左腳尖隨同扣向東南，成右弓勢型；身向南，目視東南。（圖 2-4-103、圖 2-4-104）

【注釋】「夾臂」「亮相」「懸頂」是武術術語。

（1）「夾臂」是胳膊與身體相貼近，就失去彈性和緩衝迴旋的餘地。要用臂掤開來糾開。

（2）「亮相」是亮開一個架勢，神采自然脫穎而出，不是攥拳怒目、橫眉裂眥。做好亮相的方法是：將不斷運行的肢體和目光在一瞬之間同時抖出。練太極拳如做文章一樣，有節奏地抑揚頓挫，如同文章加標點符號，就更明

圖 2-4-103

圖 2-4-104

朗而清楚。

（3）「懸頂」是要求脖子不要直，也不要縮頸，而要自然虛懸，這樣就會精神飽滿，動作就隨意識而轉動，不致產生滯鈍笨重的弊病。

第二十三式　卸步搬攔捶

此式是重複式子，大致與上步搬攔捶相同，只是有上步與卸步之別。可參照該式。為了方便起見，仍舊分為三動加以說明。

1. 搬

接上式。雙手向東北運轉、徐徐前伸；趁勢坐實左腿承擔體重，收回右腳循弧線經過左腳踝骨的內側，向後（西南方向）倒退一步，伸直成左弓勢；右拳在左腕下變側掌，掌心朝北；左掌依舊是立掌，掌心朝東南；視線向東北。（圖 2-4-105、圖 2-4-106）

圖 2-4-105

圖 2-4-106

圖 2-4-107

圖 2-4-108

2. 攔

接上動。動作同第七式動作 2，唯攔的方向是東北角，可參照。（圖 2-4-107、圖 2-4-108）

3. 捶

接上動。動作同第七式動作 3。唯捶出方向為東北，可參照。（圖 2-4-109）

圖 2-4-109　　　　　　　圖 2-4-110

「小架子」太極拳，是經過長期發展而形成的。

【要求】同第七式。

第二十四式　披身右蹬腳

本式與「右踢腳」大致相同，但「踢」變成「蹬」。用兩動加以說明。

1. 披　身

接上式。先向後坐實右腿，左腳尖蹺起成右太極樁勢，左腿向左前方移 15～20 公分，再漸漸前弓變為左弓勢樁型；同時，右拳變俯掌，五指朝北；左立掌變仰掌，五指朝南，雙掌如合抱一球，然後做「金龍鎖口」上抽到左耳前；身向東北，目視東南。（圖 2-4-110、圖 2-4-111）

2. 右蹬腳

接上動。動作同「踢腳」。但踢腳改為腳尖前點。（圖 2-4-112—圖 2-4-114）

【注釋】踢腳、蹬腳。踢腳：先提腿站穩，然後腳尖向下繃直，漸漸用腳面踢出，高與襠齊；蹬腳：先提腿站

圖 2-4-111

圖 2-4-112

圖 2-4-113

圖 2-4-114

穩，然後腳尖向上蹺起，漸漸用腳尖點出，高與胯齊。
（圖 114 腳尖應放平）

　　作者按：從第二十五式開始，動作進入較複雜、難度
較高的階段，需要練習「站穩」等基本動作，如輪流站八
種樁型、做太極操等。

第二十五式　退步左右打虎

此式可以分為六動加以說明。

1. 雙引掌

接上式。沉身，穩住左腿，含胸拔背；右臂以肘關節為軸，向下、向裏、再向上順轉一個圓圈，屈肘呈縱圓形，仍歸側掌朝東南；在後的左側掌向上轉動，經過左額前方與右掌會合，也側掌向東南，屈肘呈縱圓形，置於右前臂內側做雙引掌之勢；乘勢同時回收蹬出的右腳，經過左小腿內側退到左足後（西北方），彎雙膝成後交叉步形；身向東，目視雙掌不變。（圖 2-4-115）

2. 退左步下按

接上動。身向後坐，右腿承擔體重，提起左腳徐徐收回，經過右小腿前面向右腳後面退一步（仍是西北方），趁勢站成「弓馬勢」椿型；同時，左掌捋回到胸前變仰掌，五指朝東南；右掌也捋回到胸前處，在左掌前下方變俯掌，五指朝正東，雙臂掤開呈左高右低的坡圓形；身體、視線都向東。（圖 2-4-116）

3. 打虎亮相　左式

接上動。微疊左胯，承擔體重，然後微微鬆胯。調整腳形（即左腳尖或扣或撇），身向正東，穩定重心，提起右腳，像踢毽子一樣做出接腿的樣子，腳尖蹺起，置於左膝以

圖 2-4-115

圖 2-4-116　　　　　　　　圖 2-4-117

上的內側成圓襠的獨立勢；同時，左掌向北偏東滾前臂向上順轉半個圓圈，放在左額角上方，變側拳，拳心朝東；右掌變為俯拳橫於胸前，肘尖對右膝；獨立的左腿下彎20°～30°（指和垂直線的角度）；身體與視線都向東方。（圖 2-4-117）

【要求】像「武松打虎」的神情。

【注釋】「武松打虎」是我國著名古典小說《水滸傳》裏所描寫的「景陽崗武松打虎」故事的主體鏡頭。武松一手撤住虎頭，一腳踩住虎背，揚起拳頭，威風凜凜。這個姿勢似乎被引進太極拳，又經過不斷加工、修改形成此式。還有後式「玉環步鴛鴦腳」也像作者所特寫的「武松醉打蔣門神」這一撲。這生動地說明了太極拳是歷代勞動人民在長期實踐中逐步產生出來的一項技擊手法。

4. 雙引掌

接上動。右腳徐徐落下，置於左腳前，小趾點地成圓襠高架虛勢；雙掌以肘關節為軸，同時從東南向東北逆轉

圖 2-4-118　　　　　　　　圖 2-4-119

一個圓圈變為側掌，呈縱圓形，左側掌在前、在上，右側掌在後、在下，做「雙引掌」的姿勢。此時右腳收回，經過小腿內側到左腳後（西南方）成左弓勢樁型；目視東北。（圖 2-4-118、圖 2-4-119）

5. 退右步下按

接上動。身向後坐；右掌捋回到胸前變仰掌，五指朝東北；左掌也捋回到胸前變俯掌，五指朝正東；雙臂掤起，呈右高左低的坡圓形；身體、視線都向東。（圖 2-4-120）

6. 打虎亮相　右式

接上動。動作與本式動作 3 相同。但動作 3 是左式，本動是右式，可參照。（圖 2-4-121）

【要求】同動作 3。

【注釋】八種腿法簡單介紹。太極拳小架裏原有八種腿法、八種勁法、八種樁型和八種步法。這裏介紹八種腿法。

八種腿法為：蹺、蹬、接、起、襯、挑、擺和掃。其中

圖 2-4-120

圖 2-4-121

蹺、蹬、擺等三種有明顯的表現法，其餘五種都是含而不露，難度雖然高，但是很巧妙，可見太極拳腿法的齊備。

（1）蹺即左右分腳。具體做法是閃到旁邊，揚手一虛晃，用腳背的外側面踢出。

（2）蹬：見前式披身蹬腳的作者按語。

（3）接：即本式的退步打虎。

（4）起：見下式的坐盤二起腳。具體做法是，在左腳未著地之前，在空中踢出右腳。這是用手距離不夠時運用。

（5）襯：見後式的鴛鴦腳。具體做法是先飛起左腿一虛晃，向右轉過身來，側身用右腳的腳背斜踢出去。

（6）挑：見後式的左右金雞獨立。具體做法是上手一揚或向上捌開，就出下腿向前挑踢。

（7）擺：見後式的擺蓮腳。具體做法是向高處橫掃。「擺蓮」是「擺面」的諧音。

（8）掃：見後式的雙擺蓮360°轉身。具體做法是蹲下

身用打虎勢著地面圓掃一周，也就是「前掃蕩腿」。趁著慣力騰空而起，打雙擺蓮腳。現在已不採用了，而採用迎面掌代替。目前只是形象地這樣做。

這些腿法，本是從技擊演變而來的，這裏略加敘述。一方面可以知道它究竟為什麼這樣做，另一方面，這些從長期實踐中總結出來的姿勢，很合乎生理自然，因而做出正確的態勢，就會加強鍛鍊效果，促進身體健康。

第二十六式　坐盤二起腳

此式可以分為兩動加以說明。

1. 坐　盤

接上式。左腳向東落步，用小腳趾先行著地；同時，雙拳會合到胸前成「高架圓襠虛勢」，左拳變仰拳，從右腕下伸向東方；撇左腳跟朝南偏西，左轉腰，提起右腳跟，乘勢扣右膝向北，落坐，置於左小腳側，疊成「女」字形，左腿在前的「坐盤勢樁型」，臀部離右腳跟兩拳距離（太高則不成型，太低則坍塌，起落不如意）；與此同時，雙拳做「金龍鎖口」，拉到左耳前方，右拳在外呈立拳，左拳在裏呈側拳，兩腕相對，交叉成十字；身向北，目視正東方。（圖 2-4-122—圖 2-4-124）

【要求】沉肩、兩腳支撐體重的比例見樁型。

圖 2-4-122

圖 2-4-123　　　　　　圖 2-4-124

2. 起　腳

接上動。身體稍向後挪，減輕左腳負荷，扣左腳尖向東北，趁勢身向前探；同時，轉右拳，拳心向外；疊住左胯，左腳站穩，漸漸提起右腳，經由左小腿內側向東南用腳尖踢出，身向東；雙拳變側掌，分向前後劈下，右側掌在前，與右腳一下一上成平行線；左側掌在後，五指朝北，兩臂圓撐像弓形；視線向東南。（圖 2-4-125、圖 2-4-126）

圖 2-4-125　　　　　　圖 2-4-126

【要求】站得穩。

【注釋】「站得穩」，要注意到三個條件：

（1）全身肌筋、關節全部放鬆，不用拙力，沉下雙肩，借上部沿直線的下壓，好像大屋頂住牆垣和柱子一樣，四方平穩。

（2）要找一個水平視線的目標，對保持平衡關係很大。目標是平衡器，比如黑夜行路，茫無目標必然一腳高一腳低，就不穩便。

（3）腿力。腿力強弱對「站得穩」很有關係。比如多數人右腿力大，比較站得穩，不致顫動，不用肢體的其他部分去幫助平衡，就顯得自然；左腿力小，就往往不易站穩。力的表現是肌筋伸縮性能的大小，力的產生有賴於肌筋負荷的運動。太極拳的屈腿運行，又是增加體力的負荷運動。所以要求練習架式的時候，不要忽高忽低。

第二十七式　雙風貫耳

此式可以分為兩動加以說明。

1. 雙　採

接上式。屈左膝，身體下降，掛下右小腿；左掌向東順轉到胸前與右掌會合，雙掌同時擰腕變俯掌，食指相對呈平圓形，漸漸下按，同時，右腳伸向東南，貓行落步，緩緩屈膝前弓成「右疊襠弓勢樁型」；雙掌按到右膝前，雙臂各成半月形，合成一個坡圓形；身向東南，回頭看正東遠處。（圖 2-4-127、圖 2-4-128）

【要求】落步輕盈

圖 2-4-127

圖 2-4-128

2. 貫　耳

接上動。雙掌同時變仰掌
回抽；身體也後坐到左腿承擔
體重，右腳尖微蹺；當雙掌回
抽到左、右胯旁的時候，下沉
身軀，雙腕下垂，左腕順轉，
右腕逆轉，雙掌變俯拳，分向
左右、向上各循弧形線提到髮
際，拳骨相對，拳心向東南，
圈成一個滿月形；同時右膝前

圖 2-4-129

弓，仍舊回復成「右疊襠弓勢」；目視東南。（圖 2-4-
129）

【要求】雙臂運行要柔和。下沉身軀不要前俯。

第二十八式　玉環步鴛鴦腳

此式可以分為四動加以說明。

1. 坐　盤

接上式。身復後坐；雙臂漸漸落下到胸前，成左太極勢，撇右腳尖向南；右拳變為仰拳置於左拳下，像合抱一球；雙拳逆轉做「金龍鎖口」，邊轉邊右膝前弓，趁勢疊住右胯，彎左膝，提起左腳，向右腳後（向南偏西）移動，前腳掌著地身向啟挪（即移動），用左膝頂在右小腿的後部，坐成一個「女」字形狀的「坐盤勢」；雙拳提拉到右耳前，成為左拳在外的十字架形；身向南，視線向東上方。（圖2-4-130、圖2-4-131）

【要求】本式的坐盤和前式「二起腳」的坐盤定式要做得一樣，這是左右調換的動作。

2. 蹬左腳

接上動。撇右腳尖朝東南，探身向前；擰左拳向外；前弓右膝，提起左腳，經由右小腿內側屈膝翹起腳尖，用腳跟向正東蹬出，高與胯平；同時，雙拳提到髮際變掌，分向前後下劈，都成側掌，左臂與左腳成上下平行線向正

圖 2-4-130

圖 2-4-131

東，右掌五指朝西南，兩膀圓撐像一張弓，視線仍舊向東。（圖 2-4-132）

【要求】同第十九式「轉身左蹬腳」。

3. 玉環步

接上動。沉肩含胸，略掤右臂，放鬆肌筋；以右腳掌為軸，右轉 180°（由面朝南轉到面朝北），左腳趁轉勢，擺出像踢毽子一樣的腳形，做出雕龍繞柱的樣子，即左腳向右腿膝蓋前圍繞半周，隨著轉到正西，離右腳 30 公分處落步，腳尖朝北偏東，隨即抬高右腳跟，腳尖仍點地，成高架虛勢。這是玉環步法。與此同時，左臂屈肘，隨身轉動，經由左額上方自轉到北方；右掌隨身轉到西面後，下抄向上，到北面雙掌會合於左肩前變為拳，右立拳在外，拳心向裏，臂呈縱圓形；左側拳在裏，拳心向外，臂成平圓形；兩腕相交成十字形；身向北，回頭東視。（圖 2-4-133、圖 2-4-134）

【要求】手腳動作一次完成。

圖 2-4-132　　　　　圖 2-4-133

圖 2-4-134　　　　　　　圖 2-4-135

形成的。「小架子」太極拳，是經過長期發展而

4. 踢右腳

接上動。此動同第二十六式「坐盤二起腳」動作 2，可參照圖 2-4-135。但此式是向正東踢，而二起腳是向東南踢。

第二十九式　手揮琵琶

此式是重複的式子。前邊第七式的手揮琵琶是跟步做採挒，而本式是落步做採挒。這是因為起手的銜接動作不同。說明如下：

1. 落步採挒

接上式。漸漸屈下獨立的左膝，虛懸的右腿也彎膝徐徐掛下；右前臂垂下，用腕部向北、向東上順轉一個圓圈變立掌，掌心朝北，呈縱圓形置於胸前（即「採」）；同時左臂也垂下，經北向東用前臂和掌順轉一個圓圈，呈縱圓形置於右掌的上面，略向前方（即「挒」）；在雙掌做採挒動作的同時，右小腿向北、向東也順轉一個圓圈，踏

圖 2-4-136

圖 2-4-137

「小架子」太極拳，是經過長期發展而形成的。

落在左腳之前，腳尖朝東成「前交叉步」形（與前式「退步打虎」的後交叉步一樣形狀）。（圖 2-4-136、圖 2-4-137）

2. 撅

此時，雙掌在右胸前同時「一撅」；一邊屈右膝承擔體重，一邊提左腳，經由右腳踝骨內側向東邁出一步，腳跟著

圖 2-4-138

地，成右太極勢樁型，然後左轉腰，身體向東；徐徐縮回雙掌，變左立掌，掌心向東，指尖與髮際齊高，遮掩於左頰前（不要遮住視線）；右立掌，擰腕向裏，手背向東置於頰下，像懷抱琵琶。（圖 2-4-138、圖 2-4-139）

【注釋】「撅」，折斷的意思。前手往下壓，後手往上翹，成為「撅」。「揮琵琶採挒成撅」就是指這個動作

圖 2-4-139

圖 2-4-140

圖 2-4-141

圖 2-4-142

形成的。「小架子」太極拳，是經過長期發展而

的勁法。

　　動作 3、4、5 與第七式動作 3、4、5 完全相同，可參照。（圖 2-4-140—圖 2-4-142）

第三十式　上步搬攔捶

　　與第八式的動作完全相同，可參照。（圖 2-4-143—

圖 2-4-143

圖 2-4-144

圖 2-4-145

圖 2-4-146

圖 2-4-146）

第三十一式　如封似閉

與第九式的動作完全相同，可參照。（圖 2-4-147—
圖 2-4-150）

「小架子」太極拳，是經過長期發展而形成的。

圖 2-4-147

圖 2-4-148

圖 2-4-149

圖 2-4-150

第三十二式　抱虎歸山十字手

與第十式動作完全相同，可參照。（圖 2-4-151—圖 2-4-154）

（以上第二段共 22 式，78 個動作）

圖 2-4-151

圖 2-4-152

圖 2-4-153

圖 2-4-154

小　結

　　承前啟後地研究一下小架子的結構和安排，是由淺入深、循序漸進的。它大致可分為三個階段：

　　第一階段，從第一式到第十七式，大體上動作比較緊湊，著重在手法上團得緊，很自然地去掌握調理內臟的

「六個法則」，進行「純軀幹運動」。

第二階段，從第十八式到第三十二式，單腳獨立的動作比較多，著重在掌握平衡。在練習「站得穩」的條件下，仍舊要求掌握「六個法則」，進行「純軀幹運動」，不致散亂無章。

第三階段，自以後的第三十三式到第四十六式，開展的動作比較多，在團得緊，站得穩的要求之外，還要求「展得開」，不能因為難度高而受拘束，要求仍舊能夠正確掌握「六個法則」，進行「純軀幹運動」。

「團得緊」，不拘束，雙臂掤起難捉摸。

「站得穩」，不僵硬，周身協調立如釘。

「展得開」，不散漫，旋腰轉脊纏絲力。

團得緊、站得穩、展得開這三個要求，是觀察練太極拳外形方面水準高低的尺度。

【注釋】「六個法則」。架子的高、中、低，動作的大、中、小是指外形而說的。「六個法則」，則是導致內臟運動的要領。它們的名稱是（1）頂頭懸；（2）尾閭收；（3）含胸；（4）拔背；（5）沉肩；（6）垂肘。

（1）頂頭懸、（2）尾閭收。這兩個法則的做法是在「盤架子」（即打拳）的過程中，頭部隨著姿勢的需要而上頂，下頦不斷地微收和放鬆。以便精神煥發、意識集中；尾閭骨也隨姿勢的需要上提，臀部不斷微收和放鬆，以保持身軀中正，小腹鼓動。從頭部和尾閭的聯合動作來看，時而收時而放，如同傳送帶一樣，導致內臟機件不斷地進行著蠕動，從而改善了內臟機件的現有功能。這是上和下的內裏運動。

（3）含胸、（4）拔背兩個法則的做法是，隨著姿勢的需要，胸部不斷地前後伸縮，背部不停地弛和張。胸運動能延伸到腰部並使它靈活，背運動能使最易疲勞的背肌增進耐勞功能，使得周身輕鬆，運轉隨意。含胸和拔背運動的聯合，一扇一扇地好比兩扇窗戶時開時閉，調節室內空氣，起吐故納新的作用。這是前後的內裏作用。

（5）沉肩、（6）垂肘兩個法則的做法是，兩肩胛下沉，能使內臟機件下降不致上浮，可以進行平靜的整理。相反，聳肩則內臟緊張，血液循環不規則，甚至氣息暫時堵塞。肘部下垂能起到牽制聳肩的作用，使呼吸保持平靜，重心穩固。從沉肩和垂肘的聯合動作來看，一沉一捋好比鼓風機，川流不息地進行細長的深呼吸，也促進了內臟的蠕動，增強各系統的性能。這是左右內裏運動。

特別需要指出，六個法則多用在動作轉換變折的時候，要做到有影無形，又必須恰如其分，既能有效地牽動內臟，姿勢也能靈活優美。做得過分非但不能牽動內臟，反而動作失靈，姿勢難看。做得不到位就顯得萎靡不振。姿勢和六個法則的關係是，二者是相輔相成的。姿勢正確與否直接影響到對六個法則的掌握程度；而六個法則的掌握程度也影響姿勢的正確與否。

第 三 段

第三十三式　野馬分鬃

此式起手「雙引掌」，它的定式同第七式動作1，只是左右不同，起點各異。這裏要求做三個不同形狀的「遊

擊手法」，又稱「兩便手法」。全式可以分為七動加以說明。

1. 雙引掌

從第二段結尾的十字手定式開始。屈雙膝，緩緩下蹲；雙掌合抱胸前，左掌變仰掌（在下），與胃齊高，五指朝西；右俯掌（在上）位於鎖骨下，五指朝東；外撇右腳，略負體重，外撇左腳跟，使腳尖向西南；向西伸腰展雙臂，雙掌趁勢自南向西順轉，右手腕也同時順轉一個成虛晃動作的小圓圈（所謂圈中有圈還有圈）；轉到正西後坐腰；雙掌像拉皮筋一樣地縮回，呈圓形，右立掌在前，掌心朝南，右掌食指對準鼻尖；左立掌在右腕下稍後，掌心朝北，趁勢坐實左腿，蹺起右腳尖成右太極勢樁勢；身向西南，凝視西方。（圖2-4-155、圖2-4-156）

【要求】內外形三合。

2. 交叉掌

接上動。樁型不變；沉肩含胸，右掌順流而下到左大

圖2-4-155　　　　　　圖2-4-156

腿外側上方變垂掌，掌心向南；左掌同時上升到右耳根前，掌心仍朝北；視線擦過左掌背射向西北；身體繼續下沉，兩肘彎交叉相對，做待發的樣子。（圖2-4-157）

3. 雙分掌

接上動。向西北邁右腳，略為前弓，沉下襠部成弓馬襠勢樁型；雙臂側下到胸前，依舊交叉，然後，雙掌分向上下，左掌經由右前臂中間變俯掌，下捋到左胯前面，五指向西；右側掌，掌背向西北上方掠去，與髮際齊高，斜掌向南；邊掠掌，邊前弓右膝，就勢撐直左腿成右弓勢樁型；目視右掌虎口；這時雙臂呈右高左低的坡圓形，左右掌遙相呼應，身向西南，做出雙分得勢的樣子。（圖2-4-158）

【要求】不要前俯後仰。無論是雙引掌、交叉掌和雙分掌，雙臂都要保持圓形。

4. 左式一　窺勢

接上動。右弓勢樁型不變，右轉腰，身向西北；目視

圖2-4-157

圖2-4-158

右掌；左掌放鬆變垂掌，隨腰順轉向前，用小指摟過右膝前，掌心朝北，五指指地，置於右大腿外側；右斜掌坐腕變立掌，向南平捌，掌心微凸；視線透過右掌背射向西南，做窺視狀；沉肩含胸，兩肘彎交叉相對，身略前探。（圖2-4-159）

圖2-4-159

【要求】不要聳肩和拔起後腳跟。

【注釋】窺視：且行且窺。是一方面行動一方面探看，偵伺可乘之隙，從而進取之意。

5. 左式二　橫捌

接上動。隨即提起左腳，經由右踝骨內側斜向西南邁出一步，沉襠前弓成左弓馬勢樁型；同時，雙臂側下到胸前依舊交叉，然後雙掌向上下分開，右掌經過左前臂中間變俯掌，漸漸向下、向後捋（謂之「採」）到右胯前面，五指向西；左仰掌向上、向前（西南）橫臂掠去（謂之「捌」）與頭頂齊高，胳膊伸直，小指翻上，掌心朝天；就勢弓左膝，撐直右腿成左鬆襠弓勢，身向西北，成半倚之狀，頭部與左肱成上下平行線；右臂呈坡圓形；凝視右掌虎口。（圖2-4-160）

【要求】左腳邁出向西南角，方向要踏得準。

6. 右式一　窺勢

接上動。此動姿勢完全與動作4相同。只是4動是左

圖 2-4-160

圖 2-4-161

式，朝西南窺視；本動是右式，朝西北窺視。可參照。（圖 2-4-161）

7.　右式二　橫捌

接上動。此動姿勢完全同動作 5，只是 5 動是左式，方向朝西南；本動是右式，方向朝西北。可參照。（圖 2-4-162）

圖 2-4-162

【要求】動作 1 到動作 7，要求按照 W 形的軌跡邁步前進（即走成八字形），方向要明確。不要身體搖擺，出現凹凸。

第三十四式　四隅穿梭

此式起手和野馬分鬃一樣，要做三個不同形狀的「游擊手法」，即（1）雙引掌；（2）交叉掌；（3）雙分掌。

本式可以分為十四動加以說明。

1. 雙引掌

接上式。提頂豎腰，右轉腰（由側轉正），疊住右胯，穩固全身，左腳向右腳後前移 20 公分；同時，右掌隨腰向西伸展，趁勢垂腕向下、向西向上順轉半個小圓圈（也是「圈中有圈」）變立掌，掌心朝南；左掌也由原處鼓蕩到右腕下，稍後變立掌，掌心朝北，雙掌做虛晃之勢，像拉橡皮筋一樣，屈雙肘呈縱圓形，縮回；趁勢坐實左腿，蹺起右腳尖成左太極勢樁型；身向西南，三尖相對，凝視西方。（圖 2-4-163）

2. 交叉掌

接上動。動作與前式之動作 2 完全相同，可參照。（圖 2-4-164）

3. 雙分掌

接上動。此動與前式動作 3 完全相同，可參照。（圖 2-4-165）

4. 左　掤

接上動。疊住右胯，右轉腰，身向西；左掌隨腰鼓蕩向前，到肚臍前變側掌，五指朝北，呈坡圓形；右掌橫臂落下，到鎖骨前變側掌，五指朝南，呈平圓形，做摟抱狀，如同摟抱大樹一樣；提上左腳，虛駐右踝骨內側；雙掌撐腕，左仰右俯，做合抱狀。接著循

圖 2-4-163

圖 2-4-164

圖 2-4-165

弧線邁出左腳，向西南成右太極勢；同時，右掌附在左前臂中間（五指朝天），橫出左臂側掌，掌心向裏，一齊向西南掤出。頂頭懸，含胸，雙臂成橢圓形，左側掌斜向西北方；目視西南，做蓄勁待發之勢。（圖 2-4-166、圖 2-4-167）

圖 2-4-166

圖 2-4-167

5. 推西南隅

接上動。雙臂上托，回抽右掌到右耳根前變側掌，掌心向裏，五指朝西南；左前臂外滾上托，翻掌心向外，與髮際齊高，呈半月形；右掌一邊前推一邊坐腕變立掌，掌心微凸，經過左腕下朝西南推出；同時，左膝前弓，就勢撐直右腿成左弓勢疊襇樁形；兩臂呈縱圓形；三尖相對，目視食指。（圖2-4-168、圖2-4-169）

【要求】肘部不要揚起，頂頭、旋腰、斂神。

【注釋】四隅穿梭。四隅指四個方向的角落，即西南、東南、東北、西北，本動的四個方向即依此順序。穿梭是比喻來回靈活，有條不紊。

6. 轉身右掤

接上動。雙手舒掌坐腕，左轉腰側身轉向南推，如球撞壁般地彈回來，雙掌向裏在胸前做「摟抱」狀，趁勢坐右腿，扣左腳尖朝北，抬起右腳跟，復坐實左腿成面向北的高架虛勢；雙掌依舊左上右下撐腕做合抱狀。然後邁右

圖2-4-168

圖2-4-169

圖 2-4-170

圖 2-4-171

圖 2-4-172

圖 2-4-173

腳向東南，腳跟著地，略為分擔體重，乘勢扣左腳尖向東成左太極勢椿型；同時，左掌附在右前臂中間，五指朝天；右前臂橫向東南掤出，右掌心朝裏，斜向東北，身向正東，雙臂合成坡圓形；目視東南。（圖 2-4-170─圖 2-4-173）

【要求】掌握六個法則。

7. 推東南隅

接上動。此動同動作5，只是前動朝西南方向，上左

「小架子」太極拳，是經過長期發展而形成的。

步推右掌；本動方向朝東南，上右步推左掌，可參照。（圖2-4-174）

8. 雙引掌

接上動。雙手舒掌坐腕，右轉腰，側向南推，如球撞壁般地彈回來。趁勢左腳向右腳後面前移 20 公分，坐實，蹺起右腳尖成左太極勢椿型；同時，右側掌在面前順轉一個小

圖 2-4-174

圓圈變立掌，掌心朝北；左立掌置於右腕下稍後；身向東北，做雙引掌之勢。（圖 2-4-175、圖 2-4-176）

9. 交叉掌

接上動。此動與動作 2 相同。上動是朝西偏北，此動是朝東偏南，可參照。（圖 2-4-177）

圖 2-4-175

圖 2-4-176

圖 2-4-177

圖 2-4-178

10. 雙分掌

接上動。本動同動作 3。區別在於上動朝西偏北，本動朝東偏南。（圖 2-4-178）

11. 左　掤

接上動。此動和動作 4 相同。區別在於前動朝西南掤，此動朝東北掤。（圖 2-4-179—圖 2-4-181）

圖 2-4-179

圖 2-4-180

形成的。「小架子」太極拳，是經過長期發展而

圖 2-4-181

圖 2-4-182

12. 推東北隅

接上動。此動和動作 5 相同。區別在於上動朝西南推，此動朝東北推，可參照。（圖 2-4-182）

13. 轉身右掤

接上動。此動和動作 6 相同，區別在於上動是朝東南掤，此動是朝西北掤。可參照。（圖 2-4-183—圖 2-4-186）

圖 2-4-183

圖 2-4-184

圖 2-4-185

圖 2-4-186

14. 推西北隅

接上動。此動同動作 7。區別在於上動是朝東南推，此動是朝西北推。（圖 2-4-187）

【要求】左右腳交換虛實，避免滯重呆板。手要由腰帶動。軀幹要沉肩、垂肘、鬆腰、斂臀。掌腕要柔。穿梭的上托臂要帶有滾勢，下推的手要對準口鼻。四斜角方向要踏得明確。

圖 2-4-187

【注釋】坐腕：指舒掌塌腕，是由各種掌形變為立掌前推的動作（例如摟膝拗步的單掌推，如封似閉的雙掌推，本式的側推等），都是掌心朝前推，五指隨著後翹，亦即是向腕施加壓力，稱為「坐腕」。

「小架子」太極拳，是經過長期發展而形成的。

第三十五式　左右金雞獨立

此式可以分為三動加以說明。

1. 轉身靠

接上式。右轉腰，雙掌坐腕，向北側推；身體由側轉成正；右掌由額際落下，沿著左立掌的手指端向右下順轉一個小圓圈，轉到胸前變雙立掌，呈縱圓形，與肩齊寬，接著撇左腳尖朝東南成馬勢；雙掌斜向西北；左腿再前弓坐實，撐直右腿；用左肩向東南角一靠，就勢彈回；屈右膝後坐，承擔一半體重；雙掌垂肘分別向左右旋轉，左掌左旋，右掌右旋，使掌心都朝裏；接著再撇左腳尖朝東北，跪右膝於左小腿後，身體下沉成高架坐盤勢；與此同時，左掌向裏順轉，向東、向上，徐徐提到右耳根前變立掌，掌心朝南；右掌向裏逆轉，由胸前下掛後到右腿內側變垂掌，掌心也朝南；身體與視線都向東。（圖 2-4-188—圖 2-4-192）

圖 2-4-188

圖 2-4-189

圖 2-4-190

圖 2-4-191

圖 2-4-192

「小架子」太極拳，是經過長期發展而形成的。

　　【要求】表現出六個法則。雙掌運轉的關係是：左掌下旋時，右掌略上旋；左掌升起時，右掌旋下。兩掌一上一下，呈遙相呼應之勢。

　　2. 左　式

　　接上動。身向前探，左腿承擔體重；提右掌，掌心朝外，五指朝北。橫臂經過左前臂外部，上提到右額角上

方，自然彎曲成半月形狀；右
腳漸漸由左小腿內側上提到左
腿前成左獨立樁型，腿形像踢
毽子一樣，膝高過腰，呈坡圓
形，右腳掌以不超過左膝外側
為好；同時，左掌向前攤出變
為垂掌，掌心朝東，置於右腳
的腳面上；眼看正東。（圖
2-4-193）

圖 2-4-193

【要求】不要夾臂、弓
背，右腿微屈要站得穩。

3. 右　式

接上動。屈左膝，身體下沉，右腳向前邁半步，先腳
跟著地，後撇腳尖朝東南，漸漸踏實成八字形狀；右手轉
膀旋腕變立掌，垂肘，迎面直立，掌心朝裏；左掌朝外，
五指向南，橫臂經過右前臂外側，上提到左額角上方，自
然彎曲呈半月形狀；左腳由後面漸漸提起，沿右腳內側上
提到右腿之前成右獨立樁型，腿形像踢毽子一樣，膝高過
腰，呈坡圓形，左腳掌以不超過右膝外側為好；同時，右
掌向前攤出變為垂掌，掌心朝東，置於左腳腳面上；眼看
正東。（圖 2-4-194、圖 2-4-195）

【要求】不要夾臂、弓背。垂掌不要挺直。

【注釋】下掛是太極拳術語，專指雙臂伸屈度而言。
本式的下掛手應當是：臂形像鬆了的弓，似屈非屈地下
垂，既不僵硬，又不鬆懈。打太極拳要以技擊狀態進行練
習，要一絲不苟，認真徹底地照顧到四面八方，聯合運用

圖 2-4-194

圖 2-4-195

各項法則，領會它們所起的作用，使它們在身體內（勁）外（形）得到充分的反應，這才是真正的「盤架子」。如果挺直或隨便下掛，那是不合乎拳技理法的；挺直產生僵力，隨便下掛，身體沒有遮掩，失掉屏障，同時造成精神狀態鬆懈，出現萎靡不振的樣子。

除了本式以外，其他例如摟膝拗步和倒攆猴的下掛手，都應當這樣做。

即使是上伸的臂形，例如斜飛勢和野馬分鬃的「上伸手」也要求伸直，具有似彎非彎的狀態。

進而言之，無論是手的平推、側推，雙腳的樁形、邁步、分腳、獨立等，都要以似屈非屈（似彎非彎）的方法掌握為妙。

第三十六式　穿掌十字腿

此式可以分為三動加以說明。

1. 穿　掌

接上式。舒掌坐腕，同時雙臂分向左右逆轉，右掌自下由南而上（右上行半個圓）隨轉隨變立掌，掌心朝北，屈肘豎臂胸前，食指對正鼻尖；左掌自上由北而下（左下行半個圓）隨轉隨變仰掌，橫前臂，五指朝東南，置於右肘下；在雙掌行圈之際（畫圈不要太大，太大則「亮懷」），漸漸屈右膝下蹲，左腳前伸半步，腳尖接近地面，身向東北，成高探馬勢過渡；接著右掌「以肘為軸」順勢向北撲下變為俯掌，五指朝北；左掌趁勢向右腕背上直推向東，邊推邊變為俯掌，五指略翹。食指對正鼻尖，身向東南；右俯掌置於左肱下掤開，左腳落步，撐直右腿，緩緩前弓成左弓勢樁型；目視東方。（圖 2-4-196、圖 2-4-197）

【要求】雙掌左右運轉，比肩略寬。

【注釋】「亮懷」，意思是敞開兩扇大門，正面丟失，自動暴露要害部位，這是必須避免的。太極拳的架勢，除

圖 2-4-196

圖 2-4-197

圖 2-4-198

側面的動作手時有展開外，正面的動作處處總有一手在前，用做「粘連黏隨」，以探索勁路的趨向。否則就是所謂「丟」了。（可參閱本書「八勁五勢解說」）

2. 轉 身

接上動。屈右膝承擔一半體重；扣左腳尖朝西南；漸漸旋左臂變仰掌，含胸鬆腰，左掌五指向北逆轉，以腕帶腰向後（向西）轉身，收尾閭，隨腰右轉身時，坐實左腿，提起右腳跟成高架虛勢；這時，左側掌轉到左額角上方呈半月狀；右俯掌坐腕翹指，置於左脇前掤開，左上右下雙臂合成一個縱圓形；目光炯炯，遠視西方。（圖 2-4-198）

【注釋】「以腕帶腰」：手腕轉動的方向就指揮腰部活動的方向，這是一條規律。

3. 十字腿

接上動。趁勢提起右腳，向西、向上踢出，與面部齊高（因此又稱擺面腿）；左掌自上向前拍右腳背作響；右

俯掌自脅旁上提置於眉骨前，做出「孫悟空手搭涼棚」的樣子，瞭望正西遠方；拍腳後，右腿伸直懸空，左腿依然獨立。（圖2-4-199）

圖 2-4-199

【注釋】「十字腿」動作1至動作3穿左掌向東成水平線；踢右腳向西又成水平線，頭頂天，腳立地，成直線。一橫一直形同「十字」。然後左掌過頂拍腳，又扭折成形同「十」字，所以定名「十字腿」。此式要做得十分完善，一定要練習點基本功：一是有堅韌力，要站得住，這點只要在盤架子當中架子相應放低一些，不久就可以「堅韌不拔」；二是要柔和，手腳聽指揮，這點只要在盤架子之前做整理運動時壓壓腿，漸漸拉長腿部韌帶，就可以做到完善的。

但是壓腿不可過猛，以免傷筋。練此步功夫，可說是「日計不足，月計有餘」。不要急於求成。如果年老體弱實在一時做不到過頂拍腳，寧可手腳之間有些距離而不要過於彎腰屈背，勉強就範，有失中正。

第三十七式　摟膝指襠捶

此式可以分為三動加以說明。

1. 摟右膝

接上式。左掌拍腳後，順流由左而下，經過左胯以下變仰掌，向後、向上順轉，屈肘橫前臂，掠過頭頂；右掌

圖 2-4-200

圖 2-4-201

變仰掌，向西、向下攤出；左
掌仍回到前拍腳之處變俯掌，
五指朝北（即以左肩為軸順轉
一個大圈）；同時左膝下蹲，
懸空的右腳向前（向西）落
步，腳跟著地，腳尖朝西北踏
實成前交叉步形，體重漸漸前
移；與此同時，右掌又變俯
掌，摟過右膝，變拳向後、向
上圓轉到右耳前，拳骨向西，

圖 2-4-202

拳心向裏（即以右肩為軸逆轉了一個大圓圈）；隨即提左
腳經過右腳踝骨內側，以反弓形向西邁出一步，腳跟著
地，成右太極勢樁型；目視西方，身向西北。（圖 2-4-
200－圖 2-4-202）

2. 摟左膝

3. 指襠捶

接上動。左掌垂腕向前，摟左膝，屈肘回收豎前臂，掌心朝北，食指與口齊高；同時左膝前弓；右拳自耳際經過左前臂內側向西下方捶去，拳眼向上，與小腹齊高；趁勢撐直右腿成疊襠左弓勢；左立掌順勢附於右前臂中間；身向前探，後腦勺和右腳跟成坡形線；目視右拳。（圖2-4-203、圖2-4-204）

【要求】雙臂前後掄轉，雙腳連環上步，都要在同一條縱形圓的軌道上運動，不要彎彎曲曲超出軌道，出現棱角，要上下相隨，步調一致。

【注釋】「以肩為軸」：肩關節的組織，一頭像臼，一頭像杵，以肩為軸是指上臂與前臂要一起轉。上文的「以肘為軸」是指前臂的轉動；「以腕為軸」是指手掌的轉動。

人體運動以意識為主導，以肌筋為動力，以骨架關節

形成的。「小架子」太極拳，是經過長期發展而

圖 2-4-203

圖 2-4-204

為表現形式。太極拳的表現形式是柔和的環形運動，骨架關節全面協同運動，而不是機械的、局部的、直來直往的、劇烈的。太極拳的特點是順乎自然，由於杵順著臼的滑動，因此非常省力，能導致筋肌骨節柔和，氣血充盈。精神自然飽滿，幹工作就能勝任愉快。如果是機械的或局部的、直來直往的、劇烈的運動，那麼就費力氣。費力氣就容易疲勞，這是自然的道理。

太極拳這種柔和的環形運動，它所表現的環形又是豐富多彩的，如滿月形、波浪形、葫蘆形、梨子形，麻花形、有影無形、大中小等圓圈，一個接一個，一環套一環，綿延而來，蕩漾而去，凡是骨架關節中，生理本能所能做到的，它都無微不至地運轉到了。

第三十八式　捋擠下勢

此式可以分為五動加以說明。

1. 上　掤

接上式。屈右膝，體重後移成右太極勢椿型；同時，右拳放開變俯拳上掤，掤到與口齊高；左掌仍舊扶右前臂內側變俯掌，兩腋扇起，虛懷若谷，意識上雙臂上浮似水之托舟，這樣做手上才能沉綿（所謂綿裏裹鋼）；身向西，目視右掌。（圖 2-4-205）

圖 2-4-205

2. 下 捋

接上動。撇左腳朝西南角，復漸漸前弓成左弓勢；雙掌徐徐下捋到右肩頭之前，左掌隨捋隨變為仰掌，扶於右俯掌腕下；同時，身向前探，胸朝西北，目瞬右掌（俯仰之間，時間很短），旋即眼看正西，做運轉待發之勢。（圖2-4-206）

圖 2-4-206

3. 擠

接上動。疊住左胯，先向右轉到不能再轉時，再向左轉動腰脊；擺動肩骨也向右、向左活動，連帶胸部下續骨盆一齊由左向右。同時提右腳到左腳前，虛懸成寒雞步勢；右掌隨勢變側掌，掌心朝南；左掌變俯掌，仍舊貼在右腕內側，右掌由右向左做捋鬍鬚狀，轉至頦前，沉肩、含胸，視線向西。然後，虛懸的右腳向正西踏出一步，垂肘，下頦微收；左掌不變；右掌變為仰掌，五指伸直，斜向西上方擠出；邊前弓右腿，邊撐直左腿成右弓勢樁型，三尖相對，身向西南；目視正西遠處。（圖 2-4-207、圖 2-4-208）

【要求】從動作 1 到動作 3，姿勢要掌握內大外小，動作要靈活穩健。

【注釋】「內大外小」：人體有骨 206 塊，相互連接成骨架，外護肌筋，中通管道，功能連鎖運動，保護內臟。24 節組成的脊柱為統骨之幹，中有一管，內含骨髓，

圖 2-4-207　　　　　　　圖 2-4-208

上接肩骨，中連胸廓脇骨，下續骨盆，為軀幹的支柱。

「內大」是指脊柱聯合軀幹眾骨，活動的幅度要大。

「外小」是指四肢關節活動的幅度要小。

現舉「攬雀尾」或者「懶紮衣」的四個動作為例。這四個動作是太極拳「總手」（因為它是四個完整的勁法，即掤捋擠按四勁。姿勢絲毫不變地用於雙人推手，以實驗四勁的相互制約，如按勁被掤勁破，掤勁被捋勁破，捋勁被擠勁破，擠勁被按勁破……往返循環操練發勁與化勁，學習攻中有守、守中有攻的反應能力。太極拳上的其餘式子，都屬於在不同角度下和不同條件下總結出來的規律性動作，以輔佐掤、捋、擠、按的順利使用），所以也是最基本的手法。

小架子做來步子較小，雙掌亦步亦趨，雙臂拱成圓形，脊柱左右轉度可達 180°，如此牽動內臟運動是比較大而強的；而大架子做來步子較大，雙臂開展幅度大，外形寬大，而脊柱左右轉動僅 45°，牽動內臟運動小而弱。但

是大架子在鍛鍊基本架式、腰腿等功夫卻有其獨到之處。

4. 轉　身

接上動。左俯掌離開右腕，沿右臂而下，到右腋下變仰掌，旋腕向裏，五指經過胸前到左腋下，扭臂向東穿出變側掌，掌心朝南，五指朝東，略向上指；同時，右掌屈肘，橫前臂向右側，掌心向下，五指朝南，垂腕變仰掌，在右腋下向裏順轉（像舀水的樣子），轉到胸前變側掌，掌心朝北，五指朝東，向東直插，置於左前臂內側；轉雙掌之同時，撇左腳尖向東南，左轉體，扣右腳尖也向東南。回頭向東成左弓勢樁型，身向東南。（圖 2-4-209、圖 2-4-210）

【要求】雙手盤轉，似答錄機上兩盤錄音帶同時轉動的形狀一樣。

5. 下　勢

接上動。先疊住左胯，承擔體重，向後、向西撇右腳5～10公分，撇腳尖朝西南，體重後移，扣左腳尖朝南；

形成的。「小架子」太極拳，是經過長期發展而

圖 2-4-209

圖 2-4-210

圖 2-4-211

雙掌同時向上、向後運轉，十指始終朝東，屈雙肘，左掌
經由鼻梁而下，右掌經右耳前而下；屈右膝下蹲，蹲至右
臀部距離右腳跟 10 公分。左腿伸直成撲虎勢樁型；雙掌漸
漸由下向前（向東）直插，左側掌小指緊貼左腳面，右側
掌在左臂肘彎前（雙掌順轉了一個橢圓形）；目視東方。
（圖 2-4-211）

【要求】頭容整齊，樁型紮實，富有彈性。上體要端
正自然。

第三十九式　上步七星（上掤下箭）

接上式，身體徐徐向上升成左弓勢，撇左腳尖朝東
北；左臂圓撐，向上、向前掤，呈平圓形；右側掌置於胸
前待發；提右腳經過左踝骨內側向正東伸出半步（即「箭
腿」），腳跟著地，腳尖略微蹺起成左太極樁型；在上腳
的同時，右掌直插左腕之上，和左掌成交叉形，與鎖骨齊
高，雙臂合成平圓形，右掌心朝北，左掌心朝南，十指斜

圖 2-4-212

圖 2-4-213

向前；目視正東。（圖 2-4-212、圖 2-4-213）

【要求】太極勢不要雙膝併攏。身軀中正不偏。

【注釋】「上步七星」和「上掤下箭」用「野馬分鬃」各名稱的意義：

「野馬分鬃」的意義倒容易理解。《本草》說：「野馬落地不沾沙。」用以比喻腰腿動作的輕捷俐落；野馬奔騰，領鬃迎風。左右分披，用以比喻姿勢的氣勢和氣概。

「上步七星」的意義不容易理解。一說：本式定式的動作有七個點，即頭、肩、掌、肘、胯、膝、腳，像北斗七星的位置，這種說法似是而非，因為「太極起勢」和「攬雀尾」的「掤式」幾乎和它完全一樣，為何單單把它定為「上步七星」呢？一說：北斗七星主死，南斗六星主生，用以比喻手法之險，這種解釋是封建迷信的糟粕，應當為現時代所淘汰。

「上掤下箭」的意義，是根據單練實際手法和依據「太極散手對打」的具體用法，以及它的勁法而命名的。

這個動作，上面一揚手，下面向小腿迎面骨（即脛骨與腓骨）箭出一腳（按：踢是向上，箭是筆直如矢地踢），所以形容此式，有「驚上擊下」之意。

本擬將此式更換為「上挪下箭」，考慮到「上步七星」的名稱，從字面上還反映不出封建迷信的色彩，又已經為太極拳愛好者所熟知，只是起不了「顧名知義」的作用（按拳式的名稱，應當是動作內容的方法。即使是形象化的名稱也帶有啟發意義的），所以只將「上挪下箭」的名稱附在旁邊，以便進一步商榷。

第四十式　退步跨虎

此式可以分為三動加以說明。

1. 退　步

接上式。雙掌微落到胸前。右手變俯掌在上，左手變仰掌在下，兩腕相交向上、向東南，作「金龍鎖口」，循拋物線落下到左膝外側，變左掌在上，右掌在下，兩腕仍舊相交；同時右腳回收。經過左踝骨內側循弧形線後撤到西南方成「左疊襠弓勢」，身前探朝東北；目光射向東南。（圖 12 –4 –214、圖 12 –4 –215）

2. 回頭望

接上動。撤右腳尖朝南。右轉體 45°，扣左腳尖也朝南成「右鬆襠弓勢」；與此同

圖 2-4-214

「小架子」太極拳，是經過長期發展而形成的。

圖 2-4-215　　　　　　　圖 2-4-216

時，目光由東南環視東北；雙腕仍交叉，升到左肋下，身向正東。（圖 12-4-216）

3. 跨　虎

接上動。再右轉體朝南，疊住右胯，承擔全身體重。提起左腳，腳尖下垂。膝蓋朝南，然後徐徐向南抬起，腳面繃直。腳尖朝南，與腰齊高。要似屈非屈；同時，右掌趁抬腿之勢，貼在左腿外側。以掌背漸漸擦過小腿到腳背外側雙掌、左腳分開。右掌向南、向上，圓轉到右額角上方，呈半月狀；左掌順左臀而下，復向上伸直（伸向東北）變為勾手，合撮五指朝下，腕部與左耳尖齊高；緩緩轉腰，上半身朝東南；目視正東；右腳獨立，要似直非直。（圖 2-4-217、圖 2-4-218）

【要求】動作 1 到動作 3，「形態與神態」相合，要一氣呵成；「眼神看法」角度明確。

【注釋】「形神結合」與「眼神看法」，這兩項是打好太極拳的重要條件，思維反應於頭腦，意識發於眼神，

圖 2-4-217

圖 2-4-218

眼神又表現於形態，這是生理上自然的規律。打太極拳本來練的就是「精氣神」，要求做到精力集中，氣宇軒昂，神采奕奕。假如動作低頭彎腰，目無定處，那麼形神俱失，當然談不上精氣神了。

怎樣理解「精、氣、神」？

精、氣、神是中醫的理論，許多太極拳論文裏提的也很多，需要對它有所理解，才有助於研究這些論文，並且在練拳的實踐中給予注意。

據我國古代醫書《內經》解釋：精，包括血、津、液。精是稟受於先天胚胎，而由後天所吸收的水穀精氣不斷補給而成的，是人體活動的主要物質基礎。

氣，包括宗氣（呼吸之氣）、營氣（行於經隧之中，是清氣，具有營養作用）、衛氣（行於五臟，不循經絡，是濁氣，具有溫濡、衛外作用）。營氣和衛氣是人體一切器官營養、活動的動力。

神，是人腦（心）活動的表現（所謂「心藏神」），

包括精神、感覺、運動等等。它是指揮人體活動的。從《內經》以後，長時期以來。各家不斷有所發揮。說法並不完全一致，這裏不做過多的探討。但是在實踐裏，這個理論對醫療、保健事業是有它的價值的。

精、氣、神三者之間，有著相互資生、聯繫的關係。精充、氣足、神全，是健康的保證，所謂「精神內守，病焉從出」。而精虧、氣虛、神耗是百病叢生和衰老的原因。

由此可以理解，鍛鍊精、氣、神，是祛病延年、增強體質的良好方法。

「眼神」是表達形態動作的先驅，對姿勢和出勁的正確性起著很大的作用，所以本書在每個式子的動作中，都說到眼的動向。還在個別需要表現的地方，給予個別的名式，如遠眺、正視、一瞬、瞭望、凝視、環視、射向、高瞻……等等，為的是重視這個鍛鍊的環節。

怎樣才能做出「眼神」？雖然名式很多，但是歸納起來共同的要領就是：將顏面肌揚起，收縮眼皮，使瞳孔縮小，焦距集中，目光自然奪人，精力隨之充沛，氣概隨之昂揚，神情隨之凝重或飄逸。但也要注意含蓄，神宜內斂，不可鎖眉瞪眼，避免劍拔弩張，凝重而不呆滯，飄逸而不浮躁。

單練太極拳一般是勁勢使到哪裏，目光射到哪裏，但也有個別的式子，如高探馬和上步七星屬於「聲東擊西」的眼法，眼睛看上面，使招在下面。雙人練太極對打，只要「眼睛看眼睛」就能夠知道對方動向。這種看法，在「小架子」的單練式中也是有的，如單引掌、雙引掌、交叉掌、雙分掌、左顧、右盼、回頭望、窺視等等；「大架

「小架子」太極拳，是經過長期發展而形成的。

子」太極拳的撇身亮相、回身蹬腳等等都是模擬性的眼睛看眼睛。

初學太極拳者，往往顧不到「形神結合」與「眼神看法」，這是很自然的。但是學完整套架子、「功夫」稍有進步之後，就必須注意，將其提到練習的日程上。否則習慣就會成自然，做起來總是抬頭看手、低頭看腳，再改正就不容易了。

第四十一式　穿掌雙擺蓮

此式可分為四動加以說明。

1. 右轉身向西

接上式。屈右膝，向下略微沉身，趁勢略抬右腳跟，向右轉體180°，由腰帶動右腳掌旋轉，使腳尖朝西北，左腿乘勢向裏、向西圓繞，仍舊懸空，腳掌朝右膝內側暫駐；右掌自右額角前變俯掌，橫臂落下到胸前，五指朝南，呈平圓形；同時，左勾手垂落下變仰掌，五指朝裏，在左腋下像舀水一樣地逆轉一個圓圈，轉到左肋旁。五指朝西；沉肩，放鬆全體筋骨。右腳獨立稍屈，胸襟開闊；目視正西。（圖2-4-219）

【要求】一次完成全身動作，不要搖晃和急於落步。

2. 帶穿掌

接上動。緩緩再向下沉身。左腳向西邁出一小步，漸

圖 2-4-219

漸前弓變左弓勢；同時，左仰掌向右腕背上穿出向西，邊穿邊變俯掌，掌指略翹，三尖相對；右俯掌縮回，置於左肱下，雙臂與胸廓保持圓撐；身向西北，目視左掌。（圖2-4-220）

【要求】不要夾臂，不要落步有聲。

3. 右轉身向東

接上動。屈右膝，微後坐。扣左腳尖朝東北，提右腳跟朝西。腳尖依然點地成高架虛勢，同時再右轉體180°，朝東（按：前後兩轉共360°，像陀螺一樣地循著慣性旋轉一個圓圈）；左俯掌在上，右俯掌在下，隨著右轉之勢，與肩齊平，也交錯向北、向東轉動，像探照燈一樣轉了四分之三的圓周。當轉到南面，雙臂微屈，各呈半月形狀，都變為立掌，右掌掌心朝東，與右耳齊高；左掌心朝南，與右肩齊高（左掌在內，右掌在外）。目視東方，做擺腿之蓄勢。（圖2-4-221）

【要求】右轉體動作不要出現起伏。

圖 2-4-220

圖 2-4-221

4. 雙擺蓮橫掃

接上動。右腳用腳背外側向東北角起踢，向東南角橫掃，高與胸齊（高標準應與面齊高）；雙掌由東南角向東北角平掠，腳手到正東會合，雙掌拍右腳面，發出「啪、啪」雙響後，左俯掌五指朝東北，與左肩齊高，右俯掌五指朝正東，與胸齊高；右腳跟與襠齊平，腳趾朝東南，身體與視線都向東；左腳屹然獨立，像一枝堅挺的荷桿。整體形象似同迎風怒放的蓮花，隨勢搖擺蕩漾多姿。此動做來不但要堅強有力，而且要輕鬆柔軟。（圖 2-4-222—圖 2-4-224）

【要求】雙手拍腳要高，要有雙響，身體保持正直。

圖 2-4-222

圖 2-4-223

圖 2-4-224

形成的。「小架子」太極拳，是經過長期發展而

第四十二式　彎弓射虎

此式可分為五動加以說明。

1. 落　步

接上式。徐徐蹲身下坐；雙掌繼續向北方上空圍繞；右腳向東南方向落步成右鬆襠弓勢；雙掌順勢下捋，十指朝北，與左右胯齊平；身仍舊向東，目視雙掌，不要低頭。（圖 2-4-225）

2. 轉　折

接上動。屈左膝，身體後坐，成前三後七的半弓馬勢樁型，右轉體 45°；雙掌摟過右膝到外側，兩手屈肘豎起前臂，右掌掌心朝東，呈縱圓置於身右，與右耳齊高；左掌掌心朝西，呈縱圓形置於右腋前，雙掌掌指略翹；目視南方。（圖 2-4-226）

3. 閃身負嵎

接上動。沉襠，前弓右膝，轉臀向南，閃身，身向東

圖 2-4-225

圖 2-4-226

圖 2-4-227

圖 2-4-228

北；雙掌隨勢伸向東面微屈；目視右側掌。（圖 2-4-227）

4. 彎弓搭箭

接上動。右掌以腕為軸向下逆轉，作搭箭之狀，握拳置於右額前；「柔腰一折」，隨搭箭手右轉體 45°；左掌同時也變拳置於右拳下，成上下平行線，距離 40～45 公分，雙拳拳心朝南；身體後坐，仍舊變為「左七右三」的半弓馬勢；目視東方。（圖 2-4-228）

5. 射　虎

接上動。右膝前弓，左腿撐直成右疊襠弓勢，側身前探；雙拳同時向正東漸漸擊出，右拳高與頭齊，左拳在下，低於右拳 40～45 公分，姿態像放矢的樣子；身向東南。目視正東。（圖 2-4-229）

圖 2-4-229

【要求】從動作1到動作5，要做到「柔腰百折」。

【注釋】「柔腰百折」：太極拳的動作。要求在舉手投足的同時一起動腰。只動四肢，不動腰部，那是不合理法的。折動腰部是帶動全部動作的主要環節，它居於支配地位，所謂「主宰於腰」。因而在開始學習的時候，就應當十分重視「柔腰百折」。

「同時」，太極拳的動作是整個身體一齊動作的，所謂「一動無不動」，這也是一個法則，否則不能形成渾然一體的氣勢，從形式上就不免散亂無章，從鍛鍊的效果上也難收到「上下相隨」的效果。但是文字敘述裏，只能把這些本來是一起進行的動作分別先後予以說明，所以必須利用「同時」這個字眼來表達。希望學者能把用「同時」串聯起來的動作始末融會貫通，才有助於準確地、完整一氣地做出各項優美的姿勢。

第四十三式　連環高探馬

此式可以分為五動加以說明。

1. 穿掌東北角

接上式。身體由側轉正，面朝正東，右弓勢樁型不變；雙拳平於胸前，雙臂合成一個平圓形，好像司機掌握方向盤，為連續穿掌做好蓄勢。此式動作要從容不迫，「魚貫而行」。疊住右胯；雙拳變為俯掌，左掌以腕為軸，逆轉一個小圓圈變仰掌置於胸前；提左腳，經過右腳踝骨內側向東北角以貓行步邁出一步；右掌落下，像舀水模樣順轉一個圓圈，由腰際向左臂肘彎上穿出，以立掌推向東北角；左膝隨之漸漸前弓，撐直右腿成左弓勢；同

圖 2-4-230

圖 2-4-231

時，豎直右前臂，挪向正東；左仰掌隨之置於右肘下掤開，右食指對正鼻子，呈縱圓形，掌心朝北；身向東北，目視正東。（圖 2-4-230—圖 2-4-232）

圖 2-4-232

【注釋】「魚貫而行」比喻動作要節節貫串，連綿不斷，像魚游動那樣地優閒逸致。

2. 穿掌東南角

接上動。屈右膝，後坐身，扣左腳尖朝東南，含胸；行功抽回左仰掌，向右臂彎上穿出，以立掌推向東南角；左膝漸漸下蹲。承擔體重，提起右腳跟朝北偏東成高架虛勢；同時，豎直左前臂挪向正東，右仰掌，隨之置於左肘下，掤開；左食指對正鼻子，呈縱圓形，掌心朝南；身向

圖 2-4-233　　　　　圖 2-4-234

「小架子」太極拳，是經過長期發展而形成的。

東南。目視正東。（圖 2-4-233、圖 2-4-234）

3. 勒馬回頭

接上動。右轉體向南；左豎臂隨之南移；右掌變俯拳置於左脅下；左掌橫臂由胸前落下，到右拳外側也變為俯掌，「頂頭懸」，一順左拳，徐徐沉身，變為低架虛勢。（圖 2-4-235）

圖 2-4-235

圖 2-4-236

圖 2-4-237

4. 穿掌西北角

接上動。右轉體，提起右腳向西北伸出一步，腳跟點地；左掌插入右前臂下，打成一個抄手結，兩腋扇起，沉肩行功，由南向上順轉，經過左額前角轉向西北。抖開抄手結，左掌向右臂肘彎上穿出，以立掌推向西北角；同時，右膝漸漸前弓，撐直左腿成右弓勢；左前臂挪向正西，右掌隨之置於左肘下，掤開；左食指對正鼻子，呈縱圓形，掌心朝北；身向西北，目視正西。（圖 2-4-236、圖 2-4-237）

5. 穿掌西南角

接上動。疊住右胯，提左腳，經由右腳踝骨內側向西南角以貓行步邁出一步。腳跟點地；右掌抽回，向左臂肘彎上穿出，以立掌推向西南角；同時行功，左膝漸漸前弓，撐直右腿成左弓勢；右前臂挪向正西，左掌隨之置於右肘下成仰掌。掤開；右食指對正鼻子，呈縱圓形，掌心朝南；身向西南，目視正西。（圖 2-4-238、圖 2-4-

「小架子」太極拳，是經過長期發展而形成的。

圖 2-4-238　　　　　圖 2-4-239

「小架子」太極拳，是經過長期發展而形成的。

239）

　　【注釋】「行功」：是指掌握太極拳的要領。這個詞來自一篇講述太極拳理法的《十三勢行功心解》。「行功」是簡縮語，大意說：打太極拳。一要用「意」帶動全身，才能動作順遂；二要提起精神，才能夠從心所欲；三要呼吸自然，才能穩定重心；四是往返轉折要折疊褶胯，才能夠平靜舒坦。五是轉換變式要由腰主宰，才能夠手中有物。六要曲中求直，才能夠具有彈性。七要極為柔軟，才能夠極為堅剛。八是四肢收回要放得鬆，發出的勁才能像放箭一樣。

　　文中還說：一是身體中正，要像山峰。巍巍峨峨。二是動作進展要像江河流水，滔滔不絕。三是形態要像撲兔的老鷹。安詳要像捕鼠的貓。

　　太極拳姿勢是淳樸無奇的，理論是精深的。前人的總結值得研究。要借鑒其中精華。由於它的動作細緻，理法有據，所以很有興味，能夠提高練習的情緒，使身體、精

神都得到很好的活動與調劑。

第四十四式　進步攬雀尾

此式是重複式子。作簡單說明。

1. 上　掤

接上式。屈右膝，體重後移，成右太極勢樁型；同時，右掌變俯掌，漸漸上掤，掤到與口齊高；左仰掌扶在右前臂外側。兩腋扇起，「虛懷若谷」。意識上雙臂上浮如水之托舟行，手法自然沉綿，動靜自然有致。身向西，目注右掌。（圖 2-4-240）

【注釋】「虛懷若谷」與「如水托舟行」：

「虛懷若谷」是形容雙臂與胸廓之間保持一定距離，要做到「虛懷若谷」，必須保持不張不弛、正確地運用六個法則，即沉肩、垂肘、含胸、拔背、尾閭收、頂頭懸。

「如水托舟行」是指使出掤勁。掤勁如何掌握，見本書「八勁五勢」解釋。

圖 2-4-240

「小架子」太極拳，是經過長期發展而形成的。

2. 下 捋

接上動。動作說明參照第三十八式動作 2。（圖 2-4-241）

3. 擠

接上動。動作說明參照第三十八式動作 3。（圖 2-4-242、圖 2-2-443）

4. 按

接上動。動作說明參照第二式動作 4。（圖 2-4-244、圖 2-4-245）

【要求】動作 1 到動作 4 均與第二式動作相同。可參照。

圖 2-4-241

圖 2-4-242

圖 2-4-243

圖 2-4-244　　　　　　圖 2-4-245

第四十五式　單　鞭

此式是重複式子。動作說明及要求參照第三式（圖2-4-246、圖2-4-247）

圖 2-4-246　　　　　　圖 2-4-247

第四十六式　十字手合太極

此式是重複式子。作簡單說明。

1. 左　倚

接上式。扣左腳尖朝南，身體向左倚，左腳承擔體重。（圖2-4-248）

2. 十字手

接上動。雙掌變為俯掌，一向東南上角，一向西北上角，漸漸上提；右腳也徐徐靠近左腳成小並行步，同預備勢步型；雙俯掌圓轉到額前會合時。雙腕交叉成十字（×形）；身體緩緩起立，同第一段「十字手」。（圖2-4-249、圖2-4-250）

圖2-4-248

圖2-4-249

圖2-4-250

3. 合太極

接上動。雙掌由胸前落下，兩大拇指微靠胯下大腿兩側，五指朝地。喉不喘氣，面不變色，從容安詳。從開始到收勢，在整套練習中，要掌握三個要領。到此太極拳（小架子）全套練完。（圖 2-4-251、圖 2-4-252）

【要求】軀幹中正，合抱圓滿，落手從容，整個姿勢恢復到練拳開始時狀態。

【注釋】打好太極拳的三個要領和若干提示。

在這裏結尾時編者又收集了打好太極拳（小架子）的若干指導性要求，也可以說是「法則」。

大致有自然滑動；等速圓轉；左右對稱；上虛下實；輕靈沉著；感覺靈敏；神靜體舒；氣宜直養；剛柔相濟；形神和諧；勁宜曲蓄；支撐八面；虛實分明；上下相連；內外相合；內固精神；外示安逸；動之則分；靜之則合；勁如抽絲；步如貓行；氣宜鼓蕩；神宜內斂；氣沉丹田；捨己從人；中正安舒；立似平準；活如車輪；完整一氣；

「小架子」太極拳，是經過長期發展而形成的。

圖 2-4-251

圖 2-4-252

節節貫通；五趾抓地；臂若彎弓。等等。

三個要領是：體鬆、氣固、神凝。

三個要領是練習太極拳的三步功夫。

第一步功夫要求做到體要鬆，即動作不用力。全身毫不用力則氣血不致阻塞，達到周身各個角落。太極拳論說「由開展而至緊湊」，開展者，動作不用力；緊湊者，動作達到中心。由鬆才能達到緊，鬆與緊相輔相成。

第二步功夫是氣要固。氣固是將氣沉在腹部，不要浮在上身。練拳時掌握沉肩垂肘，久之自然氣往下沉，所謂胸虛腹實，腹實則氣固，氣固身體便有重心，得其重心，動作自如，故氣固則身自穩定。

第三步功夫是神要凝。凝者，就是內外相合。內外相合分內三合：心與意合、意與氣合、氣與力合；外三合：肩與胯合、肘與膝合、手與足合。內三合、外三合是謂六合，六合則精神提得起，做到眼到手到，開剛合柔，練太極拳即登堂入室矣。

對初學者，上面舉的已經很足夠了。這些要求，都是從古今太極拳有研究者和愛好者的論文中摘錄的。這些詞句是有指導性的，希望學者細心體會，玩味其精神實質，配合實踐加以運用，就會把太極拳（小架子）的鍛鍊水準大為提高一步。

（以上第三段共 14 式 61 個動作）

「小架子」太極拳，是經過長期發展而形成的。

附一　楊式小功架太極拳四十六式路線示意圖

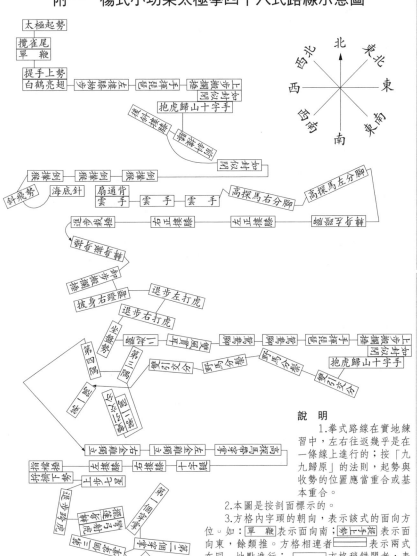

「小架子」太極拳，是經過長期發展而形成的。

說　明

1.拳式路線在實地練習中，左右往返幾乎是在一條線上進行的；按「九九歸原」的法則，起勢與收勢的位置應當重合或基本重合。

2.本圖是按剖面標示的。

3.方格內字頭的朝向，表示該式的面向方位。如：單鞭表示面向南；攬雀尾表示面向東，餘類推。方格相連者表示兩式在同一地點進行；方格稍錯開者，表示兩式位置略有移動；有空檔處爲上步。

4.本圖係大致示意，與實際方位可能略有差異，請讀者注意。

形成的。

「小架子」太極拳，是經過長期發展而

附二　楊式小功架太極拳各式動作名稱、眼向、身向、樁法、勁法歸納表

式子序號	式子名稱	動作序號	動作名稱	定式眼向	定式身向	所手樁法	所用勁法
	預備勢		掤開	正南	正南	倂行步	周體放鬆
1	太極起勢		全身掤開	正南	正南	左太極勢	全體掤開
2	攬雀尾	一	上掤	西偏北	西	高架虛勢	如水托身行
		二	捋	向右掌一瞬向西	西北	低架虛勢	右手採、左手輔，下按
		三	搌	西偏北	西	右弓勢	右臂搌、左手補
		四	按	正西	西	右弓勢	右手推、左手輔
3	單鞭		攬雀尾之開屏	東南	南	八字騎馬襠勢	右手下掛、左手捌而後按
4	提手上勢	一	上拳入懷	看右拳	南	左搓襠弓勢	下採掤住
		二	合抱	南	東南	實雞步	向左捌
		三	前滾	南	南	右太極勢	上滾
		四	前弓	南	南	右疊襠弓勢	黏住
		五	上提	南	南	並行步	上滾發擊
5	白鶴亮翅	一	左顧	正東	東南	並行步	蓄勢
		二	下蹲	南	南	小四平步	化勢
		三	右採左捌	由東而南	南	並行步	提之使起

「小架子」太極拳，是經過長期發展而形成的。

（續表）

序號	動作名稱	序	分解動作	方向	方向	步型	要領
6	左摟膝拗步	一	蓄勢待發	東	東南	寒雞步	先螺旋勁，後放鬆
		二	單按	東	東南	左弓勢	左手下捋，右手按
7	手揮琵琶	一	採捋成擴	東	東南	左太極勢	右手採，左手捋
		二	懷抱琵琶	東	東南	左太極勢	帶之入懷
		三	擇勁琵琶	一瞬右掌即向東	東南	跟步	發出
		四	懷抱琵琶	東	東南	下踢（過渡步型）	轉折運勁
8	上步搬攔捶	一	搬	東	東南	左弓勢	左捋
		二	攔	一瞬東南向左掌	東南	左太極勢	攔開
		三	捶	東	東偏北	左疊福弓步	發出
9	如封似閉	一	封	東	東	左太極勢	粘之使起
		二	閉	東	東	左疊福弓步	先分開後發出
10	抱虎歸山十字手	一	虎爪	南	東	左疊福弓步	雙採
		二	虎踞	南	正南	大四平步	周身掤開
		三	虎抱頭	南	正南	平行步	掌握六個法則
		四	十字手	東南	正南	平行步	全體放鬆
11	前後斜摟膝拗步	一	左式（蓄勢）	東南	東南	寒雞步	蓄勁待發
		二	左式（摟按）	東南	東南	左弓勢	左手下捋，右手按出

（續表）

		三	右式蓄勢	西北	西北	寒雞步	蓄勁待發
		四	右式摟按	西北	西北	右弓勢	右手下捌，左手按出
12	肘底看捶	一	鼓盪	環向半周	東	馬勢太極勢高架虛勢	雙手左右
		二	捌捶	東南	東	左太極勢	左手捌，右手捶
13	倒撵猴	一	單引手	東南	東	左弓勢	伸展
		二	右式蓄勁	東南	東	寒雞步	蓄勁待發
		三	右式摟按	東南	東	右弓勢	右手下捌，左手按出
		四	左式蓄勁	東北	東	寒雞步	蓄勁待發
		五	左式摟按	東北	東	左弓勢	左手下捌，右手按出
		六	右式蓄勁	東南	東	寒雞步	蓄勁待發
		七	右式摟按	東南	東	右弓勢	右手下捌，左手按出
14	斜飛勢	一	插入	東南	東	右弓勢	左手旋腕採
		二	採住	東南	右掌	寒雞步	右手採
		三	肩中背	南	右掌	半撲虎勢	左肩背，右手放
15	海底針	一	雙引掌	東南	東	跟架左太極勢	虛影
		二	下採	向下一瞬朝東	向下一瞬朝東	低架虛勢	右手下採，左手輔
16	扇通背	一	隨入	東北	東北	左疊襠弓勢	捨己從人

「小架子」太極拳，是經過長期發展而形成的。

（續表）

序號	名稱	分動	動作	東北	東偏南	八字騎馬襠勢	發出
17	雲手	二	通背				
		一	右採	西	西南	右弓勢	右手採
		二	左捌、右採	東	東南	小四平步，左弓勢	左手捌、採
		三	右捌、左採	西	西南	小四平步，右弓式	左手捌、採
		四	同動作二				
		五	同動作三				
		六	同動作二				
18	高探馬左、右分腳	一	蓄勢	一瞬右掌	南	跟步雞步	右手下按，左手隨雲
		二	採	東	東南	左疊襠弓勢	左手旋腕採
		三	右高探馬	東南	東北	跟步高架虛勢	左手裡捲、右手撲面
		四	左分	東南	東	左疊襠弓勢	金龍鎖口（左捌勁）
		五	跟右腳	東	東南	獨立架勢	左捌，右腳踢
		六	左高探馬	東北	東	高架虛勢	右手裡捲、左手撲面
		七	右分	東北	東	右疊襠弓勢	金龍鎖口（右捌勁）
		八	踢左腳	西	北	獨立架勢	右捌，左腳踢
19	轉身左蹬腳	一	左轉身	西	北	左高架虛勢	蓄勁待發
		二	左腳蹬	西	北	獨立架勢	左手揚，左腳蹬出

323

「小架子」太極拳，是經過長期發展而形成的。

（續表）

編號	拳式名稱	序	動作	過渡方向	方向	式勢	勁法
20	左右正摟膝拗步	一	左式蓄勢	西	西北	寒雞式	蓄勁待發
		二	左式摟按	西	西南	左弓勢	左手捋，右手按出
		三	右式蓄勢	西	西南	寒雞步	蓄勁待發
		四	右式（接按）	西	西北	右弓勢	右手捋，左手按出
21	進步栽捶	一	下撅	一瞬左掌	西北	寒雞步	左手下撅，右拳揚起
		二	蓄勁	一瞬右捶	西	左弓勢	右拳下捶
22	轉身撇身捶	一	亮相	東北	北	高架虛勢	轉折蓄勁
		二	撇	一瞬左拳西北	北	低架虛勢	蓄勁待發
		三	捶	東南	東南	右疊襠弓勢	下撅發拳
23	卸步搬攔捶	一	搬	東	東南	左弓勢	雙手左捋
		二	攔	一瞬東南，向左掌	東南	左太極勢	攔開
		三	捶	東	東偏北	左疊襠弓勢	發拳
24	披身右蹬腳	一	披身	東南	東北	左疊襠弓勢	金龍鎖口（左捋勁）
		二	右蹬腳	東南	東北	獨立勢	左捋，右腳蹬
25	退步左右打虎	一	雙引掌	東南	東南	後交叉步	右手採
		二	退步引掌下按	一瞬右掌向東	東	弓馬勢	左手捋，右手下嵌
		三	打右虎相左式	東	東	獨立勢	右手下嵌，左拳揚起，右腳接腿

「小架子」太極拳，是經過長期發展而形成的。

（續表）

式號	式名	序	動作名稱	視向	面向	勢	要領
		四	雙引掌	東北	東北	左弓勢	左手採
		五	退右步下按	一瞬左掌向東	東	弓馬勢	右手掙，左手下撅
		六	打虎亮相右式	東	東	獨立勢	左手下撅，右拳揚起，左腳接腿
26	坐盤二起腳	一	坐盤	東	北	左坐盤勢	金龍鎖口，左捌勁
		二	起腳	東	東北	獨立勢	左手虛晃，右腳踢
27	雙風貫耳	一	雙採	東	東南	右疊襠弓勢	雙手下採
		二	貫耳	東南	東南	右疊襠弓勢	合勁
28	玉環步鴛鴦腳	一	坐盤	東	東南	右坐盤勢	閃身向後（挪）
		二	蹬左腳	東	東南	獨立架勢	左手揚，左腳蹬
		三	玉環步	環視一周	北	高勢虛勢	下蹲，蓄勢待發
		四	踢右腳	東	東北	獨立架勢	右手揚，右腳蹬
29	手揮琵琶	一	落步採捌	東	東南	前交叉步	右手採，左手捌
		二	振	一瞬雙掌向東	東南	前交叉步	下撅，左手下撅，右手上撩
		三	上步懷抱琵琶	東	東	左太極勢	帶之入懷
		四	揮動琵琶	一瞬左掌即向東	東南	跟步	發出
		五	懷抱琵琶	東	東	下蹲（過渡步形）	轉折運勁

「小架子」太極拳，是經過長期發展而形成的。

（續表）

30	上步搬攔捶	1-3	（重式見式8）				
31	如封似閉	1-2	（重式見式9）				
32	抱虎歸山十字手	1-4	（重式見式10）				
33	野馬分鬃	一	雙引掌	西偏北	西	右太極勢	虛影
		二	交叉掌	西北	西	右太極勢	小開門
		三	雙分掌	西北	西南	右弓勢	大開門
		四	左式一（攬勢）	西南	西北	右疊襠弓勢	小開門
		五	左式二（橫捌）	右掌	西北	左鬆襠弓勢	右手採、左臂橫捌
		六	右式一（攬勢）	西北	西南	左疊襠弓勢	小開門
		七	右式二（橫捌）	左掌	西南	右鬆襠弓勢	左手採、右臂橫捌
34	四隅穿梭	一	雙引掌	西偏北	西	（跟步）右太極勢	虛影
		二	交叉掌	西北	西	右太極勢	小開門
		三	雙分掌	西北	西南	右弓勢	大開門
		四	左棚	西南	西	左太極勢	上托勁
		五	推西南隅	西南	西南	左疊襠弓勢	左手托、右手按
		六	轉身向右棚	環視半周面向東	東	右太極勢	上托勁
		七	推東南隅	東南	東南	右疊襠弓勢	右手托、左手按

「小架子」太極拳，是經過長期發展而形成的。

（續表）

式名	序	名稱	方向	方位	步型	虛影（勁點）
	八	雙引掌	東偏南	東	（跟步）右太極勢	小開門
	九	交叉掌	東南	東	右弓勢	大開門
	十	雙分掌	東南	東北	右太極勢	上托勁
	十一	左掤	東北	東	左太極勢	上托勁
	十二	推法東北隅	東北	東北	左疊襠弓勢	左手托，右手按
	十三	轉身右掤	環視半周向西北	西	右太極勢	上托勁
	十四	推西北隅	西北	西北	右疊襠弓勢	右手托，左手按
35 左右金雞獨立	一	轉身靠	雙掌	西南	左鬆襠弓勢	左靠
	二	左式	東	東	左獨立勢	左手捌，右腳挑
	三	右式	東	東南	右獨立勢	右手捌，左腳挑
36 穿掌十字腿	一	穿掌	東	西南	左弓勢	伸展（轉折點）
	二	轉身	正西	西南	高架虛勢	蓄勁待發
	三	十字腿	正面	西	右獨立勢	左手揚，右腳踢
37 摟膝指襠捶	一	摟右膝	一瞬右掌	西北	前交叉步	右手下捌
	二	摟左膝	一瞬左掌	西北	左太極勢	左手下捌
	三	指襠	一瞬右捶向東	西南	左疊襠弓勢	右拳向斜下捶
38 將擒下勢	一	上掤	右掌	西	左太極勢	如水托舟行

「小架子」太極拳，是經過長期發展而形成的。

（續表）

式序	式名	動序	動作名	眼	方向	步型	要點
		二	下捋	一瞬右掌向西	西北	左疊襠弓勢	右手下捋，輔左手
		三	擠	西	西南	右疊襠弓勢	右臂壓出，補左手
39	上步七星	四	轉身	一眼右掌左掌向東	南	左疊襠弓勢	雙手一引
		五	下勢	東	南偏東	撲虎勢	蓄勁之勢
40	退步跨虎	一	上掤	東	東北	右大極勢	左手掤，右手托
		二	回頭望	東南	東南	左疊襠弓勢	金龍鎖口（左捌勁）
		三	跨虎	東南、北	東南	右弓勢	雙手掤起
41	穿掌雙擺蓮	一	右轉身身向西	東南、、北	東北	獨立勢	雙手分開，左腳蹬
				西	西北	獨立勢	右手掤
		二	帶穿掌	西	西北	左弓勢	左手穿（轉折點）
		三	右轉身身向東	東	東	右高架虛勢	蓄勁待發
		四	雙擺連橫掃	東	東	獨立勢	雙手左捌，右腳橫掃
42	彎弓射虎	一	落步	雙掌	東	右鬆襠弓勢	雙手下捌
		二	轉折	雙掌	南	右弓馬勢	蓄勢
		三	閃身負隅	東	東	右鬆襠弓勢	右手向左平捌下掛（閃身）
		四	彎弓搭箭	一瞬右拳	東南	右弓馬勢	雙手回收，蓄勁待發
		五	射虎	東	東南	右疊襠弓勢	發出

「小架子」太極拳，是經過長期發展而形成的。

（續表）

序號	式名	動作	名稱	方向	方向	步型	要點
43	連環高探馬	一	穿掌北角	東北	東北	左弓勢	左手拉，右手穿切面
		二	穿掌東南角	東南	東南	右高架虛勢	右手拉，左手穿切面
		三	勒馬回頭	一瞬左拳向東南	南	低架虛勢	蓄勢待發
		四	穿掌西北角	西北	西北	右弓勢	右手拉，左手穿切面
		五	穿掌西南角	西南	西南	左弓勢	左手拉，右手穿切面
44	進步攬雀尾	一	上掤	右掌	西	左太極勢	如水托舟行
		二	下捋	一瞬右掌	西北	左鬆襠弓勢	右手下捋，輔左手
		三	擠	西北	西北	右弓勢	右臂壓出，補左手
		四	按	西	西南	右疊襠弓勢	右手按，輔左手
			攬雀尾之五開閉屏	東南	南	八字騎馬襠勢	右手下掛，左手捌爾後按
45	單鞭	一	收斂	正南	南	小平行步	周身掤開
46	十字手合太極	二	歸原	正南	南	小平行步	放鬆歸原

「小架子」太極拳，是經過長期發展而形成的。

第五節　小功架太極拳四十六式幫學篇及注釋

形成的。「小架子」太極拳，是經過長期發展而

1. 太極拳動靜有常
2. 攬四勁六則為綱
3. 初單鞭沉襠下氣
4. 提手勢順臂上行
5. 接亮翅採挒引衡
6. 拗步掌三尖對上
7. 揮琵琶手調懷抱
8. 搬攔捶一晃兩掙
9. 如封閉粘之使起
10. 抱虎歸雙採難當
11. 斜行步瞻前顧後
12. 肘底捶門戶休敞
13. 倒攆猴前牽後引
14. 斜飛勢左肩一扛
15. 海底針哈氣下降
16. 扇通背抖翎即放
17. 三雲手信步回繞
18. 高探馬揮手勒繮
19. 右分腳金龍鎖口
20. 左翅腳潑剌趨旁
21. 轉身蹬虛影裝腿
22. 正摟膝力發足掌
23. 使栽捶虛領頂勁
24. 撇身捶結手亮相
25. 卸步捶弓開滿月
26. 披身踢黑虎穿膛
27. 左打虎三疊一按
28. 右打虎威武雄壯
29. 二起腳坐盤驚踢
30. 貫耳拳臂如螳螂
31. 玉環步閃展騰挪
32. 鴛鴦腿武松形狀
33. 三換掌森嚴壁壘
34. 二分鬃窺視半躺
35. 四穿梭犄角分清
36. 雙鸞肘獨立挑襠
37. 帶穿掌寒霜撲面
38. 十字腿悟空瞭望
39. 指襠捶翻花舞袖
40. 抖擠下掖掌翻江
41. 七星步上掤下箭
42. 退跨虎環視昂揚
43. 雙擺蓮疾風勁草
44. 彎弓射九曲羊腸

45. 連環馬四正四隅　　47. 復單鞭納氣存神

46. 再雀尾至柔至剛　　48. 虎抱頭還場從容

【注釋】

1. 動靜有常：指動靜的統一規律，是使之調整機能的原理。四肢行之於外者為動，五臟蘊之內者是靜，又是內外結合的運動。

2. 四勁、六則：指攬雀尾一式中包攬四種不同的勁法，即掤、捋、擠、按四勁，是太極拳的手法，也是雙人推手的勁法。《詩譜序》「舉一綱而萬目張」，比喻法則的重要。六則主要是指掌握六個法則，即含胸、擴背、頂頭懸、沉肩、垂肘、尾閭收。太極拳規定了這六個對生理上連鎖反應的法則，帶動內臟柔和運動，以恢復生理功能和身體健康。

3. 沉襠下氣：指兩大腿根部與小腹相鬆開，從而下沉（即氣沉丹田之說）。

4. 順：是借順勢向上滾動胳膊。「順」，又是右臂的代稱。

5. 採捌引衡：採捌是兩種勁法。這裏是說右手採，左手捌，像起重機引物上升一般。

6. 三尖：指食指尖、鼻子尖、大腳趾尖。

7. 發：指發放，即發勁。

8. 一晃兩掙：指拉弓勁，即作用力與反作用力，亦即對拉拔長，以增強收縮力。

9. 粘之使起：即引進落空。

10. 雙採難當：指形容下挫的勁強。

11. 瞻前顧後：指謹慎之意，見《漢書敘傳》「瞻前顧

後，正其始終」，伸引到練太極拳也要慎重行事，貫徹始終。

12. 門戶休敞：比喻熟練而精於此術，防守得好的意思。

13. 前牽後引：指手臂牽之向前，腳引之向後。

14. 左肩一扛：指用肩扛起對方，使之雙腳凌空而失去重心。

15. 哈氣：見太極拳歌訣「拿住丹田練內功，哼哈兩氣妙無窮」。

16. 即放：指孔雀開屏一樣的抖擻勁。

17. 信步：閒情逸致的樣子，心要像白雲一樣常自在，如流水任東西，隨著勁勢，自然走動。

18. 揮手勒繮：左手拉住，右手勒緊繮繩。

19. 金龍鎖口：武術術語，一種反關節拿法。

20. 潑剌：魚躍聲。見宋《辛棄疾詞》「錦鱗潑剌滿籃魚」。以式起腿有魚躍的勁勢。

21. 虛影裝腿：指虛晃一指，巧踢一腿。「裝腿」見戚繼光《紀效新書》。

22. 力發足掌：見太極拳論：「其根在腳，發於腿。」

23. 虛領頂勁：即六法之一「頂頭懸」。見楊澄甫「太極拳十要」之一。

24. 結手：打一個抄手結。

25. 弓開滿月：見《十三勢行功心解》：「蓄勁如張弓，發勁如放矢。」即意欲向前，先寓後意。

26. 黑虎穿膛：比喻當胸一腳。係武術上的術語。

27. 三疊一按：指本式有三次轉疊襠胯，然後一把按

「小架子」太極拳，是經過長期發展而形成的。

住。

28. 威武雄壯：指揚拳一擊、舉腿一接的氣概。

29. 驚踢：先探身一驚，然後踢起一腳。

30. 貫耳：形容拳法的厲害。

31. 閃展騰挪：指本式「閃」身坐盤，「展」手腳撐開一揚，「挪」轉過身來，「騰」起一腳。

32. 武松：如「醉打蔣門神」的手法。

33. 森嚴壁壘：即冷靜對待，嚴密防守。

34. 窺視半躺：看機會側著身子橫捌對方的胸部。

35. 四隅：指四個斜角的方向要踏正確。

36. 挑襠：指撩挑陰部。

37. 寒霜撲面：指手法上的冷勁。

38. 悟空瞭望：比喻姿勢似孫悟空用手搭涼棚。

39. 翻花舞袖：比喻姿勢像長空舞袖，似浪花翻滾。

40. 掖掌翻江：指手由腋下旋轉穿出，將胯沉下，如凹字形，翻滾起身。

41. 上掤下箭：指上面一叉掌，下面一箭腿。

42. 環視昂揚：即環視半周，威風凜凜的樣子。

43. 疾風勁草：指剛柔相濟，在動盪中腿要站穩，雙手要拍到腳背。見《宋書》「疾風知勁草」，即難裏見功夫。

44. 九曲羊腸：比喻多轉。本式有轉腰、旋脊、轉腕、旋膀、轉踝旋腿、周身旋轉。

45. 四正四隅：指四面八方。

46. 至柔至剛：即極柔軟繼而極純剛。見《太極拳譜》。

形成的。「小架子」太極拳，是經過長期發展而

47. 納氣存神：「納氣」見第三句注解。「存神」見《春秋》中講的古拳譜云：「內固精神，外示安逸。」

48. 從容還場：指此式仍歸到起勢的地方。要從容不迫，舉止安詳。

第六節　怎樣練好小功架太極拳

初學者怎樣練好小功架太極拳，這裏有一個具體的方法問題：

一、怎樣學習太極拳？

可以每天學習1～2式，最好天天不間斷，這樣大約一月左右可以把整套式子畫出來，這將是一個很大的勝利。再用1～2個月糾正姿勢，講求細節，注意運用方法就可以打得比較準確、熟練，這又是一個很大勝利。再加2～3個月進一步勤練和觀摩研究，總共約需半年，是可以奠定良好基礎的。至此即使離開教員也不致走樣，可以稱為「練會了」。如果只是兩三個月粗知大略，不能算學會。因為不熟悉，稍有間斷，其樣式與動作不免變了。

練會以後，也要不間斷。仍需日常練習和研究，才能日漸純熟，增進功夫，進而形成自己的風格。研究和學習是必要的，不加研究練習，只不過不忘而已。

二、怎樣練太極拳？

練習46式小功架太極拳全套，時間以20分鐘左右為

好。練習時，式式都要連續周到。要「從緩」「從勻」「從正」「從圓」（另一提法是「勻緩正展」），無一式可隨意。四肢百骸「從綿」「從輕」「從柔」，綿而不可怠，輕而不可忽，柔而不可弱，不起僵勁。每式有每式的勁法（例如「白鶴亮翅」一手是採，一手是挒；「斜飛勢」一手是採，一肩是靠）。各式各勁要分清，方能「手中有物」，而不是畫個道道。

兩式交接之處，意氣要換得靈活，四肢要弛而張，剛而柔。

功夫漸長，架子要相應放低，可以增加腿和全身的活動量；功夫差時，架子不宜太低，否則弊病百出，也無益於健康。

三、怎樣才算有功夫？

做到「內心三合」，重心自然穩定，手腳日漸聽話，腰腿日漸柔順，精神日漸充足。飲食香甜，睡眠酣適，言語清明，指甲鮮紅，眼珠光潤，步履輕盈。能忍饑，能耐勞。大抵舉止輕快的感覺、思慮周詳的習慣，在此時都可以體會到。至於好高騖遠之論、驚世駭俗之談，則非筆者所知。

四、怎樣練功夫？

這一部分著重是對有條件，有必要，有興趣多練、深練的同好說的，因此佔用時間和花費精力要求高些。它的精神，一般愛好者可以參考。

練功夫要寒暑不易。人體組織的盛衰進退，伏、臘二

季轉換最大，雖嚴寒盛暑，無不加意調攝，刻意鍛鍊。因為此刻能長功夫，不易退轉。所謂練功夫，每次練習必至出汗，否則膚淺寡效。每日晨曦至少練習 1 小時，晚上復習時間可以根據工作時間而伸縮，內容主要在研究。

練好功夫，第一需要「虛心」。踏踏實實、虛心求教，注意他人每一長處和特點，不可先入為主，固步自封，自以為是。

第二要有「恒心」。學問本來不是輕易得來的，要專心致志，勤學苦練，日久天長，必能自成。急躁畏難、怕苦、半途而廢，怎能學好？

第三要有「巧心」。不能光是悶頭打拳，要多看、多聞、多思、多練、反覆琢磨，善於發現問題。探求架子的正確、手法的熟練、動作的合乎規格、姿勢的合乎理法。按式查理，隨機變化。「一竅通，百竅通」，就是形容認識產生質變、飛躍的話。小架子太極拳理所要處理的「矛盾」是很多的，例如「剛與柔」靭「開展與緊湊」「放與縱」等等，誰能把諸如此類矛盾解決好了，他的拳也就練好了。

第四要有「決心」。具有高屋建瓴，無堅不摧、攻克難關、攀登高峰、繼往開來的勁頭。

五、博學與選學

學習太極拳有博學與選學之別，感到興趣，環境許可，又有精力，不妨博學而專。太極拳藝如推手、大捋、大架子太極拳、太極拳對打，太極刀、太極刀對練，太極劍、太極劍對擊、太極棒、太極棒對打、太極十三槍、太

極粘連槍等都可學習，然後精於一種。如果年齡已長，記憶力較差，且難抽出較多時間和精力者，選學一套拳或一路劍，也足以引起興趣，作為終身健身之術。

六、禁　忌

鍛鍊太極拳，忌在飽食之後，身體狀況過於疲乏消耗時，宜休息 2～3 日；女同好在經期也不宜多做活動。忌在大風中練拳，練習後，因汗脫衣，逐飲冷汗，或即躺臥，輕則感冒風寒，重者勞傷氣痛。學者切宜注意，不要因身體健康而起居無節，生活無慮，反有妨礙。

「小架子」太極拳，是經過長期發展而形成的。

「小架子」太極拳，是經過長期發展而形成的。

第三章
楊式太極對拳

第一節　太極對拳簡介

　　太極對拳又稱「太極散手對打」，俗稱「散手」，全套共八十八式。它的姿勢與名稱，動作與要領，法則和風格與太極拳相同，但對拳還保留著古老、淳樸、簡練的手法，不像太極拳單練那樣迂迴含蓄。因為解數相生相剋的關係，式子的次序亦與太極拳單練時有所不同。

　　從太極拳的發展歷史來看，太極對拳的起源或許要比單練的太極拳來得早。前人汲取了搏鬥實例的經驗和教訓，創造了小力可以勝大力的技巧，逐漸形成一整套的搏鬥形式，即現在廣泛流行的太極拳。而太極拳發展成熟又反轉過來影響對拳，把零星搏鬥的一招一式深化成為一個完整的對拳套路。

　　太極對拳的特點，首先是剛柔相濟、架式柔和。它既有一般對拳交發手勁實用的特點，也可圓環轉圈個人單練，即使年近古稀之人亦可習之。其次，學習對拳可窺太極拳之奧妙，入太極拳之堂室，用對拳考單練架式之正確，明單練架式之用法，既增加無窮之樂趣，又能相互補

益，愈練愈精。另外，太極拳結構嚴密，具有「天衣無縫」之妙。而且靈活性強，雖是預定套路，也可根據來勢隨意變換招式，持續連綿，真是先輩智慧和才能的創造。

鍛鍊太極對拳有兩個步驟。第一步是按照預定的套路，實踐十三勢的勁法，主要是攻化方法。待到訓練出一定的手法之後達到能緩急相隨，始可進入第二步。第二個步驟，按目前的教材來看，也就是徒手上的最後一步功夫，即不按任何預定套路或方式隨意使招，各行自由。雙方一交手，謂之一個「照面」。一方進攻，一方還擊，叫做「回合」。至於照面和回合的多少，則在平日鍛鍊上的功夫以及對手的強弱。

推手和大捋，是對拳的一個片斷。推手大捋是一種練習試探對方來勢的輕重、意圖和趨向的活動，練習穩定自己的重心，借對方的用力推動對方。這種活動做好了，能達到懂勁的目的。但推手和大捋與對拳相比，手法較少，變化較少，尤其缺少對拳中的許多大刀闊斧似的動作與令人莫測之變化，故學習對拳能以之克敵制勝。從太極拳教學程式來看，先練拳架，繼則推手和大捋，最後是對拳。理論與實踐相結合是有其深刻道理的。

練習對拳主要是為了健康身體，為社會主義建設服務，技擊與健康是可以相互促進的。靈活的手足、堅強的意志、敏捷的反應都有助於身心健康。古人說過「以假練真」。「假」是假借鍛鍊方法，「真」是練成結實身體。事實上，要學會高超的技擊，也不那麼容易，不經過千萬次的鍛鍊和大運動量的跌撲是培養不出來的。所以學會一套對拳，只是得窺門徑，萬不可淺嘗輒止，尤不可恃技逞

「散手」。太極對拳又稱「太極散手對打」，俗稱

強。切宜慎之。

我所授太極對拳原係河北永年楊澄甫老師所親授。四十多年前，它首先流傳於滬杭兩地，全套對拳尚不完整，只是六十四式（見杭州黃元秀著《楊家太極各藝要義》及《武術偶談》二書）。現流傳於京、寧、滬、杭的八十八式對打是我於 1932 年在杭州湧金門外三雅園故址（即黃元秀的放廬）向楊澄甫老師學完的，當時楊、黃二位囑咐我要精心研究傳授。1945 年，我將此套路在上海襄陽公園轉說與田兆麟，在滬教授此技，學習者日眾，一時豐盛。其時我已經去北京，但我對太極對拳的研究工作從未間斷且時繫心懷。為了後繼有人，使寶貴遺產代代相傳，在普及的基礎上還要提高，故 1963 年對原《太極對拳》中的有關理論和動作說明做了一些修改和補充，進行了一番初步研究整理工作，1978 年重新拍攝了動作插圖。

太極對拳是我國寶貴的民族文化遺產之一，希望從事武術工作者及愛好太極拳術者來共同研究提高，是所至盼也。

第二節　太極對拳概論

一、氣沉丹田之說

太極拳是一項符合生理的優良運動，凡是練過的，都有不同程度的領會。太極拳運動主要特點之一是養氣，在進行運動的時候，使呼吸隨著姿勢的運轉，肺部呼吸也隨

太極對拳又稱「太極散手對打」，俗稱「散手」。

之增加而不會氣喘，這種呼吸可以美其名曰「養吾浩然」之氣。當然，用「浩然」兩字形容似乎有些過分，實際說，是調劑呼吸比較恰當。

人類除毛孔自然能夠分泌氣體之外，另外有三種呼吸法是可以用意識來鍛鍊的。

（一）胸呼吸：如體力勞動行深呼吸或進行激烈運動的時候，在有意識、無意識之中，都是使下肋骨上升，肺葉向四周膨脹，可以很明顯地看到胸部的隆起。

（二）腹部呼吸：我們經常可以看到，小孩在仰臥的時候，呼吸時腹部的一高一低起伏。有時大聲歎氣，抽口冷氣，都能使腹部突然地起伏。

（三）胸腹呼吸，即胸、腹同時呼吸。此種呼吸在靜坐時，精神貫注時，在酒後或思索問題的時候，只要略加注意，都能感覺到胸與腹同時的起伏。

第一種胸呼吸在少年時代可以鍛鍊，因為肋骨與劍骨之間的脆骨伸縮性大，可因鍛鍊而得到充分的發展。例如測量肺部的盈差。盈差愈大，則表明肺部的容氣量愈高，說明有充沛的氣力。但是肺部好像是一個蒸籠罩，肋骨與劍骨之間的脆骨縮脹有一定的限制，所以，太極拳沒有採用這種有局限性的胸呼吸。

第二種腹呼吸，這種呼吸只能在人體筋肉極度鬆弛的狀況下才能進行，這與運動必須要有肌肉收縮有所抵觸，所以太極拳也沒有這種呼吸法。

太極拳是採用了第三種胸腹呼吸法。這種呼吸法可以自我控制，不致氣喘。太極拳主張氣下沉，練習橫膈膜的上凹下凸，因為橫膈膜的下面有胃、肝、脾、腸等軟體機

太極對拳又稱「太極散手對打」，俗稱「散手」。

件，可以用沉肩、含胸、鬆腰、收尾閭等一切方法迫使下降，使肺的尖端部分得有餘隙向下懸墜而展開，於是就能夠帶來呼吸的深長。太極拳所說的氣沉丹田，即指橫膈膜的下降，這或許是沒有疑問的。

例如，我們常聽人說，歌唱家的歌聲嘹亮，是因為其聲發自丹田，所以清楚有勁。我國中醫在病理上也很重視丹田之說，說中氣足的人則發音洪亮，氣虛、氣衰、氣短是體弱多病的症狀。又說年紀愈老，則呼吸距離丹田愈遠，呼吸均在胸、喉之間了。認為丹田之氣即是延續生命的泉源，所以修煉的人，對於氣沉丹田之說，都很著意研究。

然而丹田究竟在什麼地方呢？它又是什麼樣子呢？關於這個問題，各種書刊的記載都有不同的見解。截至現在為止，人們對於丹田的位置，還沒有作出清楚的結論。這倒是一個重要的問題。

依據解剖學的分析，丹田如果是機件，那麼就是橫膈膜；如果是地位，那麼就是橫膈膜上凹下凸的所在。如果是這樣的話，那麼氣沉丹田、氣宜鼓蕩的說法，也就不是什麼神秘之談了。橫膈膜的一起一伏，能夠起鼓風機作用，推動和壓縮氣體，助長呼吸、加大吐納的力量，這是有生理根據的，也是容易理解的。例如，笛子孔眼上粘的竹膜，作用是為了發音清脆和鼓動的深遠；胡琴上的蟒皮是助長音節的響亮。歌唱家發音的嘹亮與拳術家發勁的俐落，同是一個原理，在有意或無意之中利用了橫膜的鼓動作用。

由此我們可以知道，由於橫膈膜鼓動、刺激和加強了

內臟各部機件的功能，帶來了體質的改善。這就是太極拳能夠治療疾病的主要道理，所以，稱太極拳為內家拳也是這個原因。

二、十三勢行功心解

這篇拳論不知道是什麼朝代寫的，也不知道出自何人手筆，據傳是清代直隸省（注：今河北省）永年縣的武禹襄所作。

這篇文章寫來文句簡練，生動活潑，帶有句讀韻律，推測是有意使學拳者易於背誦。提示內容與以前有太極拳論、王宗岳拳論相彷彿，突出的是姿勢與意志結合的鍛鍊方法，並且講得很清楚，作為學者的指南有很高的價值。現在，進一步把這篇拳論翻作白話文，以供愛好太極拳者共同研究。

（一）題　解

十三勢： 太極拳全套解數，包含十三種不同的勁勢；掤、捋、擠、按、採、挒、肘、靠、前進、後退、左顧、右盼、中定。太極拳的全名叫「太極拳十三勢」。「太極拳」和「十三勢」都是「太極拳十三勢」的簡稱。

行功： 練習功夫之謂也。

心解： 心解是心領神會的意思。《禮記》注，「當不心解則易忘」。古時候說，心是思慮器官，凡屬思慮的皆是心，譬如，讓我用心想想、他心亂意煩、你心情舒暢、心曠神怡等等。現在也以意識現象、精神狀態稱為心理現象。

「十三勢行功心解」連起來講，是說太極拳的十三種勁勢和基本法則，必須經由實踐鍛鍊並運用到架子中來，必須聚精會神起來鍛鍊，心領神會地體驗。

（二）文 解

「以心行氣，務令沉著，乃能收斂入骨。」

氣，指氣息，呼吸的一出一入。論語：「屏氣似不息者。」氣，又指氣概，凡無形質可見而相互感應的就是氣，譬如氣勢洶洶、氣象萬千、氣度不凡、泄氣等等。練拳之時要有意識地控制住呼吸的平順，要沉著不可上浮，在沉住氣的條件下，才能夠動作自然。

斂，當藏字講；凝，不外散之意。史記：「距鹿斂三百。」收斂入骨，即氣不外溢之意。

「以氣運身，務令順遂，乃能從心所欲。」

運氣對於練太極拳至為重要，呼吸能夠順遂舒坦，全身方能聽從自己的意志而運行。如果重心尚不能自主，一定是用呼吸來代替了推動，呼吸也必然侷促不安，周身也必然引起僵硬，姿勢也必然彆扭，勁兒也必然牽強。

「精神能提得起，則無遲重之虞，所謂頂頭懸也。」

盤架子的時候，精神狀態是一個重要因素。能夠全神貫注，精神狀態不使散漫，那麼姿勢就不會疏忽了。姿勢做不到家，皆是因為精神提不起的原因。要精神提得起，其方法就是我們常說的「頂頭懸」這個法則。頂頭懸能抑制精神渙散，使注意力高度集中，身軀也因頂頭懸得到中正安舒。

「意氣須換得靈，乃有圓活之趣，所謂變換虛實

也。」

　　一勢有一勢的勁法，一招有一招的方法。譬如攬雀尾起手是掤勁，一轉念又變捋勁，此時的氣血因意念而迅速變換，由擠勁再變而為按勁，如將按勁送至七八成的須臾，一轉念而變單鞭的捌勁，誠如這樣隨意的靈活變式變勁，變招變勢，必然是妙趣橫生。要做到意氣與身手合一，就是我們常說的另一個法則「虛實宜分清楚」（按：太極拳的手法、步法、身法，甚至眼神總是此虛彼實，彼虛此實，變化莫測的），不能有雙重意念的存在（按：雙重就是虛實變換不靈，帶來重心不穩或重心澀滯）。

　　「發勁須沉著鬆靜，專注一方。」

　　操練太極拳並不是手舞足蹈而已，主要的是練勁法，積蓄勁兒，發揮勁兒。太極拳的每一個招式都是模擬性的搏鬥手法。這裏所謂發勁，首先是要把自己的筋肉放鬆，像軟繩錘那樣，勁兒只是用到及物點上，要有一定的方向，不可漫無方法地亂抖，或者脹紅了臉，粗了脖子，全力用足勁兒，這都不合發勁的要求。

　　「立身須中正安舒，支撐八面。」

　　身體所處的態勢要正直，不能偏倚，精神要安逸輕鬆，不能緊張。雙手掤起要顧到四面八方。換轉變式的時候，不可以自己的臂部夾住自己的肋部。這個支撐八面，是先天性的防衛姿勢，從生理上來分析，雙臂平撐，能使胸、腹內部一切機件趨於虛懸狀態，減少相互阻力，能夠容納幾倍於平時的空氣，氣血的逆順環流，也因此得到加速。

　　「行氣如九曲珠，無往不利。」

　　九曲珠，是設想的人身的代名詞，說明氣血隨心意所注，可以運轉全身，雖極微處亦能夠通達。氣血的旺盛，導致渾身的輕利，因而動作也能夠從心所欲了。

　　「運勁如百煉鋼，無堅不摧。」

　　姿勢的正確與否當然是重要的，與姿勢一體的勁兒和方法則更為重要。太極拳從起勢到收勢，計九九八十一手，它的均衡運行好比鐘錶，從零點到十二點，必須按次推進，節節高升，若走三步停一步，那就是不標準。再打個比喻，練勁像煮一壺水，由冰點到一百度沸點，須受火候的依次亢進，如果煮煮停停，也能煮得沸，不過較費時間。練拳運動同是一個道理。無堅不摧，是說鍛鍊只要持之有恆，那麼，一切生理上和技術上的障礙困難都能迎刃而解。

　　「形如搏兔之鷹。」

　　這個比喻刻畫得很逼真。是說練拳的神情形態，要像老鷹抓兔子一樣，舒展雙翅來回盤旋，一剎那間從空疾下，驟如風雨，那兔子會驚呆若木雞。這是形容練拳的聲勢。

　　「神如捕鼠之貓。」

　　又是一個惟妙惟肖的比喻，說攻擊方法的神情狀態要像貓捉老鼠一樣蹲著身子，目不轉睛地安靜等著，老鼠不動、貓也不動，老鼠一動，貓即先動，剎那間就捕住了老鼠。這是說明攻擊技巧的方法。

　　「靜如山嶽，動如江河。」

　　這兩句是形容穩健與雄壯，氣勢與節奏。說姿勢要如山嶽般地穩健與雄壯，動作要如江河流水般地源源不斷；

太極對拳又稱「太極散手對打」，俗稱「散手」。

像浪潮般地有節奏有聲勢，起伏連綿。

「蓄勁如張弓，發勁如放箭。」

練拳不是為打拳而打拳，而是練勁和蓄勁，要求節節增長。上句已解釋了。所積蓄在周身的勁兒，要像弓開滿月，有一觸即發之勢。發勁要像脫弦之箭，直貫目的。

「曲中求直，蓄而後發。」

擊出去的手臂，都要成似曲非曲、似直非直的樣子，這也是太極拳的法則之一。這個臂也是弓開滿月的樣子，這個臂形用來發勁，到及物點只是幾寸之間，非常近。曲中求直的臂形，也就是蓄而後發，準備架勢。蓄而後發，整個勁兒的做法是身體向下一沉，全身肌肉鬆動，雙腳一蹬，周身一抖。

「力由脊發，步隨身換。」

人體力量最大的部位是背脊。力量是背脊的肌肉鬆與縮所產生的，因此放得越鬆，收縮的差距越大，差距越大，所產生的彈力也越大。發勁單憑手的推力和腳的蹬力是不夠應付的，主要是背脊的強大力量。背脊的力量如何發出去呢？那就只有放鬆背肌，緊接著收縮背肌就是了。步隨身換，是雙腳的虛實交換，是隨身腰部分的帶動，這樣才能用力一致。

「收即是放，斷而復連。」

放鬆即發動，放勁在翻掌之間，不必來回折騰。這裏是進一層說明放勁之後，要立即保持原來曲中求直的臂形，不可中斷，要重複連上。這種收收放放的手法，有令人莫測之妙。

「往返須有折疊，進退須有轉換」

太極對拳又稱「太極散手對打」，俗稱

手法的來回，要纏綿而柔和，必須有綿裏寓剛的勁兒（易經：疊用柔鋼國歌）疊又作輪流講，作曲折回繞講，步法的進退輪流交換，要曲折回繞，必須有虛有實。

「極柔軟，然後極堅剛。」

我國古代哲學家老子講：「天下之至柔，馳騁天下之至堅。」這句話借用到太極拳上是十分切合的。練太極拳必須全身鬆開，要周身柔軟，不存絲毫拙力，柔軟是為了避免因用力而束縛了自己肌肉的伸縮力，必須放鬆肌肉在極柔軟的基礎上，始能產生堅強的力量。

「能呼吸，然後能靈活。」

人體的熱量隨動作的一個接一個的反覆累積而亢進，呼吸也不斷地深長，血流循環漸次加速，流送到四肢百骸。肌肉部分因受到氣血的一再浸潤而趨於柔軟，從而增加了敏感和彈力，動作自然也就靈活了。有人每到冬季四肢發僵，減低了肌肉部分的血行，引起了萎縮，這樣動作自然不靈活了。

「氣以直養而無害，勁以曲蓄而有餘。」

直字當通順講，呼吸通順舒暢，總是沒有害處的，力氣不過分強用，對於身體總是有益處的。

「心為令，氣為旗，腰為纛。」

操練太極拳，猶如行軍作戰，心、氣、腰三者的運用是極其重要的，它與軍中的令、旗、纛有同樣的重要性。

「先求開展，後求緊湊，乃可臻其縝密矣。」

開始練習的時候，姿勢的幅度最好大些，藉此可以鍛鍊出身段與腰腿的基本功，然後再研究小幅度的架子，這樣才能事半功倍，達到細緻、周密、完備無缺的境界。

三、太極十三勢勁法和意念的表現法

太極拳的一切法則要正確地與動作姿勢相結合，把八種勁法、四種方法、一個要領（十三勢）運用到結構與形式上。太極拳的一切結構與形式只是當做表現意念的手段，把一切法則、結構、形式當做是一種表現勁和法的工具，即從含義到形式，而不是從形式到含義的表現法。

太極拳的結構與形式有一定的法則，但運動方法可以隨意念而轉變，不一定拘泥於手高手低或腳進腳出。那個姿勢對不對，這個架勢好不好，這很難說，總之，凡是能把意念表現得很清楚、恰當，都是對的。說得清楚一些，練太極拳一定要研究意念的表現性，一切結構、形式和方法的變化，都不外乎意念的範圍。

盲修瞎練來代替理論指導，或多講理論缺少練習，這兩種學習方法都有一定的局限性，要費很久的時日，才能零零落落地發現一星半點的含義，是不夠完全的。

經常有人說：「我練太極拳已經好幾年了，總是停滯在一般畫道道兒上，而理論我明白，它太艱深了。」這是真話，是理論與實踐沒有結合。我們只在弄清楚法則的原理，十三勢的勁法及一切都從意念出發，那麼，練出來的形式就不至於空洞無物了。

四、心、氣、腰與鬆、固、凝

根據「十三勢行功心解」的結論，要練好太極拳，首先在於心、氣、腰三者的掌握。該文把心、氣、腰三者比做發號施令的令、旗纛。這是提示出三者的重要性，而不

是對於心、氣、腰三者的鍛鍊方法，鍛鍊方法該文上沒有詳細記載。關於這個鍛鍊方法問題，幾十年來一直被認為是奧妙無窮、高深莫測的，因此說這個鍛鍊方法只能意會而不能言傳。其實，這種認識是有商榷的餘地的。因為，凡是有人學過，也有許多人曾經練到過這個境界的，應該是能夠表達清楚的。

心、氣、腰三者，位於人體的中心地位，亦即由中心部位發號施令，傳遞給四肢去完成各項運動與目的。所以，動作的原動力是中心動作與動機。

這裏心、氣、腰三者必須配合鬆、固、凝三字的要訣，方能掌握三者的要領，從而動作才能得心應手，否則雖練千萬遍也望塵莫及。

（一）鬆

鬆字的淺釋是緊學的反義。虛而不實曰鬆。鬆性的物質是成海綿狀的，能吸入他種氣體或液體。人體肌肉亦是一樣。

腰鬆：腰要鬆，才不至於僵直。由於腰部肌肉的放鬆，能使身體筋肉隨之而虛鬆。也就是說，周身要毫不用力，如果用力，則肌肉必然生硬。用力則屏氣，屏氣勢必著意於局部，則局部必然牽強而不平衡。所以，只有輕鬆而柔和的動作，意念中含蓄的力周身普遍無所不到，也就無往而不俐落。能夠做到輕鬆，則由中心動作出發的動作，自然反映歸到中心，久而久之，則中心動作自成。

太極對拳又稱「太極散手對打」，俗稱「散手」。

（二）固

固字的淺釋是堅定、安定。物體有一定的形狀，舉其一端能起全體者則謂之固體，舉一發而動千斤是因牽動一個整體。氣固全身、上下貫穿是一致之謂也。

氣固：氣要固，隨著動作順逆的進展，要儘量擴大肺部，使呼吸安定沉著，要上下一氣，固定全身，結合鬆腰的動作，手足自然沉綿。倘若感到氣息上浮，必須重心不穩。此時，可將架子適當放高，以減輕雙腿的負重，減少腹部的壓力。要不加施任何掤、捋等勁道，則呼吸自然緩和，一待氣息平靜之後，再著意「加勁的練法」。

由於這樣有意識地掌握輕重緩急，動作必然鼓蕩有方，由中心出發的動作，自然反映歸到中心，久而久之，則中心動作自成。

（三）凝

凝字淺釋是成也、定也、聚也，心氣凝聚也。莊子：「用志不分，乃凝於神。」心的凝聚抑或分散，對動作的好與壞是休戚相關的。

心凝：心要凝，心是中軍之帥，練太極拳必須心凝神靜，結合腰鬆、氣固，要有剛有柔，又穩健又圓活，凝重地、忘記自我也、一手一手地去完成十三勢勁法。由於凝神靜氣的動作，必然心、身一致，內、外相合，為此，雖微小的動作也能自然反映歸到中心，則中心動作自成矣。心、氣、腰三者配合鬆、固、凝三字訣，則渾圓一氣，得太極拳之精粹。

第三節 太極對拳動作圖解

一、太極對拳動作名稱

起　勢

1. 甲　上步搥
2. 乙　提手上勢
3. 甲　上步攔搥
4. 乙　搬搥
5. 甲　上步左靠
6. 乙　右打虎
7. 甲　採手打左肘
8. 乙　右推
9. 甲　左劈身搥
10. 乙　上步右靠
11. 甲　撤步左打虎
12. 乙　右劈身搥
13. 甲　提手上勢
14. 乙　上掤轉身按
15. 甲　折疊劈身搥
16. 乙　搬攔搥（開勢）
17. 甲　橫挒手
18. 乙　野馬分鬃（按步）
19. 甲　下打虎

20. 乙　撤步挒
21. 甲　上步左靠
22. 乙　進步雙按
23. 甲　雙分蹬腳
　　　（退步跨虎）
24. 乙　指襠搥
25. 甲　上步採挒
26. 乙　換步玉女穿梭
27. 甲　左掤右劈搥
28. 乙　白鶴亮翅（蹬腳）
29. 甲　下勢左靠
30. 乙　撤步撅臂
31. 甲　擠按（挒勢）
32. 乙　雙風貫耳
33. 甲　雙按（如封似閉）
34. 乙　下勢搬搥
35. 甲　單推
36. 乙　右搓臂
37. 甲　順勢按
38. 乙　化打右掌

太極對拳又稱「太極散手對打」，俗稱「散手」。

39. 甲　化推（換步扇通背）
40. 乙　化打右肘
41. 甲　換步採挒
42. 乙　換步翻身撇
43. 甲　右打虎
44. 乙　轉身撤步捋
45. 甲　上步左靠
46. 乙　回擠
47. 甲　雙分靠（換步）
48. 乙　側身左靠（換步）
49. 甲　打右肘（套步）
50. 乙　轉身金雞獨立
51. 甲　退步化（雙採）
52. 乙　左蹬腳
53. 甲　進步擠靠
54. 乙　撇左臂
55. 甲　轉身右分腳（換步）
56. 乙　雙分右摟膝
57. 甲　轉身左分腳（換步）
58. 乙　雙分左摟膝
59. 甲　採手右靠
60. 乙　回右靠
61. 甲　上步左攬雀尾
62. 乙　右雲手
63. 甲　上步右攬雀尾
64. 乙　左雲手

65. 甲　雙分（掤勢）
66. 乙　側身撤身捶
67. 甲　上步高探馬
68. 乙　白鶴亮翅（下套腿上閃）
69. 甲　轉身擺蓮
70. 乙　左斜飛勢
71. 甲　刁手蛇身下勢
72. 乙　右斜飛勢
73. 甲　左打虎
74. 乙　閃身右撤身捶
75. 甲　倒攆猴（一）
76. 乙　左閃（上步）
77. 甲　倒攆猴（二）
78. 乙　右閃
79. 甲　倒攆猴（三）
80. 乙　上步七星
81. 甲　海底針
82. 乙　扇通背
83. 甲　手揮琵琶
84. 乙　彎弓射虎
85. 甲　閃身單鞭
86. 乙　肘底捶（換步）
87. 甲　十字手（換步）
88. 乙　抱虎歸山

太極對拳又稱「太極散手對打」，俗稱「散手」。

二、太極對拳動作圖解

穿淺色上衣者為甲演示者：蔣玉堃。穿深色上衣者為乙演示者：楊秀文。

起　勢

甲乙兩人迎面對立，距離兩步，姿勢似單練太極。沉肩垂肘，頂頭懸，做到含胸、擴背、尾閭收。參見圖3-3-1。

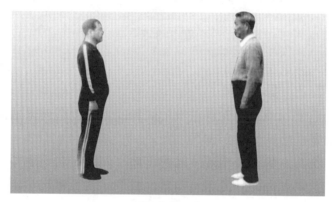

圖3-3-1

1.甲　上步捶

甲先上左步；同時上左手，由下而上向乙迎面虛晃一招。參見圖3-3-2。

復上右步，以右手立拳（虎口朝上）擊乙胸窩；鬆腰胯成三體式（如弓似馬勢）；目視

圖3-3-2

圖 3-3-3

太極對拳又稱「太極散手對打」，俗稱

乙眼。參見圖 3-3-3。

2. 乙　提手上勢

乙面對甲攻勢先退左步，側身向左，以右前臂粘住甲右前臂。參見圖 3-3-3。

復將右腳縮後半步，腳跟著地；同時，右手隨腰向下旋轉之勢，向左抄於甲右前臂部外側，往上掤起，使甲勁落空。參見圖 3-3-4、圖 3-3-5、圖 3-3-6。

圖 3-3-4

圖 3-3-5 　　　　　　　　　圖 3-3-6

3. 甲　上步攔捶

甲乘乙向上掤起之際，先上左腳，以左手抄乙右前臂往上攔開。參見圖 3-3-5。

復上右步，再以右拳擊乙心窩。參見圖 3-3-6、圖 3-3-7。

圖 3-3-7

太極對拳又稱「太極散手對打」，俗稱「散手」。

圖 3-3-8　　　　　　　圖 3-3-9

4. 乙　搬捶

乙在甲拳將發勁時縮回右腳，復退左腳，以左前臂搭住來拳，向右後偏化，同時往左下摟開。參見圖 3-3-6—圖 3-3-8。

右手往內下沉變為拳，小指朝上；隨勢以腰腿勁，略進右腳，向前還擊甲腹部，鬆腰胯成右弓勢。參見圖 3-3-9。

【要求】搶佔中心，螺旋發力。

5. 甲　上步左靠

甲在乙拳將發勁時略退左腳，含胸往後化；同時，右手往後抽出，採乙右前臂外側。參見圖 3-3-9、圖 3-3-10。

圖 3-3-10

　　右腳提起，略向左落於乙腳外側，上左步，插進乙之右腿後，參見圖 3-3-10、圖 3-3-11、圖 3-3-11 附圖；左手隨勢上托乙肘向上往右，使乙陷於背勢；複蹲身以肩靠乙右腋部，使之凌空。參見圖 3-3-12、圖 3-3-12 附圖。

圖 3-3-11

圖 3-3-11 附圖

圖 3-3-12

圖 3-3-12 附圖

6.乙　右打虎

　　乙乘甲將靠到時，略退左腳避開甲扣，向右轉腰；左
手執甲左臂或腕。參見圖3-3-13、圖3-3-13附圖。

　　向左下採沉；同時，提起右腳，以腳背向甲脇下掠
過，參見圖3-3-14、圖3-3-14附圖，撤至甲左腿後，脫
出右拳擊甲背部。參見圖3-3-15、圖3-3-15附圖。

　　【要求】脇下掠過切勿踢出。

圖 3-3-13

圖 3-3-13 附圖

圖 3-3-14

圖 3-3-14 附圖

圖 3-3-15　　　　　　圖 3-3-15 附圖

7. 甲　採手打左肘

甲乘乙拳將至時，右腳踏前半尺即向後蹲身，下坐成低架太極勢，眼看來招避過乙拳。參見圖 3-3-15、圖 3-3-15 附圖、圖 3-3-16。

右手由下抄執乙左手腕，向後略採，復往前弓成弓勢；同時以左肘直打乙心窩。參見圖 3-3-17。

圖 3-3-16　　　　　　圖 3-3-17

太極對拳又稱「太極散手對打」，俗稱「散手」。

8. 乙　右推

乙在甲肘將到時向右含胸，向左坐腰轉胯，以右手執推甲左肘向左下採；同時左手套出甲右手，使其成為背勢。參見圖 3-3-17、圖 3-3-18、圖 3-3-18 附圖。

【要求】須全身齊力。

9. 甲　左劈身捶

甲乘勢身腰下沉向右轉，化去乙推，參見圖 3-3-18、圖 3-3-18 附圖。左拳心朝上由下而上，復向前劈乙臉部及胸部，成左弓勢。參見圖 3-3-19、圖 3-3-19 附圖。

10. 乙　上步右靠

乙在劈拳將至時，身腰向左後偏斜，並向後移動左腳半步；右手向左後略帶，化去甲拳。參見圖 3-3-19、圖 3-3-19 附圖。

先上左腳半步，參見圖 3-3-20、圖 3-3-20 附圖，復上右腳一步，插至甲身後，參見圖 3-3-21、圖 3-3-21 附圖；右手執托甲左肘，用右肩頭沖靠甲左腋下，使之懸空跌出。參見圖 3-3-22、圖 3-3-22 附圖。

圖 3-3-18

圖 3-3-18 附圖

圖 3-3-19　　　　　　　圖 3-3-19 附圖

圖 3-3-20　　　　　　　圖 3-3-20 附圖

圖 3-3-21　　　　　　　圖 3-3-21 附圖

太極對拳又稱「太極散手對打」，俗稱「散手」。

圖 3-3-22

圖 3-3-22 附圖

「散手」。太極對拳又稱「太極散手對打」，俗稱

11. 甲　撤步左打虎

　　甲在劈拳落空時即撤回左腳，復退右腳緩衝乙靠，向左轉腰，以右手抄採乙右肘或腕，向右下採沉。參見圖 3-3-23。

　　同時，提起左腳，以腳背向乙脇間掠過，參見圖 3-3-24、圖 3-3-24 附圖，撤至乙右腿後，脫出左拳擊乙背部，

圖 3-3-23

第三節脊椎處。參見圖 3-3-25、圖 3-3-25 附圖、圖 3-3-26、圖 3-3-26 附圖。

　　【要求】此招打正了，甚為危險，應及時避過。

12. 乙　右劈身捶

　　乙在甲拳將到時即向後、向右轉腰，腿以右肘擋開甲左拳，左手由下抄執甲右手腕，讓過甲拳，趁勢右腿前

圖 3-3-24

圖 3-3-24 附圖

圖 3-3-25

圖 3-3-25 附圖

圖 3-3-26

圖 3-3-26 附圖

太極對拳又稱「太極散手對打」，俗稱「散手」。

弓，右拳由上往下劈甲臉部及
胸部。參見圖 3-3-26、圖 3-
3-26 附圖、圖 3-3-27。

13. 甲　提手上勢

甲乘乙來勢，含胸坐胯，
兩手內合，左手向右側捌開乙
右手（或採執右肘），同時提
左腿，成左獨立勢。參見圖
3-3-28。

圖 3-3-27

左腳落至乙身後、套出右
掌。參見圖 3-3-29。

上右腳一步，順勢由上而下劈乙後頸。參見圖 3-3-
30、圖 3-3-30 附圖。

【要求】斜進左腳，須先抬腿過膝，否則難逃乙拳。

太極對拳又稱「太極散手對打」，俗稱

圖 3-3-28

圖 3-3-29

圖 3-3-30   圖 3-3-30 附圖

14. 乙　上掤轉身按

乙在將被劈到時，右手向上掤起，化去甲劈。參見圖 3-3-30。

趁勢前進左腳一大步，向右後轉身至甲右側，參見圖 3-3-31、圖 3-3-31 附圖，右腳上步踏正，右手按甲肘部，左手按甲肩部，成待機而發之勢。參見圖 3-3-32、圖

圖 3-3-31   圖 3-3-31 附圖

太極對拳又稱「太極散手對打」，俗稱「散手」。

圖 3-3-32

圖 3-3-32 附圖

3-3-32 附圖。

15. 甲　折疊劈身捶

　　甲乘乙按未發時，右臂略往前擠，左腳向左後踏正以保持平衡。參見圖 3-3-33、圖 3-3-33 附圖。

　　在乙復全勢按肩部之時，參見圖 3-3-34、圖 3-3-34 附圖，右臂仍粘住乙雙手，參見圖 3-3-35、圖 3-3-35 附

圖 3-3-33

圖 3-3-33 附圖

圖 3-3-34

圖 3-3-34 附圖

圖 3-3-35

圖 3-3-35 附圖

圖，同時，向左後轉腰（謂之折），復向右轉腰，翻右拳，拳心朝上，左手搭乙右肘（謂之疊）。參見圖 3-3-36、圖 3-3-36 附圖。

　　隨身向前弓勢，擊乙心窩，參見圖 3-3-37、圖 3-3-37 附圖。如僅使右劈身捶，則乘腿後坐時，左手由下而上抄，執乙右手劈之。

太極對拳又稱「太極散手對打」，俗稱「散手」。

圖 3-3-36　　　　　　　圖 3-3-36 附圖

圖 3-3-37　　　　　　　圖 3-3-37 附圖

16. 乙　搬攔捶（開勢）

乙在甲捶將至時含胸坐胯，向左轉腰化開，參見圖 3-3-38、圖 3-3-38 附圖；右前臂交叉粘住甲右前臂內側，趁勢由左翻上，參見圖 3-3-39，左手向下捋開甲右臂，謂之開勢，參見圖 3-3-40、圖 3-3-40 附圖，遂上右腳半步，以右平拳（手心朝下）以螺旋力進勢，擊甲心窩，參

圖 3-3-38　　　　　　圖 3-3-38 附圖

圖 3-3-39

圖 3-3-40　　　　　　圖 3-3-40 附圖

太極對拳又稱「太極散手對打」，俗稱「散手」。

見圖 3-3-41。如甲僅使劈身捶，則乙用兩手內合，以纏絲勁向左右捌開甲雙手，亦謂之開勢。

17. 甲　橫捌手

甲在乙拳將至時，隨即含胸坐胯（如乙太逼近，可撤左腳，縮回右腳半步緩衝之），參見圖 3-3-42、圖 3-3-42 附圖，同時以左手粘住乙手腕，趁腰右轉勢，由右翻上向左捌開，參見圖 3-3-43，右腳插進乙右腿後，參見圖

「散手」。太極對拳又稱「太極散手對打」，俗稱

圖 3-3-41

圖 3-3-42

圖 3-3-42 附圖

圖 3-3-43

圖 3-3-44

圖 3-3-45

3-3-44，乘腰左轉之勢，右臂平橫捌於乙胸上部，捌使其後仰跌出。此式要領在含胸擴背，腰腿發勁一致。參見圖3-3-45。

18. 乙　野馬分鬃（按步）

乙在被捌將至時，右手順勢上托，掤起甲右臂，參見圖 3-3-46、圖 3-3-46 附圖，同時撤回右腳半步，向右轉

圖 3-3-46

圖 3-3-46 附圖

身，參見圖 3-3-47、圖 3-3-47 附圖，蹲身踏出左腳，置於甲身後，右手執甲右手腕，趁勢下将。參見圖 3-3-48、圖 3-3-48 附圖。

隨即伸左臂，由甲右腋下穿出，往上、向後掤去，此時放開右手，使其懸空跌出。參見圖 3-3-49、圖 3-3-49 附圖。

「散手」。太極對拳又稱「太極散手對打」，俗稱

圖 3-3-47

圖 3-3-47 附圖

圖 3-3-48

圖 3-3-48 附圖

圖 3-3-49　　　　　　　　　圖 3-3-49 附圖

【要求】此式須上下齊力，以胯逼甲，使之雙腳離地。

19. 甲　下打虎

甲在勢將背時，後縮右腳，沉右肩，以腋下堵住來臂，阻其上挑之勢，參見圖 3-3-50、圖 3-3-50 附圖。向左轉腰，執提乙左手，抽回右手，復向右轉腰，提右腳，

圖 3-3-50　　　　　　　　　圖 3-3-50 附圖

參見圖 3-3-51、圖 3-3-51 附圖，向右斜前方（乙身後）
踏出（不動右腳亦可），以右平拳下擊乙脇部。參見圖 3-
3-52。

　　20. 乙　撤步捋

　　乙在甲拳將至時，提左腳向左斜後方撤步，左手翻掌
執拿甲左腕，參見圖 3-3-53、圖 3-3-54，用含胸坐胯之

圖 3-3-51

圖 3-3-51 附圖

圖 3-3-52

圖 3-3-53

墜力，向左、往後将去，參見圖 3-3-55，同時，右前臂搭住甲肘，參見圖 3-3-56、圖 3-3-57，即解背勢，且能使對方跌撲。

21.甲　上步左靠

甲被将，隨勢上左腳（上式未動右腳，則此勢可先動），插入乙襠內，左臂橫於乙胸前，右手補於左肘內

圖 3-3-54

圖 3-3-55

圖 3-3-56

圖 3-3-57

太極對拳又稱「太極散手對打」，俗稱「散手」。

部，以左肩頭靠乙胸部，參見圖 3-3-56、圖 3-3-57、圖 3-3-58，發使凌空。

22.乙　進步雙按

乙在將被靠到時，右腳收回至左腳後或插上到甲之左腳前，參見圖 3-3-59，向右側身，化去甲靠，提起左腳插入甲襠內或扣住右腳跟，參見圖 3-3-60，右手按甲左腕，左手按甲右肘，乘左腿前弓之勢，雙手按出。參見圖 3-3-

圖 3-3-58

圖 3-3-59

圖 3-3-60

圖 3-3-61

61。

【要求】用雙前臂壓出，配合頂頭懸，使甲後退而仰翻。

23. 甲　雙分蹬腳（退步跨虎）

甲在將被按著時，退左腳，含胸後化，左手抄於乙右前臂內側，右手穩執乙左手腕，雙手左右分開。參見圖3-3-61、圖3-3-62。

隨後蹲之勢，抬起右腳，以腳心向前蹬乙腹部。參見圖3-3-63。

【要求】後退左腳須保持適當距離，以便起腿。

24. 乙　指襠捶

乙避甲蹬，上勢後撤回左腳，左右兩手隨腰腿後化勢，參見圖3-3-63、圖3-3-64，

圖 3-3-62

圖 3-3-63

圖 3-3-64

太極對拳又稱「太極散手對打」，俗稱「散手」。

由外向內圍繞，以下壓勁捯開甲的雙手，參見圖 3-3-65，右手變拳，向自己耳邊圓轉，指打甲襠部。參見圖 3-3-66。

25.甲　上步採挒

甲在乙拳將到時，即含胸擴背，落下右腳（亦可虛懸），向右轉腰，右手執拿乙右手腕（亦可用雙手）往右下採沉，並以左手磕擨乙右肘部，參見圖 3-3-66、圖 3-3-67，鬆手一放，或撥乙臂向右，使其因受反力而仰，乘機上右腳於乙身後。參見圖 3-3-68。

右手隨腰左轉勢橫挒於乙胸前，使其失重而仰翻。參見圖 3-3-69。

【要求】含胸一採，轉腰一挒。

26. 乙　換步玉女穿梭

乙在感覺將失重時，以右前臂上掤甲右手，參見圖 3-3-70，撤回右腳至左腳後，換左腳邁進一步至甲右腳外側，參見圖 3-3-71，換左手仍上掤甲右臂，右手由耳前按擊甲胸部。參見圖 3-3-72。

圖 3-3-65　　　　　　　　　　圖 3-3-66

圖 3-3-67

圖 3-3-68

圖 3-3-69

圖 3-3-70

圖 3-3-71

圖 3-3-72

太極對拳又稱「太極散手對打」，俗稱「散手」。

27. 甲　左掤右劈捶

甲在將被擊到時，即後退左腳並向右後轉腰，以左手向右捌開乙右手，參見圖 3-3-73，乘機上掤乙雙手，右腿復向前弓，參見圖 3-3-74，右拳由上往下擊乙胸部。參見圖 3-3-75。

按：此式有多種還招法，乙可以不變應萬變。

28. 乙　白鶴亮翅（蹬腳）

乙在將被劈到時，身腰後化，兩手同時向外分開，參見圖 3-3-76，然後右手向上抄，執甲左前臂，左手向下，執拿甲的右前臂，參見圖 3-3-77，乘含胸下蹲之勢，抬起左腳，以腳底向前蹬甲胸、腹之間。參見圖 3-3-79。

29. 甲　下勢左靠

甲在將被蹬到時，身向後略化，參見圖 3-3-79，右手往下摟開乙左腳，參見圖 3-3-80，左手執拿乙右腕向下採，同時向右轉腰，上左腳插於乙右腳後，參見圖 3-3-81，復橫左手於乙胸前，向前靠之。參見圖 3-3-82。

圖 3-3-73

圖 3-3-74

圖 3-3-75

圖 3-3-76

圖 3-3-77

圖 3-3-78

圖 3-3-79

圖 3-3-80

太極對拳又稱「太極散手對打」，俗稱「散手」。

圖 3-3-81　　　　　　　　圖 3-3-82

30. 乙　撤步搌臂

　　乙在將被靠到時，左腳向後斜方落下，左手由下而上執甲左手腕，同時抽回右腳向斜後方撤半步，右前臂隨腰腿閃避勢，下搌甲左臂。參見圖 3-3-83—圖 3-3-85。

31. 甲　擠按（捋勢）

　　甲在被搌將傾覆時，腰腿向左前伸，化去搌勢，左手

太極對拳又稱「太極散手對打」，俗稱

圖 3-3-83　　　　　　　　圖 3-3-84

圖 3-3-85

由下向上翻，執乙左前臂，右手抿乙左肩，轉至正面勢順時，雙手前按，乙必仰翻。參見圖 3-3-86、圖 3-3-87。

32. 乙　雙風貫耳

乙在被按將背時，順勢蹲身，左臂隨腰向右下轉化，右手抄入乙左前臂內側收回，右腳併齊（虛懸），雙手向上、往前掤起，乘機握拳，向左右分開，同時上右腳成右

圖 3-3-86

圖 3-3-87

太極對拳又稱「太極散手對打」，俗稱「散手」。

弓勢，以虎口挾擊甲左右太陽穴，彼必暈迷。參見圖 3-3-88—圖 3-3-90。

【要求】此招很危險，故用掌。

33.甲　雙按（如封似閉）

甲在將被擊到時，退左腳與右腳併齊，雙手隨腰腿後化勢向裏挾、向下壓乙雙腕；同時換上右步前弓成右弓勢，雙掌向乙胸部按出。參見圖 3-3-90—圖 3-3-92。

圖 3-3-88

圖 3-3-89

圖 3-3-90

圖 3-3-91

34. 乙　下勢搬捶

乙在將被按到時，身向後化，使甲按勢撲空，參見圖
3-3-93，左右手將甲雙手向上、往左右掤起，左手執其前
臂，右拳隨身下蹲成騎馬勢，向前擊甲心窩。參見圖 3-3-
93、圖 3-3-94。

35. 甲　單推（右臂）

甲在乙拳將至時，即含胸坐胯，向右轉腰，左手粘住
乙右肘推向右方，使其成為背勢。參見圖 3-3-95。

圖 3-3-92

圖 3-3-93

圖 3-3-94

圖 3-3-95

太極對拳又稱「太極散手對打」，俗稱「散手」。

36. 乙　右搓臂

乙趁甲向側推勢，右臂順勢抄於甲臂外部向內勾，左手腕貼於甲右腕內側向外推，乘腰、腿向左下蹲勢，右手向裏、往下搓，左手向外、往上搓、折其胳膊。參見圖3-3-96。

37. 甲　順勢按

甲在將被搓時，屈肘，腰腿往下一沉，略往右轉腰；同時，左手向前按乙右肩，成右弓勢，使乙陷於背勢。參見圖3-3-97、圖3-3-98。

38. 乙　化打右掌

乙在將被按出時，右肩隨腰腿向左往後化，參見圖3-3-98，同時右手掌向右上角掤起抄入甲左肩內部，參見圖

圖 3-3-96

圖 3-3-97

圖 3-3-98

太極對拳又稱「太極散手對打」，俗稱「散手」。

3-3-99、圖 3-3-100，趁隨腰腿圓轉勢，右掌向前閃擊甲臉部，參見圖 3-3-101、圖 3-3-101 附圖，左手圍繞甲腕仍抄於甲前臂內側，以防生變。

【要求】乙須以雙臂搶佔中心點，以處於有利地位。

39. 甲　化推（換步扇通背）

甲在將被打到時，後撤右腳，化去乙扇，參見圖 3-3-

圖 3-3-99

圖 3-3-100

圖 3-3-101

圖 3-3-101 附圖

102，同時，左手粘隨乙右手，至胸前時下沉，參見圖 3-3-103，上左腳前弓成左弓勢，同時用左掌按推乙右臂通至胸部。參見圖 3-3-104。

40. 乙　化打右肘

乙在被推而甲尚未發勁時，右臂往下，往右後鬆沉，隨腰轉至胸前，身復向前成右弓勢屈臂以肘夾向前往下擊甲心窩，左手仍圍繞執甲前臂，以防其變。參見圖 3-3-

圖 3-3-102

圖 3-3-103

圖 3-3-104

圖 3-3-105

105、圖 3-3-106。

41. 甲　換步採挒

甲在將被乙肘擊到時，含胸坐胯，套出右手握乙肘部（亦可雙採）。撤回左腳，順勢往右下踩沉，俟乙前俯時，換右腳前進，插右腳於乙右腳後，左手向右下推乙右臂（雙手採則無此右推），右手隨腰左轉勢，橫挒乙頸部。參見圖 3-3-107—圖 3-3-109。

圖 3-3-106

圖 3-3-107

圖 3-3-108

圖 3-3-109

太極對拳又稱「太極散手對打」，俗稱「散手」。

42. 乙　換步翻身撅

　　乙在甲捋將至時，右手上掤甲右臂，撤右步，上左腳（即向右轉）置甲右腿後，右手趁圓轉勢上抄，執甲右腕，左手乘腰腿翻身，由上而下置於甲右肘外部而撅之。參見圖 3-3-110—圖 3-3-112 及附圖。

圖 3-3-110

圖 3-3-110 附圖

圖 3-3-111

圖 3-3-111 附圖

太極對拳又稱「太極散手對打」，俗稱「散手」。

圖 3-3-112　　　　　　圖 3-3-112 附圖

43. 甲　右打虎

甲被搋將背時，左手隨腰腿右轉勢，參見圖 3-3-113、圖 3-3-113 附圖，由下抄執乙前臂，同時，右腳隨腿提起，向乙脇間掠過，參見圖 3-3-114、圖 3-3-114 附圖，右手向上抽回，右腳置於乙左腳後，右手握拳隨腰腿落地，參見圖 3-3-115、圖 3-3-115 附圖，下擊乙背部或右肋。參見圖 3-3-116。

圖 3-3-113　　　　　　圖 3-3-113 附圖

太極對拳又稱「太極散手對打」，俗稱「散手」。

圖 3-3-114　　　　　　圖 3-3-114 附圖

圖 3-3-115　　　　　　圖 3-3-115 附圖

太極對拳又稱「太極散手對打」，俗稱「散手」。

圖 3-3-116

注：亦可按「右打虎下勢」應招。

44.乙 轉身撤步挒

乙在將被擊到時，左臂隨腰腿往右後略化，並挒執甲左手腕，同時，左腳向左後斜方邁步（即側身閃過甲拳）並轉身，橫退左腳半步，右手粘住甲左臂（近肘處），兩手隨腰腿向左後撤勢，挒甲左臂，使其跌撲。參見圖 3-3-117—圖 3-3-120。

圖 3-3-117   圖 3-3-118

圖 3-3-119   圖 3-3-120

45. 甲　上步左靠

甲被捋後，上左腳插入乙襠內橫左臂於身前，右手附於自己左臂內部，以肩頭隨腰腿下蹲勢前靠乙心窩。參見圖 3-3-119－圖 3-3-121。

46. 乙　回擠

乙在將被靠到時，腰腿向左往後略化（身向右閃，使其根自斷），右手翻掌，橫於甲左臂，左手補於自己右臂內（近腕處），同時，右腳踏前半步，以右前臂外部擠甲左臂貼身，使其仰翻。參見圖 3-3-121、圖 3-3-122。

【要求】此式要領在一捋一擠，亦即一來一回，即是一收一放。收即是放，放即是收，此之謂也。須不斷熟練方可奏效。此式有時可向右化，要視來勢權衡，或扣住甲的右腳跟。

47. 甲　雙分靠（換步）

甲在被擠至將背時，即含胸沉胯，抽回左腳上提，隨腰腿左轉勢，右手由下抄上，執乙左手腕，左手隨雙手分

圖 3-3-121

圖 3-3-122

圖 3-3-123

圖 3-3-124

圖 3-3-125

圖 3-3-126

開勢，執乙右腕；同時後落左腳，上右腳插入乙襠內，身下蹲，以右肩靠擊乙心窩。參見圖 3-3-123—圖 3-3-126。

48.乙　側身左靠（換步）

乙在將被靠到時，即含胸沉胯，抽回右腳上提，參見圖 3-3-127，右手向左繞圈，套出甲左手，落右腳、提起左腳，參見圖 3-3-128，左手翻上，以旋轉纏絲勁下壓甲

太極對拳又稱「太極散手對打」，俗稱「散手」。

圖 3-3-127

圖 3-3-128

圖 3-3-129

右臂，同時落左腳從身後置於甲襠內（或置於甲之右腿外側），參見圖 3-3-129，右手分開向右，以左肩靠擊甲右脇部。參見圖 3-3-130、圖 3-3-130 附圖。

【要求】此式須以居高臨下之勢，壓住對方。

49. 甲　打右肘（套步）

甲在被靠到時，往左後化，參見圖 3-3-131、圖 3-3-

圖 3-3-130　　　　　　圖 3-3-130 附圖

131 附圖，乘勢右手由下而上掤起，參見圖 3-3-132、圖 3-3-132 附圖，隨即執拿乙左手腕上提，腰腿下沉屈右臂，以肘向右擊乙左肋部。參見圖 3-3-133、圖 3-3-134 及附圖。

　　【要求】如乙置左腳於甲右腳後，則先套出右腳，置於乙左腳後而肘擊之。

圖 3-3-131　　　　　　圖 3-3-131 附圖

圖 3-3-132

圖 3-3-132 附圖

圖 3-3-133

圖 3-3-133 附圖

50. 乙　轉身金雞獨立

乙在甲肘將到時，即含胸、左轉身，閃過甲肘，同時右腳向前方踏半步下蹲坐實（即轉至甲正面），右手執甲左前臂內側，左手下按執甲右前臂內側，趁身體上升，兩手分開，以左膝蓋或腳尖挑甲襠部。參見圖 3-3-134—圖 3-3-136。

太極對拳又稱「太極散手對打」，俗稱「散手」。

圖 3-3-134

圖 3-3-135

圖 3-3-136

圖 3-3-137

51. 甲　退步化（雙採）

　　甲在乙膝蓋將攻來時，右腳後退避過乙踢，同時雙手向內翻下，執乙兩手腕往下採沉，使其成為倒栽蔥。參見圖 3-3-136、圖 3-3-137。

　　【要求】右旁往下採，以避免撞個滿懷。

太極對拳又稱「太極散手對打」，俗稱「散手」。

52. 乙　左蹬腳

　　乙在被採，隨之下沉至極限（將近地面），而甲採勁落空時，趁甲舊力已盡新力未生之際，隨即起身，向左右分開甲之雙手，同時以左腳心蹬甲腹部。參見圖 3-3-138—圖 3-3-140。

53. 甲　進步擠靠

　　甲在將被蹬到時，右手向左往下撥開乙左手，下抄乙之左腳，隨即右手向右斜方上悠開，同時向右斜上右腳（該時乙腳必下落），趁勢上左腳插入乙襠內，左臂橫於乙左肋部，右手提執乙左手，以左肩隨腰腿下蹲勢靠擊乙心窩。參見圖 3-3-141—圖 3-3-144。

圖 3-3-138

太極對拳又稱「太極散手對打」，俗稱「散手」。

圖 3-3-139

圖 3-3-140

圖 3-3-141

圖 3-3-142

圖 3-3-143

圖 3-3-144

54. 乙　撅左臂

乙在將被擊到時（此時已經後撤左腳），腰腿向左後略化，提起右腳後撤半步，同時左手由上而下執甲左手腕，右前臂隨腰腿左閃勢，向下（肘處）撅甲左臂。參見圖 3-3-144、圖 3-3-145。

太極對拳又稱「太極散手對打」，俗稱「散手」。

圖 3-3-145

圖 3-3-146

圖 3-3-147

圖 3-3-148

55. 甲　轉身右分腳（換步）

甲在將被撅到時，左手隨腰腿向左往後化，右手乘勢由乙左臂下往左抄執乙右肘，同時左腳向乙左後斜方落下，身體向上升，以右腳尖踢乙右脅部。參見圖 3-3-146—圖 3-3-148。

56. 乙 雙分右摟膝

乙在將被踢到時，左手隨腰腿右轉勢，由右臂下往上抄執甲右手腕，換出右手，向右下摟抄甲右腳。參見圖3–3–148—圖3–3–150及附圖。

57. 甲 轉身左分腳（換步）

甲在被摟將背時，右腳向右側方落下，右手向左圓

圖 3-3-149

圖 3-3-149 附圖

圖 3-3-150

轉，套出乙左手，同時左手隨腰腿右轉勢，向右臂下抄乙左肘，乘勢以左腳尖踢乙左脇部。參見圖3-3-150—圖3-3-153。

58.乙　雙分左摟膝

乙在將被踢到時，右手隨腰腿左轉勢，由乙左臂下往左抄執甲左手腕，換出左手向下摟抄甲左腳。參見圖3-3-153、圖3-3-154。

圖3-3-51

圖3-3-152

圖3-3-153

圖3-3-154

59. 甲　採手右靠

甲在被摟將背時，左腳向左斜方落下，略提起右腳。參見圖 3-3-155。

同時，右手隨腰腿左轉勢向上抄執乙右手腕，往右往下採沉。參見圖 3-3-156、圖 3-3-156 附圖。

俟其亮開右脅時，上右腳踏出一步，置於乙右腳後

圖 3-3-155

圖 3-3-156

圖 3-3-156 附圖

太極對拳又稱「太極散手對打」，俗稱「散手」。

（或前），參見圖 3-3-157，以右肩向其右腋下靠之。參見圖 3-3-158、圖 3-3-158 附圖。

60. 乙　回右靠

乙在將被靠到時，右腳略提起，右手隨腰腿左轉勢，向左後繞圍，化去甲靠，同時右手臂翻上，執甲右手腕向右下採沉，使甲亮開右脅部，右腳隨之上半步，以右肩回靠甲之脅部。參見圖 3-3-159—圖 3-3-163。

圖 3-3-157

圖 3-3-158

圖 3-3-158 附圖

圖 3-3-159

圖 3-3-160

圖 3-3-161

圖 3-3-162

圖 3-3-163

太極對拳又稱「太極散手對打」，俗稱「散手」。

61. 甲　上步左攬雀尾

　　甲在被採將靠到時身向後閃，化去乙靠，參見圖3-3-164、圖3-3-164附圖，右手隨腰腿左轉勢向左後繞圓圈，參見圖3-3-165，採執乙右手腕，同時撤右腳，參見圖3-3-166，上左腳置於乙右腿後，參見圖3-3-167，左臂由乙右脅下伸至胸前，乘勢向左往前掤擊。參見圖3-3-168。

圖3-3-164

圖3-3-164附圖

圖3-3-165

圖3-3-166

62. 乙　右雲手

乙被掤，含胸擴背向右側身化過甲掤；左腳向前踏半步，同時轉腰坐胯，右手翻執甲右腕，向後提，下雲；至甲勢已背時，右手按甲右腕，左手按擊甲右肩。參見圖3-3-168—圖3-3-170。

圖 3-3-167

圖 3-3-168

圖 3-3-169

圖 3-3-170

太極對拳又稱「太極散手對打」，俗稱「散手」。

63.甲　上步右攬雀尾

　　甲在被乙按勢所擊中將背時，沉肩轉腰，向右坐胯圓化，同時，左手由臂下，執抄乙左手腕。撤左步，復上右腳向右斜前方踏出至乙左側，右臂由乙腋下伸至乙胸掤去。參見圖3-3-171—圖3-3-174。

圖 3-3-171

圖 3-3-172

圖 3-3-173

圖 3-3-174

64.乙　左雲手

乙被掤，含胸擴背，左腳向後退半步，向左轉腰坐胯，化去甲掤；同時，左手翻執甲左腕，向右後提雲，至甲勢背時，左手按甲左腕，右手按擊甲左肩。參見圖 3-3-175—圖 3-3-177。

圖 3-3-175

圖 3-3-176

圖 3-3-177

太極對拳又稱「太極散手對打」，俗稱「散手」。

65. 甲　雙分（掤勢）

　　甲在被按將背時，左腳略向後移，左肩下沉，隨腰腿向後圓化，同時兩手向左右分開（亦即分開乙之雙手），左手執拿乙右腕，略提右腳，右臂彎為圓形，隨右腳落步向前張開，擊乙心窩。參見圖 3-3-178—圖 3-3-181。

圖 3-3-178

圖 3-3-179

圖 3-3-180

圖 3-3-181

太極對拳又稱「太極散手對打」，俗稱「散手」。

66. 乙　側身撇身捶

乙在將彼掤到時，左腳略往後移，右手隨腰向左側轉勢，下掛粘住甲右手，複隨勢翻上，壓於甲右前臂，左手按甲肘部，右腳同進，隨身法右轉勢落於甲腿右側，上左腳半步，右拳往前撇紮甲胸部。參見圖3-3-182—圖3-3-184。

注：本式是搶佔左側進攻一法。

圖 3-3-182

圖 3-3-183

圖 3-3-184

太極對拳又稱「太極散手對打」，俗稱「散手」。

67. 甲　上步高探馬（下踢腳）

　　甲在將被乙撤到時，撤右腳（與左腳齊），向右轉身，化去乙捶，含胸擴背，右手向上圓轉勢，採執乙右手腕，左掌前撲乙臉部，同時左腳向前踢乙右膝部。參見圖3-3-185—圖3-3-187。

圖 3-3-185

圖 3-3-186

圖 3-3-187

68. 乙 白鶴亮翅（下套腿上閃）

乙在上下被攻時，上左腳與右腳齊，左手由下往內抄，執甲右手腕，右手同時向上角掤化甲右掌，乘勢閃擊甲臉部，右腳同時向左往上提起套按甲左腳，並還蹬之。參見圖 3-3-188—圖 3-3-190。

圖 3-3-188

圖 3-3-189

圖 3-3-190

69. 甲　轉身擺蓮

甲避上下攻勢，收盤左腿遂丟開乙雙手，向右轉身，圓轉至原有方向，轉體360°，落左腳，以右手採執乙右手腕，同時提起右腳，腳尖向上，向右橫掃乙右脇部。參見圖3-3-189—圖3-3-193、圖3-3-193附圖。

圖3-3-191　　　　　　　圖3-3-192

圖3-3-193　　　　　　圖3-3-193附圖

70. 乙　左斜飛勢

乙在將被踢到時，即向右側身，同時向前落下右腳（蓋步）。參見圖 3-3-192。

右手翻執甲右手腕，左臂抄入甲右腋下，橫伸入甲胸前，上左腳向上挑去。參見圖 3-3-193、圖 3-3-193 附圖。

【要求】乙須向右成左弓勢，扣甲的左腳。

71. 甲　刁手蛇身下勢

甲在被挑將背時，即向左前方落下右腳（蓋步）成坐盤勢，化去乙挑，右手刁執乙右手腕，往上向後提，同時提起左腳，隨腰胯向右圓轉（即向後轉180°），插入乙襠內，乘蹲身上起，橫左掌攻乙小腹部。參見圖 3-3-194—圖 3-3-197。

【要求】此式難度較高，圓轉能隨意，起伏不顛簸，而以雀地龍（即極低之單鞭下勢），攻入者則可謂有功夫矣。

圖 3-3-194

圖 3-3-195

太極對拳又稱「太極散手對打」，俗稱「散手」。

圖 3-3-196

圖 3-3-197

72. 乙　右斜飛勢

乙在被攻到時，即含胸擴背，右轉腰略化甲攻，左腳向右斜方上半步，左手由下往上抄執甲左手腕，復上右腳（或到叉步），右臂抄入甲左腋下，橫伸於甲胸前，向右、往上挑去。參見圖 3-3-197—圖 3-3-201。

圖 3-3-198

圖 3-3-199

圖 3-3-200　　　　　　　圖 3-3-201

73. 甲　左打虎

　　甲在被挑勢將背時，略縮左腳，沉左肩，以腋下堵住來臂，同時右手執乙右手腕往右下採沉，套出左手，提起左腳，向乙右脇掠過，置於乙身後，以左拳擊乙背部。參見圖 3-3-201—圖 3-3-205、圖 3-3-205 附圖。

圖 3-3-202　　　　　　　圖 3-3-203

太極對拳又稱「太極散手對打」，俗稱「散手」。

圖 3-3-204

圖 3-3-205

太極對拳又稱「太極散手對打」，俗稱「散手」。

圖 3-3-205 附圖

圖 3-3-206

74. 乙　閃身右撇身捶

乙在甲拳將到時，即向右轉身坐腿，讓過甲拳，左手由下抄執甲右手腕，趁勢右腿前弓，右拳由上往下劈甲臉部及胸部。參見圖 3-3-205—圖 3-3-208。

75. 甲　倒攆猴（一）

甲在將被撇到時，即含胸擴背，坐右腿，身向後，手

圖 3-3-207

圖 3-3-208

圖 3-3-209

圖 3-3-210

往下繞化，左手粘住乙右手腕向右、往下繞化，同時右手
隨腰轉勢，化開乙左手。參見圖 3-3-209、圖 3-3-210。

76. 乙　左閃（上步）

乙被化，隨即上左步，右手隨腰繞甲左手，左掌順勢
向右前橫閃甲右臉部。參見圖 3-3-211—圖 3-3-213。

注：乙此時打掌，腳步在行進當中，尚無定式。

太極對拳又稱「太極散手對打」，俗稱「散手」。

圖 3-3-211

圖 3-3-212

圖 3-3-213

圖 3-3-214

太極對拳又稱「太極散手對打」，俗稱「散手」。

77.甲　倒攆猴（二）

甲在乙左掌將閃到時，即後退左腳，含胸擴背，坐左腿，身向後化，右手粘住乙右掌，向右往下沉化，左手隨腰轉勢繞開乙右手。參見圖 3-3-213、圖 3-3-214。

78.乙　右閃

乙右手隨甲左手繞化勢向左、往後收繞，順勢向左前

方橫閃甲的左臉部，同時，左手隨腰腿轉勢化開甲右手。參見圖3-3-215。

79.甲　倒攆猴（三）（撲面）

甲在將背勢時，即退右腳，含胸擴背，續向後化，左手隨腰腿轉圓圈勢，向右沉化乙右掌。

乙見右閃進攻被化，再次用左閃進攻。右手隨勢繞化，轉至乙左前臂外側時，以沉肩垂肘壓住對方，向前回撲乙面部。參見圖3-3-216—圖3-3-218。

從75式到79式名曰三閃還一掌。即乙占順勢，甲趨逆勢，連遭阻擊，此即連續進招之重要也，甲遭三擊而還手。此即全倒攆猴，雖然係防禦手法，實退而欲進也，非含胸擴

圖 3-3-215

圖 3-3-216

圖 3-3-217

太極對拳又稱「太極散手對打」，俗稱「散手」。

背不足以轉化，無沉肩垂肘是難敵勁，此即太極對拳之法則之重要也。

80. 乙　上步七星

乙在將被撲到時，左手捌往甲右手，乘勢後移右腳半步，身往後坐，化去甲擊，右手經由右腰間向上橫格甲右前臂下方，亦即自己左腕上，左右兩手交叉成斜十字形，上捌甲右掌，同時，身向前引、上升，挑起右腿，以腳尖向上踢甲下部。參見圖 3-3-218—圖 3-3-220。

81. 甲　海底針

甲在將被踢到時，即含胸擴背，後移右腳半步，坐右腿，身下蹲，化去乙踢，右手執乙右手腕，左手置自己右腕處，兩手同時隨腰腿往下採

圖 3-3-218

圖 3-3-219

圖 3-3-220

太極對拳又稱「太極散手對打」，俗稱「散手」。

沉，使其雙腿倒懸。參見圖 3-3-220—圖 3-3-222。

　　注：此招熟練後，可經常使用。

82.乙　扇通背

　　乙在被採將背時，身手放鬆隨之下沉，緩甲採勢，等甲舊力已盡、新力未生之際，向上提起甲右手，同時上左步，以左掌前擊甲胸部，須發出驚彈之力。參見圖 3-3-222—圖 3-3-224。

圖 3-3-221

圖 3-3-222

圖 3-3-223

圖 3-3-224

太極對拳又稱「太極散手對打」，俗稱「散手」。

圖 3-3-225

圖 3-3-226

83. 甲　手揮琵琶

　　甲在乙掌將擊至時，身體隨腰腿向右後偏化，讓過乙掌，同時右手翻執乙右手腕，向後、往下扭採，左前臂撅乙右肘，身往後坐，含胸擴背，兩手寓有相合之意，一似彈調琵琶，隨即揮出，彼必應手而撲跌。參見圖 3-3-225、圖 3-3-226。

84. 乙　彎弓射虎

　　乙在將被撅合時，放鬆右臂，隨腰腿向後、往下圓轉沉化，略蹲身，起右腳向右前方橫上一步，右手順勢抓住甲右手腕，向右上角提起，左手按甲右肩部，兩手同時向前推出，一似彎弓射虎之狀。參見圖 3-3-227—圖 3-3-229。

　　注：此式右腳橫上，可以

圖 3-3-227

太極對拳又稱「太極散手對打」，俗稱

圖 3-3-228

圖 3-3-229

扣住甲的左腳跟，甲必仰翻無疑。

85.甲　閃身單鞭

甲在將被推出時，隨即蹲身，向左後撤左腳，身向左偏，化去乙推，同時提右腳，左手往下勾，化去乙右手，趁身、腰由左往下，向右轉身勢，右手五指下垂，以腕背部攻乙腹部。參見圖 3-3-228—圖 3-3-232。

圖 3-3-230

圖 3-3-231

86. 乙 肘底捶（換步）

乙在將被攻到時，身、腰隨右腳撤回，向右偏，化去甲抓拳，左手向右上掀起甲右臂（托肘部），右拳趁左腳踏出勢，由自己右腰間抱轉，經左肘下向前擊甲之脅部。參見圖 3-3-232—圖 3-3-235、圖 3-3-235 附圖。

注：此招，應我閃身，彼必受拳。

圖 3-3-232

圖 3-3-233

圖 3-3-234

圖 3-3-235

圖 3-3-235 附圖

87. 甲　十字手（換步）

　　甲在將被擊到時，含胸擴背，退右腳，身、腰向右轉，避化過乙捶，同時右臂下沉至乙右臂，向右摟開，使乙陷於背勢，上左腳，用左掌虎口叉乙喉部成十字手勢，使其仰翻。參見圖 3-3-236—圖 3-3-239。

　　【要求】此招要雙手一起用力。

圖 3-3-236

圖 3-3-236 附圖

圖 3-3-237

圖 3-3-238

圖 3-3-239

圖 3-3-240

88.乙　抱虎歸山

乙在將被叉到時，身腰後化，略縮左腳並蹲身，同時上掤，分開甲之雙臂（由上而下），由外向內合抱甲之雙肘部，上左腳（或右腳），突然起身高掀甲，使其雙腳凌空，向前發出。參見圖 3-3-239—圖 3-3-243。

此式之要領，全在（由腳而腿而腰，總須完整一氣，

圖 3-3-241

圖 3-3-242

圖 3-3-243

方能得機得勢），否則甲只是後退數步而已。

　　注：乙的動作即單練上的「十字手」，現所以為「抱虎歸山」，實係「斜摟膝拗步」，可由此式以資證明。

太極對拳又稱「太極散手對打」，俗稱「散手」。

第四節　太極對拳幫學篇

1. 散手之法能順人①
2. 粘連黏隨攻不紊②
3. 含胸擴背示以近③
4. 頂扁丟抗說是病④
5. 半圈化來半圈發
6. 驚鑽巧取纏絲勁
7. 突屈推擊如雷震

8. 冷靜謀攻索其情⑤
9. 勢來如風左右遁⑥
10. 擊如脫兔莫回巡⑦
11. 屈膝沉襠自平衡
12. 擊其惰歸乘勢捆⑧
13. 戰無常規須機敏
14. 水無常形潰千軍

【注釋】

① 順人者能得勢也。
② 膠著狀態的戰術，使之站不穩腳。
③ 誘敵深入而擊之。
④ 要機動靈活，不要硬拼硬打或束手縛腳。
⑤ 知己知彼，百戰不殆。
⑥ 來勢兇猛，向己身兩旁運化。
⑦ 一經出手，毫不猶豫。
⑧ 敵疲我打。

「散手」。太極對拳又稱「太極散手對打」，俗稱

第五節　太極拳主要的法則和原理

部　位	法　則	原　　　　理
頭　　部	頂頭懸	易於入靜，穩住身體重心，不致偏倚（寶塔的穩定性全在於寶塔頂的垂直）。
雙手部位	沉肩垂肘	限制手臂的挺直而斷勁，符合曲中求直的標準，沉肩可使身體充實，呼吸不致上浮。
軀幹部位	含胸拔背	使呼吸暢通，左右手彼此呼應。含胸可以引勁落空。拔背可以發勁有力。
腰　　部	鬆　腰	使轉動靈活，全身肌肉不致緊張，藉以增加彈力。
臀　　部	尾閭收	使身軀中正，氣息下沉，不致形成拱形及肌肉緊縮現象。
結構部分	嚴謹周密	不能有凹凸處、斷續處、缺陷處，使其圓活轉變，要如流水行雲，藉以促功夫節節上升。
形成部分	舒展柔和	取其瀟脫大方的風格，捨其劍拔弩張、垂簾閉目、咬牙瞪眼等陋形怪樣，這就是太極拳的風格。

　　這些法則只要是大體上領會，每次練習要著重在意念表現出十三種勁和法的鍛鍊法。

第六節　推手十三勢勁法說明

　　按照古時候的說法，十三勢是根據五行八卦之原理而成的。當然，五行八卦其本身是沒有什麼意義的，它像現代數學上的符號那樣，只不過用來解釋題目的，裏面並不包含什麼迷信談玄的意味。我們不妨依據這個說法，來說明十三勢這個題目，是會比較容易瞭解的。

　　由上文練架子的十三勢，講到推手的十三勢，這兩個十三勢就有內外的分別。就是拳論上所說的內、外五行和內、外八卦。

　　1.五行形於外者，為進、退、顧、盼、定。

　　2.五行發於內者，為粘、連、黏、隨、不丟頂。

　　3.八卦形於外者，為四正、四隅。四正即東、南、西、北。四隅即東南、東北、西南、西北四個隅角。共八個方向。

　　4.八卦蘊於內者，為掤、捋、擠、按、採、挒、肘、靠。

　　但是，形於外者是勢道，即方法；蘊於內者是勁道，即巧力。無論勢道與勁道，具體的做法都是「其根在腳，發於腿，主宰於腰，而形於手指」。因此，練習拳架是練勢道與勁道，練習推手是求懂得勢道與勁道。

　　練勢道與練勁道這個傳統的鍛鍊方法，現在是很少有人能注意了，能夠掌握的更是寥若晨星。

太極對拳又稱「太極散手對打」，俗稱「散手」。

一、內五行勁法說明

1. 粘（沾）

粘勁是「兩物相交，粘之使起」，這個粘字是太極拳的術語，並不是說能夠直接把人粘起來，而是間接粘起來的意思。例如，兩人推手，對方身材高大、氣力充實，就很難掀起或推動對方的重心。而用粘勁就能使對方自動失重。方法是先用意試探之，誘其處處撲空，當對方舊力已盡、新力未生之際，必然暫時失去重心，重心一失，必然上重下輕，我順勢以不丟不頂的勁法，引敵懸空。這就是粘勁。

2. 連

連勁是連串的手法，「不中斷、不脫離」連綿圍繞，不停止、不休息，與對方纏住。這就是連勁。

3. 黏

黏勁是黏貼之謂。彼進我退，彼退我進，彼浮我隨，彼沉我輕，要使對方丟不開，甩不脫。這就是黏勁。

4. 隨

隨勁是「緩急相隨，進退相依」，不抗拒，不離開，不搶先，不落後，如影隨形。這就是隨勁。

5. 不丟頂

丟頂是離開也、抵抗也。而不離開、不攘先，就是不丟頂。

將以上所說的內五行勁道詳細地解釋開來，就是分五步功夫，但是臨陣對敵的時候，卻是一剎那間的手法，其總訣在一個圓圈上，也就是說，行使一個圓圈就包含著這

太極對拳又稱「太極散手對打」，俗稱「散手」。

五種勁道。因此，內五行的勁道不像內八卦的勁道有著比較明顯的區別。

另外，這個圓圈的功夫還貫串著一種化勁，極為重要。說起來似乎很簡單，如果要熟練地掌握它，也確實不是一件容易的事情，雖盡畢生的研究也是沒有止境的。

二、內八卦勁法說明

1. 掤

掤勁義何解，如水負舟行。先實丹田氣，次緊頂頭懸。周身彈簧力，開合一空間。任爾千斤力，飄浮亦不難。

2. 挒

挒勁義何解，引導使之前。順其來勢力，引之使長延。輕靈不丟頂，力盡自然空。重心自維持，莫被他人乘。

3. 擠

擠勁義何解，用時有兩方。直接單純意，迎合一動中。間接反應力，如球撞壁還。又如錢投鼓，躍之聲鏗然。

4. 按

按勁義何解，運用如水行。柔中已寓剛，意流勢難當。遇高則澎蕩，逢窪向低潛。波浪有起伏，有空必竄入。

5. 採

採勁義何解，如權之引衡。任爾力巨細，權後知輕重。轉移只四兩，千斤亦可秤。差問理何在，槓桿作用

存。

6. 挒

挒勁義何解，旋轉如飛輪。投物於其上，脫然擲尋丈。急流成漩渦，捲浪若螺紋。落葉墜其上，倏爾便沉淪。

7. 肘

肘勁義何解，方法計五行。陰陽分上下，虛實宜辨清。連環勢莫當，開花捶更凶。與勁融通後，用途始無窮。

8. 靠

靠勁義何解，其法分肩背。斜飛勢用肩，肩中還有背。一旦機可乘，轟然如倒碓。仔細維重心，失中徒無功。

注：本文關於內八卦諸勁法所解答的五言詩句是摘錄前輩的著作。從詩句中我們可以看出前輩對於太極推手的深刻研究，這都是從實際鍛鍊中得出的經驗之談。雖然詩中有些是形容詞，但是不這樣寫，確也難道出太極拳的妙用所在。

我寫這篇文章倒不是為了提倡技擊，而是要說明太極拳絕不是單純的徒手體操，它有獨特的技巧和豐富的學說。我的意思是如果學者年事已長，自覺勁力不及者，單純拳架小足以強身延年，懂得其中原理更能夠提高學習興趣。如果年富力強，環境許可，盡可博學而探討，以作登堂入室之研究。

第七節　散手捷要篇

　　拳術之道，貴乎嚴謹，技之高者允剛允柔，下者比勢，中者恃強之勇，此不鮮見。太極拳之常法曰：頂頭懸使身中正，尾閭收時即中定，沉肩垂肘，含胸擴背。虛懷若谷、魚貫而行，擊左則顧右、欲下則寓上，闊不疏、密不促，等述猶似抽絲、剛發如同雷震，與其恃勇而強力，不若平順以自固，精神宜灑脫飄逸，狀貌宜莊重格致。

　　彼強我弱先化其鋒。撥其鋒時乘間進攻，遇強不亂、遇弱不欺。夫散手始以正合，終心智勝，妄動者必呈缺陷，求勝者必露僵硬，輕舉無謀，恃刀取敗。彼弱我強勿張其勢，先穩自身，惴惴小心，如臨乾谷，此之謂也。

十三勢勁與法

勁的名稱	技擊上的類別	說　　　明	要　　領
掤	防禦手法	是主要勁法之一，練習全套太極拳不能須臾脫離此勁。此勁如水托舟，如戥分量之力，是知覺力，是反應力，一切外來的力量，皆借掤勁來辨別方向，因此掤勁又是粘黏勁。	全身肌肉放得鬆靜
捋	攻擊手法	往後拖拉之謂。其用力趨向三分向下、七分向後。它的輔助手法是左採右捌。	含胸、側身、坐胯三者的一致

勁的名稱	技擊上的類別	說　　　明	要　　領
擠	攻擊手法	以一手扶己內臂部，向前或偏左、偏右擊出之謂。擠的輔助手法，往往是為先鋒，其適合於近身使用，如太極對拳中的回擠。	雙手用力一致，後腳蹬而前腳進
按	攻擊手法	向前推去之謂。其勁用於對方移動重心的一剎那，是沖擊力。	頂頭、擴背、前弓、後箭，先向下踏，然後發擊
採	輔助手法	以纏絲勁抓住對方，採住下沉，即成攻擊手法。如海底針、對拳中的雙採等。	含胸、縮胯，直線下沉
挒	輔助手法	向左右上下擋開之謂。含有別住對方不能動彈的壓勁，轉而為分開勁。如白鶴亮翅、如封似閉、單鞭的勾掛等。	在腕下的一轉一擺
肘	輔助手法	向四面八方避化之力，要若接若離，如屈肘向前；頂撞則為攻擊手法，如對拳中之右打肘。	左右轉腰
靠	攻擊手法	用肩頭向目的處衝撞之謂，是爆破力。	在於全身肌肉的一收一放
前進	方法之一	螺旋力前進，連續使招，逼使對方無間隙平衡重心。其沖擊的組成是身體前傾40°和腳蹬地面的反作用，所謂退之則愈促。	快速

勁的名稱	技擊上的類別	說　　　明	要　　領
後　退	方法之一	遇敵來攻,需保持一定的距離,勿使逼近。其關鍵是雙手不離中心,擋住對方。如倒攆猴含有雖退寓進之法,所謂進之則愈長。	保持中正
左顧	方法之一	隨敵化勢向左進攻,逼對方成死角,無還手之功。即以我之正面向對方之側面成丁字形。如對拳中之折疊撇身捶等。	在於左右閃讓自成丁字形
右盼	方法之一	同上,如野馬分鬃、對拳中之轉身雙按等。	同上
中定	主要原則	以靜制動。當矛盾行至相對狀態的一瞬間,誰先冒頭者,則可操勝算,此一定之理也。具體做法是屈膝沉襠,即穩住重心。	鎮定

第八節　推手總則

　　最初練習推手如何能連續向對方發勁,應用粘、黏、掤、按等手法將對方發倒,同時還要化去對方的還擊,必先明白六點要領,以及戰略戰術,才能有恃無恐。

　　1.發勁要迅速。發出之勁,務使對方惶恐失措,無暇還擊。

　　2.出手要乾淨俐落而著力,見機會到來,毫不遲疑。

太極對拳又稱「太極散手對打」,俗稱「散手」。

3. 自己身體要保持均勢，斷然不能動搖，使對方無機可乘。要隨時準備使招，意志決不稍餒。

4. 自身各部要活動自如，方能制勝。要有進有退，進而不退，退而不進，鮮有不挫敗者。

5. 遇身長力大者，不可多取攻勢，必須等待時機，方可突然給以連續之發勁。遇手法綿軟而沉重者和精神飽滿者，或腰腿靈活、反應極快者，都不可輕易襲取。

6. 勿恃蠻力，勿存鬥力之心，勿炫新弄奇。因推手係一門以柔克剛的技術，應該循序而漸進，不可妄求。

由單練太極拳進而學習推手，由推手而學習太極對拳，由太極對拳進而再行推手，以此為練功之程式也，亦即由淺入深、漸次掌握太極拳之用法也。

一、化（即守勢）

如何保持自力，不為對方發出，須要化的得法，即守得穩固。化勢與攻勢同樣重要，學者不可忽略。

化勢分兩種：

（一）堵截法

即不讓來勢觸及自己身軀。其關鍵在含胸擴背，手肘掤開，與自己身軀保持一定距離，有時胯部下沉，捯開對方的來勢轉向，也很見效果。

（二）引勁落空法

即向左右轉腰，避免做正面之沖擊，使來勢落空。此時必須注意，對方在使勁落空時，常出現疏懈之處，可以

太極對拳又稱「太極散手對打」，俗稱「散手」。

踏暇乘隙，轉取攻勢。

無論堵截法或引勁落空法，自己雙手切勿敞開，身體勿起立，否則自身失保護，極危險也。

二、發（即攻勢）

如何可以向前用按、擠掀倒對方，用捋、採挫倒對方，這是推手所爭奪的焦點，皆靠熟練之方法與發勁之正確，這步功夫決無僥倖之事，全賴平日所下之辛苦也。

（一）一手或雙手執住對方腕或肘，向後、往下採沉，挫折對方倒地。此種手法大都配以連續撤步而行，使其惶恐失措，一時失卻控制，歸於失敗。

（二）雙手前推，或一手附於己前臂向前猛擠，以動搖對方地位，加以連續攻勢，使其仰翻。此法大都配以上步而行。

尤須注意者，無論前攻或後挫，必須在使招發勁之同時要擺脫對方借抓住之力，復歸於平衡也。此即所謂使招之乾淨俐落也。拳譜云：「化之不盡，發之不遠」「引勁落空合即出。」此之謂也。

三、進一步說明

（一）當使第一個動作時，後面還藏一種巨大的攻勢（即發）。但必須注意，一經立定主意，要立即連續進招，務使心手相應，不能有絲毫猶疑，否則機會失去不復再來。

（二）此第一動作，以亂其心意，要使對方在我擬定的方法內歸於失敗。此種手法，足以震驚對方神經系統，

而牽動其全體均勢。

（三）抽冷使招，使對方感到極大之威脅。其在受第一動作之震驚，至少在 1 秒鐘內，不能有相關之對付，緊接第二動作之發勁，其勢必然不支。

（四）至於用第一動作還是第二動作，把握其方法及變化，可在太極對拳之方法熟練後，而選擇比較擅長的，即可使用。

（五）對方感受一二動作之震盪，可能暫時喪失控制，要做到這點，即在以迅雷不及掩耳之發勁。此種手法一似電擊對方，令其甚至不知何由而倒地。

四、假動作之作用

利用假動作聲東擊西，以動搖對方守勢，是推手應有的機謀，其在推手技巧中的地位極其重要。

（一）行使假動作無甚秘訣。例如：欲做往前擠狀，誘使對方抽回其手，我即以敏捷之身法隨上，順勢前掤，自無不勝者。拳譜曰：「意要向下，即寓上意，若將物掀起而加以挫之之力，使其根自斷，及壞之速而無疑。」即指此也。

（二）假動作除擾亂對方意志外，可迫使對方常取守勢，不得攻我，於是我常處主動地位。

（三）假動作又可引誘對方來攻，其受假動作之驅使，必然有部分身軀失其掩護或失重，則我所暗藏之方法得而乘機使用。

（四）假動作之使用當在發大力之前，且慢發動，必須行一兩次假動作，以試探對方之能力如何？其長度如

何？其優點何在？應用何種手法足以引起其狐疑？其守勢何處最懈？其所擅長者何種手法？其反應力如何？均須冷靜之觀察，然後部署戰術對付之，方有佔優勢之可能。

（五）正式推手非比尋常，這是一項爭奪勝負的運動，除要有熟練的技巧之外，還必須有冷靜的戰略。有些人認為，與人交手，只要強力抗拒，雙臂揮動與群蜂搏鬥一樣，即為得計，其實大謬。推手有勇氣固然重要，但更重要的是戰略，否則只使蠻力，不足為奇。拳譜曰：「察四兩撥千斤之句，顯非力勝。」是說推手貴以技巧和戰略取勝。

第九節　太極對拳的保健作用

一、內外協調　抑制病灶

太極對拳在外形上要求手、眼、身法、步配合一致，在內裏則要求精、氣、神運用集中，要求內臟器官與動作有機協調，這樣促使大腦高度集中，才能有條不紊地指揮動靜。

由於精神集中於大腦某區域，生理學稱為誘導現象，是大腦這部分加強處於興奮狀態，其他部分勢必減弱，起到抑制作用。

根據這個理論，加強鍛鍊可以抑制大腦皮層某些慢性病灶，工作之餘可以轉移興奮點，消除因工作而起的疲勞。

太極對拳又稱「太極散手對打」，俗稱「散手」。

二、加強鍛鍊　適應自然

（太極對拳）要上下相隨，內外相合，呼吸自然，對神經系統和大腦來說，是個良好的訓練，加強了各器官的互相配合、互相調節，於是增加了人體對自然界的適應力，起到積極的理療作用。

三、血液流暢　疏通管道

太極對拳講究呼吸深長勻靜，運用腹式呼吸，動作要求和諧，這樣就擴大了肺活量。

人們在進行較大的工作量時，只要深度呼吸，就不致氣喘而能夠持久，由於要求沉肩，迫使橫膈膜下降，胸腔的體積增大，腔內負擔和腹壓也隨之增大，下肢因負擔體重，靜脈血更快向心臟回流，從而加速血液循環，疏通了體內千千萬萬根管道，隨著出汗，排泄了存於體內的親質、其中包括致病的親質，頓覺神清氣爽，周身輕鬆。

四、按摩肝臟　蠕動腸胃

由於太極對拳的動作舒適自然，要求含胸、擴背、沉肩、垂肘、收胚骨，直頸椎骨，使全身肌筋不過分緊張。在練法上講究順手自然的圓弧運動，因此沒有緊張用力的動作，促進血脈暢通，帶動淋巴系統的循環，消除瘀血現象，改善了關節的血液循環，加強了血管和韌帶的柔軟性和伸縮性，因毛細血管的暢通，又加強了心肌的營養，對清除心臟的阻礙是十分有利的。

此外，橫膈膜的活動範圍增大，對肝臟起按摩作用，可

太極對拳又稱「太極散手對打」，俗稱「散手」。

消除致病的瘀血，促使肝功能正常。它還能加強腸胃蠕動，增強消化液的分泌，對消化系統的改善是十分顯著的。

太極對拳的動作舒適自然，它的架勢結構成熟，兼有許多歷史論文可資學習，掌握了它們，可收到事半功倍的效果。

第十節　如何進一步打好太極拳

如何打好太極拳，使其收到袪病延年的效果。以及如何能夠掌握太極拳固有的技巧？我們必須明白，其中有一個相互關聯的鍛鍊方法，是我們必須遵循的。

一、姿　勢

太極拳有九九八十一式，務求姿勢正確，每招每式須分得清，掤、捋、擠、按、採、挒、肘、靠，絕對不能含糊。要不厭其煩地改正，要按照拳譜上要求「立身須中正安舒，支撐八面」「運勁如抽絲，邁步如貓行」「蓄勁如張弓，發勁如放矢」等等，否則都是假的，不可能達到美妙的境地。

二、法　則

即頂頭懸、尾閭收、含胸、拔背、沉肩、垂肘，這六個法則，非常重要，我們必須要有深刻的認識，它不僅對調整生理機能作了科學的安排，實際上又是技擊上的一種練功方法。頂頭懸是為了聚精會神；尾閭收是為了中正身

軀，穩定重心；含胸是為了腹式呼吸可以持久；拔背是為了加大發勁的力量；沉肩是為了下盤穩固；垂肘是為了防守嚴密。它以姿勢為手段，主要是掌握法則，練來練去也就是練這個法則。

這幾個法則確實不易掌握。做得過分，則出現僵勁，就不圓活；做之不及，又見得輕飄，就不是綿裏裹針的手法，稍微一點兒不聚精會神，就容易疏忽。因此，我們要深深地認識它，牢牢地掌握它，否則雖然練千遍萬遍有何益哉。

三、意　識

姿勢與法則兩者全靠意識的帶動。拳譜云：「全身在意在精神，不在氣。」「意氣須換得靈乃有圓活之趣。」如果不明白由意識帶動姿勢的話，雖然也能起健身的效果，但遠不及明白理法的鍛鍊收效快而見速效。

姿勢、法則、意識的內在聯繫，好比演奏鋼琴。姿勢好比樂譜，法則好比手上功夫，悠揚悅耳的聲調全在意識的調節。三者同時協作，才能演奏出動人的音樂。如果曲不成章，雙手沒有功夫，意識不專一，還成什麼樂章，亂七八糟矣。諸般藝術，皆是一個道理。

（一）在練習之先，先有若干分鐘處之安靜，排除一切雜念。首先要注意存神納氣。存神只要頂頭懸，自然會精神集中，不致澀滯。納氣只要含胸、尾閭收，自然會轉入腹式呼吸。照這樣做也就符合拳譜指出的「尾閭中正神貫頂」「滿身輕利頂頭懸」。

（二）升降盤旋要勝似閒庭信步，從容不迫；姿勢似

落花流水，沉浮有致；動作要似落雲行空際，毫無阻隔。其要領即在神情溫和，全體放鬆到惰性狀態，任其產生慣力。

（三）要注意太極拳還有許多規矩。從起勢到末尾，不可忽快忽慢，伸展轉折不可有棱角之處，不可有顛簸，尤其不可有寸許之處著力，不可皺眉努嘴，不可垂簾閉目，不可探爪緊拳，出手要主次分清、虛實分清等。將這些規矩都做到後，看看它對於調節生理的效果如何？提高靈敏性、增強反應力又到什麼程度？我相信在短期內必然有很大的提高。

第十一節　簡談太極拳數則

一、站五分鐘太極勢

學太極拳欲求姿勢優美、動作順遂，均在腰腿功夫。腰腿功夫的深淺，全靠站樁八法。太極拳以太極勢（又名虛勢或稱寒雞勢）最為重要，猶如少林拳以騎馬勢為最基本樁勢一樣。此勢進而為三才勢（即打虎勢），再進而為弓箭勢，起而為獨立勢，蹲而為撲虎勢，退而又可為弓勢，進退變化極其靈便，分清虛實和邁步如貓行，全仗此勢的功力。

此勢站來宛如置身於安樂椅上，一腳前伸，腳跟著地，腳尖蹺起，要虛而不實，一腳在後，屈膝而坐，架住全身，設或有人抽去其座位，仍然安穩自如，似乎不覺

者，其姿勢不因抽去座位而稍有改變。無論右太極勢或左太極勢，兩勢輪流交換，能夠站樁至5分鐘而神色自若，腰部不起僵勁者，則腰腿功夫可謂到家矣。

二、真實的功夫

所謂功夫，如何理解？具體表現在何處？學習者必須分清。吾以為學者的肺活量日漸增長，即使竄、蹦、跳、躍也不致氣喘身搖，手腳漸次柔和，能夠做複雜巧妙的動作，精神充足而活潑，思緒周到而敏捷，發聲洪亮，目光有神，遇事能鎮定，工作能任勞，食量增加，睡眠合適，日常舉動輕鬆，步伐矯健，都可證明。此其所謂真實功夫，而非計較力氣之大小也。

三、寶貴的遺產

太極拳是蘊於內而顯於外的運動，主要鍛鍊氣固神凝、意志堅韌及舉動靈活，行之既久，自然精神充盈而身體強健。太極拳運動非一般體育項目所可比擬也，它既不必場所的鋪張，又不受人數的限制，隨時隨地舉手可練，寒暑晴雨，舞劍月下，論藝燈前，雖深山僻壤，世代有傳人。實為我國一宗寶貴的文化遺產。

太極對拳又稱「太極散手對打」，俗稱「散手」。

第十二節　師之語

吾師黃山樵與孫祿堂、楊澄甫老師同遊有年，他在30年代著有《楊家太極各藝要義》一書，凡一萬四千餘言，

評論拳術功夫，用功方法及修養身心諸端，言之尤詳。是書對於太極拳的推向大眾化和充實太極拳的理論，功勞可算不小。現在節錄數則，以供同好之參考，但幸勿以其言尋常而忽略之。

為了擇其要旨，文中字句的先後，筆者略作了一些增改。

一、論調養

邇來練習太極拳者，皆因身體屢弱而學習。初學之時，對於調理身體最宜注意，如四季之中，春季應服清補之劑，夏季應服祛暑之品，秋宜滋潤，冬可峻補。凡屬補品，為習武之人長年所不可少。吾鄉有言，窮文富武是也。曩時一部四子書可以終其身，為價不過數百文而已。凡習武舉者，長年培補，所費不貲，即器械用具，亦非一部四子書所可等量齊觀也。

至於應進何種補品，則因各人體質不同而不能固定，總之，藥補不如食補，食品不尚名貴。食量不在貪，要在平均，使之消化。古稱「一飯斗米十斤肉」者，無非形容其量宏氣邁之行耳。

二、論　氣

凡盛衰，皆視氣之強弱為轉移，人何獨不然。歷來言人氣之上者，如氣沖霄漢、氣化長虹；其次若氣概雄偉、氣度非凡、力大聲洪、叱咤風雲；其衰者，屍居餘氣、氣息奄奄。故強弱盛衰，全憑之氣，不知其氣實由精液而成，凡人每日三餐，入胃消化為胃養汁，至腸為腸養汁，

經各部吸收後，溶而成精液。

修煉之士，以命門火蒸騰，化而為氣血，升而為神，張而生肌，動而為力，練而為勁。

三、論運勁與鍛鍊

氣血之行於內者謂之運，軀殼之表於外者謂之動，運動二字係表裏運行之稱，所謂流水不腐，戶樞不蠹，推陳出新，借假練真是也。

鍛鍊者寒暑不易，風雨無間之謂也。人身組織，除黃梅時節外，伏、臘二季為最大變換。故歷來習武者，於嚴寒盛暑無不加意調攝，刻苦鍛鍊，以其能長功夫，且不易轉退也。所謂練者，每次演習至出汗，否則裝腔作勢，膚淺無效。

常人初汗始於頭部及兩腋，繼則腰、腹與兩股，若至小腿有汗，則宜止矣。如吾輩馳馬，若見馬耳、背有汗，則須停馳，不然有傷馬也。

四、論學太極拳

練習拳架，要嚴肅認真，須式式到家，不可草率。至於架式分三種：初練以高架子；繼則四平架子，即手平、眼平、腿平、襠平；再則功夫日深，逐漸進於低架子。由高而平而低，皆從功夫上來，不可強求，否則弊病百出，有害無益。

五、論練拳要旨

練習拳架，皆要綿密周到，而且要輕靈沉著，無一式

可以隨便，無一式可以丟頂。丟者離也，頂者僵也。四肢百骸，從輕、從綿、從柔，輕而不可忽，綿而不可斷，柔而不可疏，若注意而起僵勁，此所謂頂，偏離太極門徑矣。學者切宜注意之。

六、如何學習推手

凡學習推手者，身體切不可前傾或後仰。若前傾，重心偏於前方，對方用採勁，易於向前跌倒；如後仰，重心偏於後方，對方用按勁，亦必向後跌倒，此其一。

彼此一交手，對方必有攻誘方法，我方必須保留轉換變化之餘地，唯身軀中正，則有餘地，可以左右前後迴旋也，此其二。

在推手時，遇敵方手腕沉重或來勢猛烈，一不可兩手縮緊，二不可使用頂勁，三不可胸中憋氣，四不可身向後退。如果兩手緊縮，長度必定減短，不能夠著對方；使用蠻力，全身必起僵硬，猶如笨伯，其原理與太極相反，所學方法無可使用矣。胸中憋氣，必然氣血阻滯，不但失卻機巧，實屬有礙生理。身向後退，被人隨勢進逼，無有不敗。學者於此四弊，切宜注意。

第四章
武當對劍

第一節　武當對劍概言

　　武當對劍法共十三勢，對舞招式一百十一劍，甲、乙各五十五劍，劍劍精湛，劍工實用，誠為我國數一數二的優良傳統之套路，為皖籍陳世鈞所傳留，辛亥革命後軍閥統治時期李景林及其幕僚加以繼承研究、整理，又闡揚之。津、濟、滬、杭習此者不在少數。曩1929年余從「里山樵師」（黃元秀）學習，得其親授。1932年在杭州柳浪聞鶯，又經李景林老師把臂糾正，示範指點，深蒙教誨，因得而私淑焉。

　　此劍理法清晰，結構周密，使余數十易寒暑不敢荒疏，時或起舞，確是意氣豪甚。去春，有鄉人言欲從習此劍，偕友人等人朝夕顧從，囑余濡筆於書，以備他日參考之用，並供愛好者之研究，藉此保存和發揚我國傳統文化遺產，是以記、手稿於1963年3月完成。

　　1933年余又在南京中央國術館將所學之對劍和擒拿串與同學蔣浩泉、張文廣、溫敬銘等研究，以後學習的還有何福生和鄭懷賢等人。1936年奧運會在柏林舉行，我國武

術代表團在會上表演這套對劍和擒拿串對，一時轟動國際體壇。因為此對劍深合力學原理，結構嚴謹周密，體用兼備，所以引起國際體育界的注意，認為此對劍是男女老幼健身自衛的有效方法。

1976 年余攜孫蔣熹回杭州故居，浙江麻紡廠武術隊要求我將多年來積累的心得手搞付印成冊，故認真整理以饗廣大愛好者。

第二節　劍的一般常識

一、煉製寶劍的技術

我國古代歷史上，對於寶劍非常重視。在煉劍技術上，早已有高超的成就了，所以歷代製出了許許多多的名劍，如湛盧、巨闕、龍泉、太阿等等，至今仍傳為美談。

傳統煉製寶劍有兩種方法：一是「百煉成鋼」，就是人們常說的「千錘百煉而成鋼」。方法是將生鐵反覆燒紅，燒去鐵中的磷、硫等雜質，同時加以反覆地錘打，促使碳素氧化，鍛打成結構嚴密的鋼材。

二是「雜煉生鐵」，就是將生鐵和熟鐵混在一起，加熱熔化，使生鐵中的高碳進入熟鐵中，去其雜質，熔煉成功，可以達到低碳鋼的標準。

其次，還有兩種工藝上的處理方法：一是「用水淬火」，就是將凝固的劍胚燒紅了，錘打成劍形，趁熱浸入水中淬火，使其迅速冷卻，再燒紅，錘打，淬火。也有的

用，為皖籍陳世鈞所傳留。武當對劍法共十三勢，劍劍精湛，劍工實

用油脂或牲畜尿淬火，諸如此類的熱處理方法，可以煉製出不同性能的劍具，以增加劍韌程度。

二是「生鐵淋口」，該法使劍燒紅後，在劍刃的邊緣上淋一層熔化的生鐵液，這種處理，可以增強劍刃的硬度，而劍身仍然保持其低碳鋼的堅韌性，使用起來仍有彈力，經受得起碰磕頂撞。

二、劍的品類

劍的類別、品種繁多，代代都有獨特的式樣，但從劍的性能上來鑒別，大致可分為三種類型。

一是「生鐵淋口」的低碳鋼的劍，劍身比較渾厚，約在兩公分以上，鋒利出口，係從前作戰的武器，彎曲性能不十分強，僅能在劍尖的上半截，彎曲度在 20°～30°之間，分量也比較沉重，除去劍鞘有三四市斤左右。此種劍屬於鋼性類型，不適宜作為現代的練習應用的劍。如出土文物秦代以前的鑄銅劍（中原劍）、巴氏劍（柳葉形狀）及秦代鑄造的「鐵」劍等。

二是純鋼製劍，劍身比較薄，約一公分厚，富有彈性，分量較輕，除去劍鞘約一市斤上下，延伸力很強，可以彎曲到 100°以上，如開滿月弓，放開後仍能筆挺如矢而不變形。這種劍屬於中性類型，作為練習用劍非常合適，舞起來亦饒有興趣。

三是白鐵打造的劍，劍身厚度在 1～2 公分之間，彎曲性能也能夠達到 70°～80°（太彎了或多彎了是會變形的），分量在一市斤以上。這種劍，雖有韌性，但硬度不足，屬於柔性類型，市上出售者大都屬於此類品種，作為

用，為皖籍陳世鈞所傳留。武當對劍法共十三勢，劍劍精湛，劍工實

練習之用，也是很好的。

三、用劍的分量和尺寸

用劍的分量和尺寸，素來沒有一定的標準，要以個人的體力和愛好以及慣用上去選擇。因此，膂力大的可選用重些，身體高的可選用長些，只要輕便靈活就好。

雖然如此，劍畢竟屬於短兵器，它的特點決定了它不能過重或過長，大致上還是有一個準則的。一般練習用劍，以一市斤上下最為適宜。太重了，起舞不能持久，動作易起僵硬；太長了，在轉換變式的時候，劍尖容易觸地而引起澀滯、聳肩等弊病，一般長度皆不能超過三市尺。可以將劍立起試比一下，柄端與自己肚臍不相上下者，是適宜的尺寸。

四、怎樣選擇稱手的劍

用劍要像熱天使用執扇一樣輕便自然，所以無論是選擇造劍或者自己製作的木劍，都不在於裝飾上的漂亮，主要是規格上的正確，如此，練起來才能稱手得力。因此，必須注意以下幾個選擇條件。

1. 劍柄的長度，連同劍鐔在內，應以五寸半到六寸長最為合適，因為有時可以雙手使用。

2. 劍把斷面要成橢圓形，但周圍不能超過一握，斷面既不宜混圓，也不宜長扁，過粗了會使手發脹，過細了又不得力。混圓、長扁都不合實用，特別是混圓形的，在快速度的時候，很不容易掌握，是用劍刃劈還是用劍背劈呢？

3. 虎口活動的橢圓周，就是柄把與劍首的連接處圓周，不得超過三市寸，否則有礙虎口的活動。

4. 護手的底面，即虎口經常磨擦處，要光滑成橢圓形，如果是高低不平的鋸形或有棱角的長方形，都不合靈活性的標準，甚至虎口會被磨擦得起水泡。

5. 護手應該成彎月形（即元寶形），兩側的棱角（武當劍稱劍耳）必須向外安裝，與劍身成「山」字形，這樣可以起到護手的功能，以及起到夾住來劍的作用。

6. 全劍的重心應當在離護手前二三寸之間，超前了，就重心偏後了，就飄浮。

7. 辨別品質的好壞，可以用物敲擊劍身，清響並有餘音的是好劍，音色暗啞的就比較差。

8. 鑒別彈力的強弱，可以彎一下，到達 80°～90°的就很不錯，使用起來就能抖擻出勁兒來。

五、握劍和運劍

右手握劍，全靠五個手指的靈活掌握，才能運劍隨意。握劍以拇指、中指、無名指為主，食指和小指要隨動作的變換，時而收緊，時而伸開。

握劍的緊與鬆，對運劍的靈活性有很大的關係。握劍應該是「靈而活，不宜過緊」，這樣才能使全身的勁兒由腰、由肘貫穿劍身，到達劍尖，才能鍛鍊出優美的劍法。如果死把緊握，那麼用力必停滯於手臂，不能到達劍尖，握得太鬆，又顯軟弱無力，劍身搖搖晃晃，容易被對方擊落。

武當劍執劍歌訣說：「手心空，使劍活，足心空，行

武當對劍劍法共十三勢，劍劍精湛，劍工實用，為皖籍陳世鈞所傳留。

步捷。」這就是說握劍要靈而活。

六、劍　圈

劍圈即是此式銜接彼式的一個動作過程，是防守和攻取的方法，也是人們所說的「使了一個花招」。當然，花招的意義是虛晃一下，是聲東擊西，其實行劍圈的方法，也是虛虛實實、變化多端的。

以手腕為軸心，向進取的方向抖擻出一種勁兒，使劍尖畫出大小不等、形狀不同的弧線形圓圈，這一動作就叫劍圈，或稱攬花、打花、繞花，都是一樣。

劍花的大小、全憑腕、肘、腰三部分的轉動和步法的配合。比如手腕擰一下轉出的花朵像碗口一樣大，也可以像水桶一樣大；肘關節轉一下，花朵像車輪一樣大，也可以像圓桌面那樣大；腰部扭一下，再加上步伐，那麼這個花大得可以和橋洞相比擬了。

一套比較完整的劍路，必定有各種不同形狀的劍圈。常見書上描寫舞劍說：「劍光起處，白光一道，不見人影，但見劍影。」這就是形容劍圈快速度地圍繞在四面八方。

(一)武當劍對劍圈的解釋

這裏歸納了幾個劍圈示意圖，作為初學劍術的參考。

1.平面圈（又稱雲頂）：即在自己頭頂上面畫一個圓圈。

做法：劍尖向前，平面向左經右、由右復向前，如搖紅旗一樣。用陽手劍把攻敵者，稱順挽平面花；倒轉方向，稱逆挽平面花。

用，為皖籍陳世鈞所傳留。武當對劍法共十三勢，劍劍精湛，劍工實

 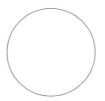 

1. 平面形　　　　2. 立體形　　　3. 側形　　　4. 多種形狀

2. 立圈（又稱迎臉圈）：即在自己正前方畫一個圓圈。

做法：劍尖向前，由左向右掄一圓軌，如拿筆在牆壁上畫一個圓圈一樣。不論任何劍把均稱順挽立花；倒轉方向，則稱逆挽立花或迎臉花。

3. 側圈（又稱旁圈）：即在自己左（右）側畫一個圓圈。

做法：劍尖向前，從左側旁向下、向後，由上復向前，如跳繩索一樣。用順手劍稱順挽旁花；倒轉方向，則稱逆挽旁花或側面花。

4. 多種形劍圈

做法：快速度地連續交錯動作，多種形狀的劍花就自然地連環在一起了，如風車般地纏繞在身體的周圍。這證明大小劍圈的角度和形狀是有內在連繫的。

劍圈有橢圓形的，有半月形的，有扁圓形的，有連環套的，有波浪式的，有的起手帶一個小圈，有的末了接一個小圈（如下圖）。總之，這一切形狀有一個共同點，即都是用劍尖畫出弧線形軌跡。雖然它錯綜複雜，但是歸納起來，基本形態只是平面形、立體形、側形三種，做法只是順挽和逆挽兩種。

用，為皖籍陳世鈞所傳留。

武當對劍法共十三勢，劍劍精湛，劍工實

(二)劍圈是擊劍術的精華

行劍圈的目的，就是超越近路去攻取對方，或聲東擊西，或格開來械，緊接著就是還手，或逼使對方成死角，自己搶有利地位。

例如，人拿花槍刺我，我先用劍身掠去其鋒芒，即用上半個劍圈（由左向上、向後），進一步緊接著還擊，即用下半下劍圈（由後向下、向前）。此時對方已被我逼近，他只剩下後半截木把，除能用推之外，也就無能為力了。所以說，劍圈不是浮光掠影，而是擊劍術的精華。運用這種技巧，重要的是鎮定不亂，乘隙而入。

第三節　劍法十三勢及動作圖解

一、劍法十三勢簡介

十三勢劍法是構成武當對劍套路的要素，是經過提煉加工，成為一組比較完備的技術手法，也可以說十三勢是十三種手法。

這個「勢」字不是姿勢的「勢」，而是勢道的勢。例

武當對劍法共十三勢，劍劍精湛，劍工實用，為皖籍陳世鈞所傳留。

如，刺的勢道是前進的，提的勢道是向上升的，因此也可以說是十三種勁勢。

十三勢的名稱是：抽、帶、提、格、擊、刺、點、崩、攪、壓、劈、截、洗。

十三勢的勢道是：

1. 抽。拔取狀，其勢如抽絲的樣子。

2. 帶。順手帶過狀，其勢是往回拖拉的樣子。

3. 提。挈之向上狀，其勢如提著籃子往上升的樣子。

4. 格。阻攔狀，其勢是格拒來械的樣子。

5. 擊。用石投物狀，其勢如敲擊鐘磬的樣子。

6. 刺。尖戳狀，其勢以鋒直入物體的樣子。

7. 點。高峰墜石狀，其勢如蜻蜓點水的樣子。

8. 崩。突然爆裂狀，其勢如鵲雀叫一聲，尾巴翹一翹的樣子。

9. 攪。攪拌液體狀，其勢是手畫圓圈的樣子。

10. 壓。自上抑下狀，其勢是重力往下壓的樣子。

11. 劈。使之分裂狀，其勢以刃口由上而下如劈的樣子。

12. 截。割斷狀，其勢如拉鋸斷木的樣子。

13. 洗。沖洗狀，其勢自下而上似噴壺澆花的樣子。

二、劍法十三勢動作圖解

(一)抽

抽有上抽、下抽兩法，又分抽腰、抽腿，其式都是陰手劍把，劍尖向前，在敵腕之下或之上往右抽拉，順勢而

武當對劍法共十三勢，劍劍精湛，劍工實用，為皖籍陳世鈞所傳留。

割其腕也，此時左戟指做半圓形在左額前，如抽腰、抽腿、左戟指隨右手而行，步法皆是右弓式。（圖4-3-1—圖4-3-4）

（下手抽）

圖4-3-1　第一路第三劍之下抽腕刺

（上手抽）

圖4-3-2　第一路第十四劍之抽腕

用，為皖籍陳世鈞所傳留。

武當對劍法共十三勢，劍劍精湛，劍工實

（下手抽）

圖4-3-3　第二路第十劍之抽腰走

（下手抽）

第4-3-4　第二路第九劍之抽腿走

（二）帶

帶有直帶、平帶兩法。直帶是順手劍把，劍尖向前，在敵腕之下，自身略向後仰，順勢帶（兼崩勢）其腕反傷之。此法破敵上來之劍；左戢指扶劍柄而行；步法為右虛勢。（圖4-3-5—圖4-3-12）

武當對劍劍法共十三勢，劍劍精湛，劍工實用，為皖籍陳世鈞所傳留。

（上手帶）

圖4-3-5　第一路第六劍之直帶

（下手帶）

圖4-3-6　第四路第九劍直帶兼崩勢

（下手帶）

第4-3-7　第四路第五劍退步抽帶（陰手爲抽、陽手爲帶）

用，爲皖籍陳世鈞所傳留。

武當對劍法共十三勢，劍劍精湛，劍工實

（上手帶）

圖 4-3-8　第四路第五劍進步抽帶（陰手爲抽、陽手爲帶）

（下手陽劍圈平帶）

圖 4-3-9　第四路第一劍扣步平帶

（上手陽劍圈平帶）

圖 4-3-10　第四路第二劍弓步平帶

武當對劍劍法共十三勢，劍劍精湛，劍工實用，為皖籍陳世鈞所傳留。

（上手刺喉下手帶）

圖 4-3-11　第一路第八劍帶劍

（下手刺喉上手帶）

圖 4-3-12　第一路第八劍刺喉

平帶又分三種，都是陽手劍把。

第一種平帶：上手的劍尖在敵之上，往左前推帶，下手的劍尖在敵腕之下，向左後拖帶；同時左戟指隨右手而行；步法為鬆襠弓勢。

第二種平帶：劍尖在腕上，劍自左向右，往後抹帶，如篩米之勢，斷敵腕處；左戟指隨右手而行；步法為上右

武當對劍法共十三勢，劍劍精湛，劍工實用，為皖籍陳世鈞所傳留。

腳是坐盤勢，上左腳是弓勢，循圓形向敵右方繞走（即活步陽劍圈）。

第三種平帶：劍尖指向敵喉，粘住敵劍，向右側後帶回，復趁勢刺喉；左戟指扶右手而行；步法為往回帶時前腳虛，往前刺時前腳實，後腳不動（即定步陽劍圈）。

（三）提

提有前提、後提兩法，都是逆手劍把，但身法有向前、向後之分。身向前者為前提，身向後退者為後提。前提翻腕向上如提物向上之勢，使劍尖向敵外腕下紮。該式須劍把靈活，方盡其妙。步法有時為弓勢，有時為虛勢。（圖 4-3-13—圖 4-3-15）

（四）格

格有下格和反格兩法。下格是順手劍由斜角自下而上挑格敵之下腕，如釣魚之勢，身體略偏右方；左戟指呈半圓形

（上下手對提）

圖 4-3-13　第一路第三劍前提

武當對劍劍法共十三勢，劍劍精湛，劍工實用，為皖籍陳世鈞所傳留。

（上下手對提）

圖4-3-14　第二路第二劍前提

（上下手對提）

圖4-3-15　第二路第十一劍後提

置於左額前；步法為右弓勢。（圖4-3-16─圖4-3-19）

　　反格是避敵來近身之劍，以逆手劍把格拒來劍，又如掀物向上之勢，格擊敵腕；左戟指向後撐開，有時助右手而行。此法較險，非身法靈活，不可輕易讓劍入懷；步法為虛勢，有時在避劍時抬腿成獨立勢。

武當對劍法共十三勢，劍劍精湛，劍工實用，為皖籍陳世鈞所傳留。

（上手格）

圖 4-3-16　第三路第七劍格腕

（上手格後帶腰式）

圖 4-3-17　第一路第五劍反格帶腰

471

（上手格）

圖 4-3-18　第三路第二劍格腕帶腰

武當對劍法共十三勢，劍劍精湛，劍工實用，為皖籍陳世鈞所傳留。

（上手格）

圖 4-3-19　第二路第二劍在行步動作中的格腕帶腰

（五）擊

　　擊有正擊、反擊兩法。正擊是陽手劍，劍由右而左平擊敵之腕指，劍刃左右向，如擊磬之式；左戟指向後撐開；步法為右弓勢。（圖 4-3-20—圖 4-3-24）

（上手擊）

圖 4-3-20　第二路第一劍正擊腕（劍自右而左）

用，為皖籍陳世鈞所傳留。武當對劍法共十三勢，劍劍精湛，劍工實

反擊也是陽手劍把，有擊腕、擊耳之分。劍自左而右，以劍刃反擊耳際；左戟指有時隨右手而行，有時分開；步法為虛勢。

　　另有扣腕擊，裏手劍把，劍尖自下翻上擊敵之腕；左戟指扶右手而行；步法為上右腳成坐盤勢。

（下手擊）

圖 4-3-21　第二路第一劍正擊頭（劍自右而左）

（下手擊）

圖 4-3-22　第二路第七劍反擊腕（劍自左而右）

用，為皖籍陳世鈞所傳留。武當對劍法共十三勢，劍劍精湛，劍工實

（上手擊）

圖 4-3-23　第二路第七劍反擊耳（劍自左而右）

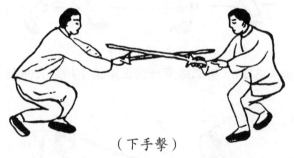

（下手擊）

圖 4-3-24　第三路第五劍上步扣腕擊

（六）刺

刺有側刺、平刺兩法。側刺是順手劍，劍刃上下立，戟指做半圓形向後撐開；步法為上步向前的弓勢。另有騰空刺、金雞獨立刺、平刺、反腕刺，步法各有不同。（圖4-3-25－圖4-3-29）

武當對劍法共十三勢，劍劍精湛，劍工實用，為皖籍陳世鈞所傳留。

（下手抽後手刺）

圖 4-3-25　第一路第三劍

（下手刺）

圖 4-3-26　第五路第九劍金雞獨立

（下手刺）

圖 4-3-27　第三路第八劍翻腕刺

武當對劍劍法共十三勢，劍劍精湛，劍工實用，為皖籍陳世鈞所傳留。

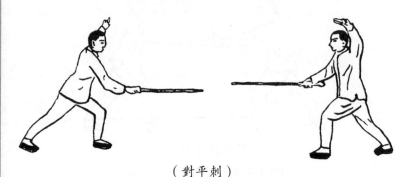

（對平刺）

圖 4-3-28　第一路第一劍對刺

用，為皖籍陳世鈞所傳留。

武當對劍法共十三勢，劍劍精湛，劍工實

（下手刺）

圖 4-3-29　第四路第六劍騰空刺

（七）點

　　點只有一法，是順手劍，手臂不動，以掌腕之力，使劍尖突然直下點擊敵腕，如公雞啄米之勢；左手戟指做半圓形，置於左額後；步法為右虛勢。（圖4-3-30）

（上手點）

圖 4-3-30　第一路第二劍點腕

（八）崩

崩有正崩、反崩兩法。正崩是順手劍，身、臂不動，以手腕之力向上翹崩，如鵲雀翹尾之勢，直挑敵腕；左戟指扶右手而行；步法為右弓勢。（圖 4-3-31、圖 4-3-32）

武當對劍劍法共十三勢，劍劍精湛，劍工實用，為皖籍陳世鈞所傳留。

（下手崩）

圖 4-3-31　第二路第四劍斜刺正崩

（上下手反崩）

圖4-3-32　第一路第二劍對反崩

　　另有倒插步（即探步坐盤勢）反崩，是逆手劍。此法全仗腰腿快捷，動作一致，方能得力；左戟指向後撐開；步法為坐盤勢。

（九）劈

　　劈只有一法，是順手劍把，自上而下直劈敵之頭頂或手臂；左戟指向後撐開；步法為弓勢。（圖4-3-33）

（下手劈）

圖4-3-33　第三路第一劍上步直劈式

用，為皖籍陳世鈞所傳留。武當對劍法共十三勢，劍劍精湛，劍工實

（十）截

截有四法。平截是陽手劍把，引高劍把，使劍尖下垂截敵之內腕；戟指向後做半圓形；步法為右弓勢略高。（圖4-3-34）

左截是順手劍把，避敵刺我之劍，身向右偏，劍向左截，如推銼之勢，擊其臂也；左戟指做半圓形向後撐開；步法為右弓勢。（圖4-3-35）

（上手截）

圖4-3-34　第五路第二劍之抬劍平截

（下手截）

圖4-3-35　第一路第十一劍左截腕

武當對劍劍法共十三勢，劍劍精湛，劍工實用，為皖籍陳世鈞所傳留。

右截也是順手劍，避敵擊我之身，閃身向左，順挽旁花，還擊敵腕；左戟指半圓形後撐；步法為上步右弓勢。（圖4-3-36）

反截是逆手劍把，身向左偏，劍尖自上截下如戳地之勢，以擊敵臂腕；左戟指做半月形，置左後方；步法為前虛後實鬆襠弓勢。（圖4-3-37）

用，為皖籍陳世鈞所傳留。

武當對劍法共十三勢，劍劍精湛，劍工實

（下手截）

圖4-3-36　第五路第三劍對截腕

（下手截）

圖4-3-37　第五路第七劍反截腕

（十一）攪

攪有橫攪、直攪兩法。橫攪是順手劍把，做直角式上下翻絞；左戟指與右手迎臉開合，如風車環轉；在行走中步法左右虛實不定。（圖4-3-38）

（上手攪）

圖4-3-38　第一路第一劍橫攪

直攪也是陽手劍把，左戟指扶右手，劍尖圍繞敵方手腕，螺旋形前進，務使劍尖圈小、劍把圈大，上手回攪下手之腕，亦可做螺旋形後退，且退且攪，務使劍尖不離敵腕之四周，自己之腕避下手之攪而繞行；在行走中左右腳虛實不定。（圖4-3-39、圖4-3-40）

（十二）壓

壓只有一法。陰手劍把，做直角式壓住敵劍，使之停滯，我趁勢而襲取之。壓時劍尖稍向下，使敵劍無可逃脫；左戟指做半圓形撐開或扶住右手而行；步法為右弓勢。（圖4-3-41）

武當對劍法共十三勢，劍劍精湛，劍工實用，為皖籍陳世鈞所傳留。

（下手攬）

圖 4-3-39　第四路第三劍進步直攬

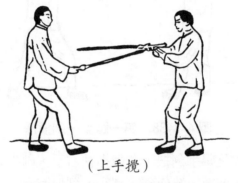

（上手攬）

圖 4-3-40　第四路第五劍退步直攬

（下手壓）

圖 4-3-41　第一路第六劍壓劍

用，為皖籍陳世鈞所傳留。

武當對劍法共十三勢，劍劍精湛，劍工實

（十三）洗

洗只有一法。逆手劍把，持劍上步，猛攻敵身，劍由下而上為倒臂之勢；左戟指向後撐開；步法為上步右弓勢。（圖4-3-42）

（上手洗）

圖4-3-42　第四路第一劍進步洗

武當對劍法共十三勢，劍劍精湛，劍工實用，為皖籍陳世鈞所傳留。

第四節　武當對劍動作名稱

【說明】

1. 名稱上的抽、帶、提、格、擊、刺、點、崩、攪、壓、劈、截、洗，其姿勢應如何掌握，可按字類查閱「十三勢動作圖解」。

2. 此式接彼式的連貫動作該怎樣做法，可細讀「對劍動作圖解」。

3. 名稱後的括弧，只注解動作提要，對挽花的分別，

可參閱第一部分「劍圈」的解釋。這裏的名稱一方面是作
為索引，一方面是為了便於已經懂得初步動作的學者，免
得煞費周折地去查對。

4. 凡名稱上冠有「對」字者，上、下手姿勢與動作完
全相同。

第一路

序　號	下手（乙後）	上手（甲先）
第一劍	對出劍勢	對平刺
第二劍	對翻崩（逆挽左旁花）	點腕（順挽左旁花）
第三劍	抽腕刺（鬆襠弓勢）	對提（劍成懸垂十字交叉形）
第四劍	對刺	對走（雙方各循半圓形弧線形走四步易位）
第五劍	翻格帶腰（逆手劍格、陽手劍帶）	翻格帶腰（重複兩遍）
第六劍	壓劍擊耳（陰手劍壓、陽手劍擊，即貫耳）	帶腕
第七劍	對提（劍成交叉）	對劈（略一閃空）
第八劍	刺喉	帶劍刺喉（陽劍圈起手）
第九劍	帶劍刺喉（重複兩遍）	橫攪（對方向左側方繞走四步循弧形線易位，攪兩個圈）
第十劍	擊頭	擊腿（逆挽平花，術名「雲頂」）
第十一劍	截腕	帶腕（逆挽立花，右保門勢裡手劍）

用，為皖籍陳世鈞所傳留。武當對劍法共十三勢，劍劍精湛，劍工實

序　號	下手（乙後）	上手（甲先）
第十二勢	左截臂	抽腕刺胸
第十三勢	截腕	帶腕（右保門勢）
第十四勢	翻格	抽腕
第十五勢	各左保門勢（外手劍）	

第二路

序　號	下手（乙先）	上手（甲後）
第一劍	上步擊頭（順挽平面花，術名「雲頂」	擊腕（順挽側面花）
第二劍	對提（劍成交叉形）	雙刺膝（箭步各刺不中）
第三劍	對翻崩（挨身而過）	點腕（順挽左旁花）
第四劍	斜刺崩（半撲虎勢）	抽（閃空）
第五劍	刺腹（鬆襠弓勢）	左截腕
第六劍	對劈（順挽左旁花）	雙方略一閃空
第七劍	擊耳（術名「貫耳」）	反擊腕
第八劍	抽腿走（後退四步）	刺腕追（前進四步）
第九劍	對刺腕（抽腰走）	（雙方各循弓形之弧形圈進退，重複兩遍）
第十劍	帶劍擊頭（劍粘劍）	帶劍回擊（劍粘劍）
第十一劍	對提（兼挑勢）	各左保門勢

第三路

序　號	下手（乙先）	上手（甲後）
第一劍	劈頭（順挽平面花，術名雲頂）	格劍帶腰
第二劍	對格腕帶腰	（雙方各走絞花步，引一個正圓形易位，劍尖隨雙方腕、腰挽花，重複三遍）
第三劍	壓劍反擊耳（貫耳）	直帶（兼崩勢）
第四劍	提	扣步擊腕（順挽立花）
第五劍	上步扣腕擊（順挽花）	對走（各走半圓形，三步易位）
第六劍	對反抽	雙方略一閃空
第七劍	刺腹	格腕（由下向上）
第八劍	翻腕刺（手把轉動，半撲虎勢）	扣腕刺（即對繞腕，半撲虎勢）
第九劍	各左保門勢	

第四路

序　號	上手（甲先）	下手（乙後）
第一劍	上步洗	扣步平帶（陽劍圈起手）
第二劍	對陽劍圈（繞步半圓形，重複三遍）	探步抽脇（陰劍圈起手）
第三劍	對陰劍圈（倒叉步，即探步，重複三遍）	進步平攪（順挽花，劍尖圈小，劍把圈大，進三步）
第四劍	退步對攪（逆挽立花，退三步）	抽

用，為皖籍陳世鈞所傳留。武當對劍法共十三勢，劍劍精湛，劍工實

序　號	上手（甲先）	下手（乙後）
第五劍	進步抽帶（進四步）	退步抽帶（退四步崩）
第六劍	抽（閃空）	縱身上步刺頭（騰空刺）
第七劍	壓劍（兩劍平面交叉）	反壓
第八劍	再壓	順勢擊腿
第九劍	鬆腿擊耳（貫耳）	直帶（崩勢）
第十劍	對提	各左保門勢、披身伏勢（撲虎勢）

第五路

序　號	上手（甲先）	下手（乙後）
第一劍	上步直刺	擊手（逆挽小立花）
第二劍	抬劍平截	對截腕（順挽旁花）
第三劍	對提（劍交叉）	對繞步（繞三步弧形圈易位）
第四劍	正崩	帶腕（右保門勢，裏手劍）
第五劍	進步反格（逆腕左旁花，提劍狀）	抽身帶腕
第六劍	上步截腕	退步截腕
第七劍	抽手截腕	反截腕
第八劍	帶腿刺腰	抬腿刺腰
第九劍	退步平抽	刺胸（金雞獨立勢）
第十劍	擊手	對提
第十一劍	各左保門勢（披身伏勢）	

武當對劍法共十三勢，劍劍精湛，劍工實用，為皖籍陳世鈞所傳留。

第六路

序　號	上手（甲先）	下手（乙後）
第一劍	進步刺胸	平擊（逆腕側花）
第二劍	提對（劍成交叉形）	對劈（取敵左方）
第三劍	對刺胸（鬆襠弓勢）	反格（逆腕右旁花）
第四劍	翻腕刺（半撲虎勢）	扣腕刺（即對繞腕，半撲虎勢
第五劍	對轉身劈劍（撲虎勢）	各左保門勢
第六劍	收劍勢	

第五節　武當對劍動作圖解

　　武當對劍由二人演練，分為甲、乙兩方，上手稱甲，下手稱乙。本套路中穿深色服裝者為甲，穿淺色服裝者為乙。

第一路（甲先）

第一劍

1. 對出劍勢

　　甲、乙各左手執劍，平貼臂後，劍尖朝天。乙面南立，甲面北立，兩腳分開的距離與肩相同。二人相距約 2.5 公尺。

用，為皖籍陳世鈞所傳留。

武當對劍法共十三勢，劍劍精湛，劍工實

2. 起 勢

（1）屈右肘，右掌掌心向上提至與腰相齊，隨即伸開，戟指指向右方，高交與肩平，手心向下；目視右方。（圖 4-5-1）

（2）轉左腳跟向對方，同時向左轉身，進右腳，腳尖點地，成左虛勢；右戟指沿耳際向對方一指；目視對方。（圖 4-5-2）

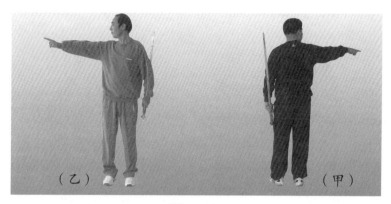

（乙）　　　　　　　　　　　（甲）

圖 4-5-1

圖 4-5-2

武當對劍法共十三勢，劍劍精湛，劍工實用，為皖籍陳世鈞所傳留。

（3）提右腳後退；兩手自左上向後畫一大圓圈後，收至胸前，右手心向上，握劍手手心向下，成合抱狀；此時右腳落地，披身下挫，成右撲虎步；目視對方。（圖4-5-3）

3. 對平刺

甲乙各交劍於右手，起身成左弓步，用陽手劍把平刺；左戟指分開置於右額前方，劍平與腰膝之間，意即開始搏鬥矣。（圖4-5-4）

圖4-5-3

圖4-5-4

第二劍

1. 對翻崩

甲、乙右腳前進一步，隨即跟上左腳成倒叉步，成右坐盤勢；在動腳的同時，左戟指扶右手劍，由前向上、向後、向下復向前，用逆手劍反崩敵腕，此動作即逆挽旁花；在下蹲身時，左戟指撐開於後方；目視敵腕。（圖4-5-5）

注：以上動作兩人一模一樣，接下來甲先攻擊。

2. 甲點腕

甲突然起立，抽回左腳向左斜後方踏半步坐實，右腳尖點地或虛勢；右劍做順挽花，以順手劍點乙腕。（圖4-5-6）

圖 4-5-5

武當對劍法共十三勢，劍劍精湛，劍工實用，為皖籍陳世鈞所傳留。

圖 4-5-6

圖 4-5-7

第三劍

1. 乙抽腕刺

乙見被擊，也突然起立，開右腳向側前方邁出一步，成右沉襠弓勢；以陰手劍從甲腕下抽刺出。（圖4-5-7）

2. 甲乙對提

甲見乙腕被刺，迅速翻手將劍把上提變逆手劍，用劍

用，為皖籍陳世鈞所傳留。武當對劍法共十三勢，劍劍精湛，劍工實

尖刺乙腕。步法不動；乙以同樣手法格住來劍，右腳縮回半步，腳尖點地成虛勢，兩劍交叉。（圖4-5-8）

第四劍

1. 對　刺

甲、乙二人互見對方下體閃空，乘機往前直刺；身向前探，各退右腳成左弓勢，以避來劍。（圖4-5-9、圖4-5-10）

圖4-5-8

圖4-5-9

武當對劍法共十三勢，劍劍精湛，劍工實用，為皖籍陳世鈞所傳留。

圖 4-5-10

2. 對　走

兩劍仍相交，甲乙各起右腳，向左側方進步對繞走，目視對方，循半月形走四步易位。行此招的目的是在兩劍格住的情況下，能夠搶佔對方的外擋（即敵方的右側方）使其器指向空虛，我則乘側面而攻擊之。（圖4-5-11、圖4-5-12）

圖 4-5-11

武當對劍法共十三勢，劍劍精湛，劍工實用，為皖籍陳世鈞所傳留。

圖 4-5-12

第五劍

1. 乙翻格帶腰

當走到第四步左腳落地時，乙以逆手劍向右外方格開甲劍，趁勢上右腳成右弓勢；以陽手劍從對方手臂下鑽進，劍尖向右，劍端向左橫帶甲腰。（圖 4-5-13）

圖 4-5-13

武當對劍法共十三勢，劍劍精湛，劍工實用，為皖籍陳世鈞所傳留。

圖4-5-14

2. 甲翻格帶腰

繞走第四步落地時，若甲劍被格開，即以順手劍粘住乙劍，以便控制對方，此時見乙橫劍入懷，甲即含胸縮胯，收回右前腳成左虛勢，向右轉腰，格開乙劍向右方。此時對方右脅閃空，甲即以陽手劍從乙手臂下鑽進，劍尖向右，劍端向左，橫帶乙腰，上右腳成右弓勢。（圖4-5-14）

乙如法炮製，還擊之。

甲亦如法炮製，再進攻（如是往復兩遍）。

第六劍

1. 乙壓劍擊耳

俟甲劍反格後正轉帶腰時，乙突變陰手劍，沉肩往下一挫，挽壓甲劍，在甲劍幾墜地面時，乙掌握了這一剎那時間，一翻手變陽手劍，由左而右橫擊對方之右耳，左手扶住劍把，身向前探成右弓勢。（圖4-5-15）

圖 4-5-15

2. 甲帶腕

身體略向後仰，避開來劍；同時，順手劍用劍尖向上直翹，劍柄往下一沉崩擊乙腕；左戟指扶劍柄而行；隨身手的動作縮回右前腳成右虛勢。（圖 4-5-16）

圖 4-5-16

武當對劍法共十三勢，劍劍精湛，劍工實用，為皖籍陳世鈞所傳留。

圖 4-5-17

第七劍

1. 對　提

乙先提劍，避去崩帶以逆手劍擊甲外腕，由右弓勢縮回前腳成右虛勢。甲亦提腕向上，變逆手劍格住乙劍，兩劍又成交叉狀。（圖 4-5-17）

2. 對　劈

各將劍經左右，挽一順手旁花，以順手劍直劈對方指腕，劈時成右弓式，當劍拉回時，迅即縮回右腳成右虛勢。（圖 4-5-18、圖 4-5-19）

第八劍

1. 乙刺喉

當甲方下劈並略一閃空之際，乙速踏出右腳成右弓勢；以陽手劍往上平刺甲喉；左戟指扶劍柄，斯時劍尖刺向甲喉，劍柄約處自己胸下，劍成斜坡形。（圖 4-5-20）

用，為皖籍陳世鈞所傳留。武當對劍法共十三勢，劍劍精湛，劍工實

圖 4-5-18

圖 4-5-19

圖 4-5-20

武當對劍法共十三勢，劍劍精湛，劍工實用，為皖籍陳世鈞所傳留。

圖4-5-21

2. 甲帶劍刺喉

甲亦以陽手劍平抬劍身，粘住乙劍；左戟指微扶劍柄；同時腰向右轉，側身帶去乙劍，彼劍既落空，甲趁勢上右腳變右弓勢，伸劍刺乙之喉。（圖4-5-21）

第九劍

1. 乙帶劍刺喉

乙亦如上法炮製，還擊甲。重複兩遍。

2. 甲橫攪

甲俟乙劍刺來時，仍粘住乙劍向右、向下橫攪之；同時舉右腳向左繞走；乙亦邁步向左繞走，此時兩劍相粘不離，隨攪隨走（其攪法即是：順挽迎面大雪花）；目視對方，各捉空子而襲取之，各循半圓形走四步易位。（圖4-5-22、圖4-5-23）

武當對劍法共十三勢，劍劍精湛，劍工實用，為皖籍陳世鈞所傳留。

圖 4-5-22

圖 4-5-23

第十劍

1. 乙擊頭

乙俟甲攪至第二個圈由下向上之際，乘隙以陽手劍由右而左橫擊甲頭，此時正好在第四步踏落成左弓勢時行之。（圖 4-5-24）

武當對劍法共十三勢，劍劍精湛，劍工實用，為皖籍陳世鈞所傳留。

圖 4-5-24

2. 甲擊腿

　　甲見乙來擊，趁第四步踏落時身向後披，避去來劍，以陽手劍上托乙劍，使之臂空，甲隨即變陰手劍下擊乙的小腿，同時上右腳成右弓勢，身體略向前伏，左戟指後撐（由陽手劍托開乙劍變陰手劍擊腿，正好是做了一個逆挽平花）。（圖 4-5-25）

圖 4-5-25

用，為皖籍陳世鈞所傳留。

武當對劍法共十三勢，劍劍精湛，劍工實

圖 4-5-26

第十一劍

1. 乙截腕

乙速舉腳向左前方，避去甲劍成左虛勢，同時翻手變陰手劍，向右斜後方截住甲腕（乙由擊頭至截腕，正好是做了一個逆挽平花。此法形似上馬加鞭）。（圖 4-5-26）

2. 甲帶腕

甲略一抬手讓過乙劍，以陽手劍由上而下帶乙腕臂。此時已經側背向乙，陷於不利地位，所以在此帶腕之後迅速收回右腳，向左前邁出半步成高架左虛勢；右劍與頸齊，左戟指扶右腕成保門勢，劍尖保持針對乙方。此舉是想緩衝一下藉以轉向正面。（圖 4-5-27）

第十二劍

1. 乙左截臂

乙將手往左縮回，避去甲劍，上右腳成右弓勢，順勢

武當對劍劍法共十三勢，劍劍精湛，劍工實用，為皖籍陳世鈞所傳留。

圖 4-5-27

以順攬左旁花截甲胳膊。此法是緊緊逼住甲方，使其無喘息之機會，復歸於面對面的正確地位。（圖 4-5-28）

2. 甲抽腕刺胸

甲臂隨身體往下一沉，避去乙劍，以陰手劍從左向右繞乙腕下，抽其前臂。此時見乙抬腕避過，乘勢開右腳向右側前方成鬆襠弓勢，以順手劍直刺乙胸。（圖 4-5-29）

圖 4-5-28

用，為皖籍陳世鈞所傳留。

武當對劍法共十三勢，劍劍精湛，劍工實

圖 4-5-29

第十三劍

1. 乙截腕

乙身向左側，讓開入懷之劍，移左後腳向右後成弓勢，即以抬高之劍往下截甲之右手。（圖 4-5-30、圖 5-4-31）

圖 4-5-30

用，武當對劍法共十三勢，劍劍精湛，劍工實，為皖籍陳世鈞所傳留。

圖 4-5-31

2. 甲帶腕保門（右保門勢）

此時甲又陷於落空被擊之劣勢，唯一辦法，以陽手劍沿著乙劍之下向左上角抽挑乙之下腕（圖 4-5-32），同時移右腳向左側前方成左虛勢，復歸保門勢。蓋因此時我抽敵之下腕，不意我之外腕被格，所以不得不做保門勢而避讓之也。（圖 4-5-33）

圖 4-5-32

圖 4-5-33

第十四劍

1. 乙翻格

以逆手劍追隨
甲之外腕，由下而
右上角反格之。此
法之要領在向右轉
腰，左後腳隨彎
曲，猶如高架坐盤

圖 4-5-34

勢一樣。此時因甲劍提高，乙擊不中，迅即上左腳成左弓
勢，以陽手劍由右上向左格甲之腰。（圖 4-5-33）

2. 甲抽腕

甲由保門勢，見乙劍格腰，甲急退右腳向後，向左轉
腰讓去來劍，以逆手劍抽乙之外腕，成高架右虛勢，用外
手劍橫劍與發際相齊，劍尖針對乙方，左戟指扶右手腕，
目視乙方。（圖 4-5-34、圖 4-5-35）

武當對劍法共十三勢，劍劍精湛，劍工實用，為皖籍陳世鈞所傳留。

圖 4-5-35

第十五劍

1. 乙保門勢

乙因格腰不著，反被抽腕，此時乙劍逃至上角時，突變逆手劍，順著甲劍之右面上挑其握劍手，左後腳向左後後撤，成左保門勢。（保門姿勢與甲相同。圖 4-5-36）

圖 4-5-36

用，為皖籍陳世鈞所傳留。武當對劍法共十三勢，劍劍精湛，劍工實

第二路(乙先)

第一劍

1. 乙上步擊頭

乙由保門勢右腳前進一步成右弓勢，以陽手劍由右而左（即順攪平面花或稱雲頂）擊甲左頂，左戟指撐開於左後方。

2. 甲擊腕

甲由保門勢右腳前進一步成左虛勢（前進步子大小須視來勢的距離遠近以應對之），以陽手劍由右而左橫擊乙腕，劍尖略高，劍柄略低，與乙劍形成一個下三角形，左戟指置於左後方。（圖4-5-37）

圖 4-5-37

武當對劍法共十三勢，劍劍精湛，劍工實用，為皖籍陳世鈞所傳留。

圖 4-5-38

武當對劍法共十三勢，劍劍精湛，劍工實用，為皖籍陳世鈞所傳留。

第二劍

1. 甲乙對提

見第一路第三劍對提。（圖 4-5-38）

2. 甲乙對刺膝

甲乙雙方各將右腳抬起，右腳用力一蹬，箭步前進，併攏雙腳，刺敵之膝；左手扶右手而行，兩劍相持，各刺不中。（圖 4-5-39）

圖 4-5-39

第三劍

1. 甲乙對翻崩

當雙方互刺不中之時，彼此挨身而過，各將劍身逼住敵劍，以防其變，防其趁勢帶腰帶腿也。這時雙方開左步

前進一步，披身下挫成左弓勢，以逆手劍翻崩敵腕，回頭注視敵腕。此式猶如回馬劍勢。（圖4-5-40）

2. 甲轉身點腕

甲迅即起立，左腳向左斜方移進半步，收回右腳腳尖點地成左虛勢，以順手劍順挽旁花點乙之腕。（圖4-5-41、圖4-5-42）

圖4-5-40

圖4-5-41

武當對劍法共十三勢，劍劍精湛，劍工實用，為皖籍陳世鈞所傳留。

圖 4-5-42

用，為皖籍陳世鈞所傳留。武當對劍法共十三勢，劍劍精湛，劍工實

第四劍

1. 乙斜刺崩

乙迅即起立，左腳向左側方移進半步，收回右腳，腳尖點地，身向下蹲成左虛勢，左戟指扶住劍柄，趁勢將劍柄往下一沉，劍尖上翹，斜崩甲腕。（圖 4-5-42）

2. 甲　抽

甲將腕往右外避開乙劍，右腕下沉，用劍尖抽乙之手，同時右腳向右前斜方踏出半步成鬆襠弓勢。（圖4-5-43）

第五劍

1. 乙刺腹

乙趁甲手避開之際，右腳向右斜方踏出半步成右鬆襠弓勢，同時用順手劍直刺甲腹。（圖 4-5-44）

圖 4-5-43

圖 4-5-44

2. 甲左截腕

甲見劍刺腹，將身向左閃避，躲去乙劍，此時左腳略向右後方移動約尺許成右弓勢，以順手劍前截乙腕。（圖 4-5-44）

武當對劍法共十三勢，劍劍精湛，劍工實用，為皖籍陳世鈞所傳留。

第六劍

甲乙對劈

同第一路第七劍對劈勢，此時雙方略一閃。見圖4-5-45、圖4-5-46。

圖4-5-45

圖4-5-46

用，為皖籍陳世鈞所傳留。

武當對劍法共十三勢，劍劍精湛，劍工實

圖 4-5-47

第七劍

1. 乙擊耳

左戟指扶劍柄，以陽手劍，上右腳，左弓勢，探身伸劍，由左而右橫擊甲之右耳。（圖4-5-47）

2. 甲反擊腕

用陽手劍由左而右屈肘抬劍，向右轉腰，以劍尖擊乙之外腕，步法不變，仍是右式的高架虛勢。見圖4-5-47

第八劍

1. 乙抽腿走

見乙腕被擊，乙迅速趁勢由上翻下，以陰手劍抽甲之小腿同時上左腳半步，退右腳一步成右弓勢，恰好一個向後轉，左戟指扶右腕，回頭視甲。此式猶如弧雁出群勢後退四步。（圖4-5-48）

武當對劍法共十三勢，劍劍精湛，劍工實用，為皖籍陳世鈞所傳留。

圖 4-5-48

圖 4-5-49

2. 甲刺腕追

（前進四步）甲向左斜方舉起右腳，避過乙劍，此時用陽手劍，以劍尖指乙右腕刺去。乙退步繞避，我則進步追刺，頂住乙腕緊逼不捨。（圖 4-5-49）

第九劍

甲乙對刺腕抽腰走

乙循弓形之弧線圈繞避，乙退至第三步，右腳落實

武當對劍法共十三勢，劍劍精湛，劍工實用，為皖籍陳世鈞所傳留。

時，縮左腳向右後方倒退一步，含胸轉腰向左後翻身，避去甲的帶腰劍，隨即變陽手劍，以劍尖追刺甲腕（此式由被動一變而為主動）。

　　甲追刺至第三步右腳落實時，變陰手劍抽乙之腰，同時上左腳半步，退右腳一步，成右弓勢，恰好一個向後轉，左戟指扶右腕，回頭視乙，後退繞避。（圖 4-5-50—圖 4-5-52）

圖 4-5-50

圖 4-5-51

　　武當對劍劍法共十三勢，劍劍精湛，劍工實用，為皖籍陳世鈞所傳留。

圖 4-5-52

用，為皖籍陳世鈞所傳留。

乙追刺如甲之勢，甲繞退如乙之勢（重複一遍）。

第十劍

1. 乙帶劍擊頭

甲含胸轉腰，避去乙劍，甲追刺，二人繞走。將至終點時（即退三步右腳落實，左腳略提時），乙微抬劍柄，突然勒住讓甲劍從乙腕下刺過，趁機以陽手劍壓帶甲劍於右外方，劍隨即翻身，落實左腳進右腳，成左弓勢，劍由右而左，橫擊甲之左耳。（圖 4-5-53、圖 4-5-54）

2. 甲帶劍回擊

甲進右腳，舉後腳，猛刺撲空，甲劍反而被壓，只得粘住乙劍，以視其變，此時乙翻身擊甲，趁其擊頭時，甲托住其劍向右外方帶過，同時後落左腳退回左腳，舉左腳，略一低頭，變陽手劍反壓乙劍，落左腳成左弓式，劍由右而左，回擊乙之左耳。（圖 4-5-55、圖 4-5-56）

武當對劍法共十三勢，劍劍精湛，劍工實

圖 4-5-53

圖 4-5-54

圖 4-5-55

圖 4-5-56

　　武當對劍法共十三勢，劍劍精湛，劍工實用，為皖籍陳世鈞所傳留。

第十一劍

乙甲對提（兼挑式）

乙急退右腳，托開甲劍，順勢以逆手劍由上而下經左復向上，即攪一個迎面立花，上挑甲腕，成為上提勢，然後身向後坐，如金蟬脫殼之勢，左腳尖點地做左保門勢。（保門勢與第一路第十五劍同。圖4-5-57）

甲見回擊不中，急變逆手劍，順著乙劍外方上挑乙腕，同時退回右腳，作為上提勢，然後身向後坐，亦成左保門勢。（圖4-5-58）

圖 4-5-57

圖 4-5-58

武當對劍法共十三勢，劍劍精湛，劍工實用，為皖籍陳世鈞所傳留。

第三路(乙先)

第一劍

1. 乙上步劈頭

乙由保門勢,右腳上一步做右弓勢,以順挽平面花,用順手劍正劈甲頭頂。(圖4-5-59、圖4-5-60)

(乙)　　　　　　(甲)

圖4-5-59

圖4-5-60

521

武當對劍法共十三勢,劍劍精湛,劍工實用,為皖籍陳世鈞所傳留。

蔣玉堃楊式太極拳述真（上卷）

2. 甲格劍帶腰

甲由保門勢，左腳向左斜前方先進半步，身略下蹲，以外手劍向右外格開乙劍，緊接著上右腳成右弓勢，用陽手劍橫帶乙腰，劍尖向右。此式由遮揮而還擊，即由格而帶，正好是挽了一個立頂。（圖4-5-61、圖4-5-62）

圖 4-5-61

圖 4-5-62

用，為皖籍陳世鈞所傳留。武當對劍法共十三勢，劍劍精湛，劍工實

第二劍

1. 乙格腕帶腰

乙一面含胸側身向右轉腰，退右腳半步避過甲劍，一面將劍上提，用劍尖從左下方往右外方挑格甲腕，同時提起左腳成獨立勢（此時甲抬手避過以為乙劍所不及），隨即向左前方踏落左腳，復變步上右腳，變陽手劍帶甲之腰，劍尖向右。（圖4-5-63—圖4-5-65）

圖4-5-63

圖4-5-64

用，為皖籍陳世鈞所傳留。

武當對劍法共十三勢，劍劍精湛，劍工實

圖 4-5-65

用，為皖籍陳世鈞所傳留。

武當對劍法共十三勢，劍劍精湛，劍工實

2. 甲格腕帶腰

甲亦如乙的動作與姿勢，如是互換繞走三遍，循弧形線至換位止。

第三劍

1. 乙壓劍貫耳

乙俟甲劍轉為陽手劍，即將進步帶腰之際，趁勢用陰手劍往下橫壓甲劍，緊抓住這一瞬的間隙，隨即起身上步成右弓勢，翻劍向上，用陽手劍橫貫甲右耳（同第一路第六劍。圖 4-5-66、圖 4-5-67）

2. 甲直帶兼崩

甲迅速起身，微向後仰成右虛勢，用順手劍直崩乙腕。（圖 4-5-67）

圖 4-5-66

圖 4-5-67

第四劍

1. 乙　提

乙提劍刺甲之外腕。（如第一路第七劍。圖4-5-68）

2. 甲扣步擊腕

甲右腳向左側前方做蓋步前進半步，身向下蹲成右坐

武當對劍法共十三勢，劍劍精湛，劍工實用，為皖籍陳世鈞所傳留。

圖 4-5-68

圖 4-5-69

盤勢；同時將劍從左向上向右挽一圓圈，用裏手劍側面反擊乙腕，左戟指扶劍柄；目視對方。（圖4-5-69）

第五劍

1. 乙上步扣腕擊

乙亦如甲之動作與姿勢還擊之。

武當對劍法共十三勢，劍劍精湛，劍工實用，為皖籍陳世鈞所傳留。

圖 4-5-70

2. 乙甲對繞走

甲、乙兩劍各指著敵腕，蹲身矮步向左循半圓形路線繞走，至第四步易位時，各成右弓勢；目視敵腕。（圖 4-5-70）

第六劍

乙、甲對反抽

當繞走第四步左腳落地時，突然擰身向右轉，以劍尖抽拉乙腕，同時縮回右腳，腳尖點地成右虛勢。此時甲、乙形成照面。

因雙方抽拉不中，致略一閃空。（圖 4-5-71、圖 4-5-72）

武當對劍劍法共十三勢，劍劍精湛，劍工實用，為皖籍陳世鈞所傳留。

圖 4-5-71

武當對劍法共十三勢，劍劍精湛，劍工實用，為皖籍陳世鈞所傳留。

圖 4-5-72

第七劍

1. 乙刺腹

乙趁抽劍向後，變順手劍直刺甲腹，同時右腳開一步向右側前方成右弓勢，戟指後撐成弧形。（圖 4-5-73）

圖 4-5-73

2. 甲格腕

甲抽劍向後，同時變順手劍，右腳向右側前方開一步成右弓勢，用劍尖從乙腕下反格之。此式猶如投魚鉤入河之勢。見圖 4-5-73。

第八劍

1. 乙反腕刺

乙提後腳起身，抬劍把劍尖向下，避去甲劍，隨即左腳落於左斜後方成半撲虎勢；同時向左翻腕變逆手劍（小指朝天），劍把往下一沉，劍交甲方之上腕，向左後抽帶，載指成弧形，置於左側上方。（圖 4-5-74）

2. 甲扣腕刺

甲提後腳向左側後方，成半撲虎勢；同時將腕下沉，向左避過乙劍，迅速翻腕變裏手劍，拳骨朝天，以順挽立花，扣刺乙腕（圖 4-5-75）。以上兩劍，乙是由上而下繞甲腕，甲是由下而上繞乙腕，成為對繞腕。

武當對劍劍法共十三勢，劍劍精湛，劍工實用，為皖籍陳世鈞所傳留。

圖 4-5-74

圖 4-5-75

第九劍

乙、甲左保門勢

乙、甲各退右腳一大步，縮回左腳，腳尖點地，橫劍眉際，劍尖對敵（同第一路第十五劍）。（圖 4-5-76、圖 4-5-77）

圖 4-5-76

圖 4-5-77

武當對劍法共十三勢，劍劍精湛，劍工實用，為皖籍陳世鈞所傳留。

第四路（甲先）

第一劍

1. 甲上步洗

甲右腳前進一大步，成右弓勢，劍從右後下方往上、

往前掄一大圓圈，以逆手劍撩乙正面，戟指後撐；目視對方。（圖4-5-78）

2. 乙上步帶腕

乙陽劍圈起手，右腳向右側前方邁進一步，身體微蹲；劍從右上方經由右下方向左前方復轉右前方，即順挽迎面大立花，亦即畫一螺旋形以陽手劍帶甲右腕，戟指隨甲圈轉動而圓轉，帶時微扶柄端，腰半向右擰；目視甲腕，步法為高架坐盤勢。（圖4-5-79）

（乙）　　　　　　　　　（甲）

圖4-5-78

圖4-5-79

用，為皖籍陳世鈞所傳留。　　武當對劍法共十三勢，劍劍精湛，劍工實

第二劍

1. 甲上步帶腕

甲陽劍圈起手。亦如乙之動作與姿勢，反帶乙腕。

2. 甲、乙對陽劍圈

甲、乙各先進左腳，同時將劍往自己懷中帶回，再進右腳；同時將劍由左往右平畫一圓圈，帶敵之腕如上式。如是三遍，循弧形線繞走易位。（圖4-5-80、圖4-5-81）

圖 4-5-80

圖 4-5-81

武當對劍法共十三勢，劍劍精湛，劍工實用，為皖籍陳世鈞所傳留。

圖 4-5-82

用，為皖籍陳世鈞所傳留。

武當對劍法共十三勢，劍劍精湛，劍工實

第三劍

1. 甲、乙對陰劍圈

甲、乙上右腳見帶腕不中之時，蹲身退回，右腳向側方成右弓勢；變陰手劍，劍柄由左向下、往右轉一圓圈；同時擺腕，用劍尖向裏鉗帶，抽敵內腕。此式之手臂猶如螃蟹之大鉗，往自己胸前圈鉤，身向前俯；目視敵腕。（圖 4-5-82—圖 4-5-84）

圖 4-5-83

見抽不中，速做探步，即左腳向右後方倒叉退一步，成右坐盤勢，同時用劍尖由左而右橫擊敵肋部，彼此含胸縮腰。各擊不中，速退右腳向右側前方邁一大步成右弓勢，手臂不動，略擺肘腕部，用劍尖抽敵之內腕如前式。如是循弧形線路，連續不斷繞走 3 遍易位。

圖 4-5-84

2. 乙進步平攬

乙見屢擊不中，突變陽手劍，用劍把從右向左用劍尖繞甲之上腕；同時左腳前進半步，復將劍尖由左而右攬甲之下腕，同時右腳再前進半步，戟指扶劍柄前進。（圖4-5-85、圖4-5-86）

注：此式全在腰腿手腕一致動作，方能得機得勢。

圖 4-5-85

武當對劍劍法共十三勢，劍劍精湛，劍工實用，為皖籍陳世鈞所傳留。

圖 4-5-86

第四劍

1. 甲退步攪

甲亦如乙之動作與姿勢，但隨乙之緊逼逐步後退（進退之法，須矮步鬆肩，兩劍之對攪腕，猶如搖撸繩索）。

2. 乙　抽

乙進攪至第四圈時，右腳向左腳靠齊；突變陰手劍，從甲腕下往右後抽帶，同時退右腳向右側後方成右鬆襠弓勢。（圖 4-5-87）

第五劍

1. 甲進步抽帶

甲速將劍柄提高避過乙抽，趁乙劍後抽時，用陽手劍緊隨帶腕，同時上左腳靠近右腳。（圖 4-5-88、圖 4-5-89）

武當對劍法共十三勢，劍劍精湛，劍工實用，為皖籍陳世鈞所傳留。

圖 4-5-87

圖 4-5-88

圖 4-5-89

用，為皖籍陳世鈞所傳留。　武當對劍法共十三勢，劍劍精湛，劍工實

2. 乙退步抽帶

乙變陽手劍，由右而左鑽敵腕下抽帶；同時退左腳向左側後方，成左鬆襠弓勢。參見圖 4-5-88、圖 4-5-89

注：甲用抽，乙為帶，乙為抽，則甲為帶，此式之進退，須循梯形路線，當退至第四步，左足向後落實時，縮身後挫，成左虛式，同時以順手劍柄端驟然下沉，劍尖上翹，崩敵下腕。

第六劍

1. 甲　抽

甲速將兩手左右分開，順勢用劍尖抽拉乙腕，縮身向後，成左弓勢。（圖 4-5-90）

2. 乙縱身上步刺頭

乙此時見甲閃空，正面無備，趁縮身之餘勢，提右腳，左腳一箭，縱身凌空，以順手劍直刺甲臉。（圖 4-5-91）

用，為皖籍陳世鈞所傳留。

武當對劍法共十三勢，劍劍精湛，劍工實

圖 4-5-90

圖 4-5-91

第七劍

1. 甲壓劍

甲頭向左側一偏避過乙劍，起右手以劍身搭住乙劍，向左下方橫壓及地，成前虛後實左弓勢，載指做半圓形置於左前額。（圖 4-5-92）

圖 4-5-92

武當對劍法共十三勢，劍劍精湛，劍工實用，為皖籍陳世鈞所傳留。

圖 4-5-93

2. 乙反壓

乙以同樣方法，將甲劍反壓於自己左下方。（圖4-5-93）

第八劍

1. 甲　壓

此時甲又照式反壓乙劍（此式來回互壓如同兩人之比翻手掌）。

2. 乙順勢擊腿

乙劍既被壓住，則趁勢由右而左，用順手劍擊甲之小腿。（圖4-5-94）

第九劍

1. 甲抬腿擊耳

甲抬右腳避過乙劍，隨即以陽手劍由下而上反擊乙右耳，同時落右腳成右弓勢，左戟指扶劍柄。（圖4-5-94、

蔣玉堃楊式太極拳述真（上卷）

540

用，為皖籍陳世鈞所傳留。

武當對劍法共十三勢，劍劍精湛，劍工實

圖 4-5-94

圖 4-5-95

武當對劍法共十三勢，劍劍精湛，劍工實用，為皖籍陳世鈞所傳留。

圖 4-5-95）

2. 乙直帶兼崩

乙披身向後避過擊耳，同時以順手劍崩甲之腕。參見圖 4-5-95。

圖 4-5-96

第十劍

1. 甲、乙對提

甲先提，乙隨之。動作同第一路十四劍。（圖 4-5-96）

2. 甲、乙保門勢

甲、乙提劍退右腳向後落地時，隨即披身下坐，體重寄於右腳伸直左腳，貼近地面，兩腳尖向南，成右撲虎勢，橫劍胸前，戟指手心向下，在右手上如合抱狀；腰挺直，目視敵方。動作如第一路出劍式。（圖 4-5-97）

第五路（甲先）

第一劍

1. 甲上步直刺

甲縱身向前，右腳前進一步成右弓勢，用順手劍刺乙

圖 4-5-97

胸窩，戟指後撐，以助出劍之勁。（圖 4-5-98）

2. 乙上步擊手

乙亦縱身向前，迎甲進攻，右腳前進一步成右弓勢，用陽手劍由右而左挽迎面小立花，平擊甲之握劍手。（圖 4-5-99）

（乙）　　　（甲）

圖 4-5-98

武當對劍劍法共十三勢，劍劍精湛，劍工實用，為皖籍陳世鈞所傳留。

圖 4-5-99

第二劍

1. 甲抬劍平截

甲變陽手劍，抬高手腕避過乙劍，以劍尖下垂平截乙腕；同時起身箭直左腳，全身重量寄於右腳；戟指做半圓形置於左額上方。（圖 4-5-100）

圖 4-5-100

武當對劍法共十三勢，劍劍精湛，劍工實用，為皖籍陳世鈞所傳留。

圖 4-5-101

武當對劍法共十三勢，劍劍精湛，劍工實用，為皖籍陳世鈞所傳留。

2. 甲、乙對截腕

乙腕速下沉，避過甲劍，以順挽左傍花，從甲之右側方攔截甲腕，同時左腳向左前斜方邁進一步，成右弓勢。此時甲見平截無效，亦如乙之動作與姿勢，取乙右側方，攔截乙腕。（圖4-5-101）

第三劍

1. 甲、乙對提

同第一路第三劍。（圖4-5-102）

2. 甲、乙對繞走

同第一路第四劍。（圖4-5-103）

第四劍

1. 甲正崩

甲繞走至互換位置時，左腳剛一落地，突扭身向右轉，變右弓勢，以順手劍，柄往下沉、劍向上翹正崩乙之

圖 4-5-102

圖 4-5-103

手腕，戟指扶劍柄，以助其力。（圖 4-5-104）

　　2. 乙帶腕避

　　乙以陽手劍，逆挽立花，劍尖自上而下帶甲之腕，右腳同時向左腳前方虛進半步，成右保門勢。姿勢與第一路第十一劍相同。（圖 4-5-105）

用，為皖籍陳世鈞所傳留。

武當對劍法共十三勢，劍劍精湛，劍工實

圖 4-5-104

圖 4-5-105

第五劍

1. 甲進步反格

同第一路第十一劍「左截腕」。（圖 4-5-106）

2. 乙抽身帶腕

乙提高手腕避開甲劍，借助後退右腳之挫力，劍從甲

武當對劍劍法共十三勢，劍劍精湛，劍工實用，為皖籍陳世鈞所傳留。

圖 4-5-106

圖 4-5-107

腕上繞過，用陰手劍抽帶甲腕、臂，斯時成前虛後實的右鬆襠弓勢，戟指隨右腕而行。（圖 4-5-107）

第六劍

1. 甲上步截腕

甲下沉雙手，避過乙劍，同時腰向左轉，右腳趕緊一

步，成右弓勢，以陰手劍借助雙手分開之力截乙左腕，左戟指後撐。（圖4-5-108）

2. 乙退步截腕

乙右手向下、向左避開甲劍，向左轉腰，一擰身退回左腳向左後斜方，成左鬆襠弓勢，同時以陰手劍截甲之外腕，戟指後撐，身向後坐。（圖4-5-109）

圖4-5-108

圖4-5-109

武當對劍法共十三勢，劍劍精湛，劍工實用，為皖籍陳世鈞所傳留。

第七劍

1. 甲抽手截腕

甲兩腳原地不動，身向後披，變前虛後實左鬆襠弓勢，同時劍把向左一移，復向上、向右，以劍身上切乙腕，雙手一合復分開。（圖4-5-110）

2. 乙反截腕

乙以甲之同樣方法截壓甲腕，但左弓勢變前實後虛右弓勢。（圖4-5-111）

第八劍

1. 甲帶腿刺腰

甲此時右腕幾乎被乙劍壓住，唯有趁勢將劍由左而右擊乙之小腿，一擊落空，甲趁勢抬起右腳成左獨立勢，將劍收回，握至胸前，見乙右側閃空，隨即落步成右弓勢，以順手劍直刺乙之右腰，戟指向後撐開，以催助前刺之力。（圖4-5-112─圖4-5-114）

用，為皖籍陳世鈞所傳留。

武當對劍法共十三勢，劍劍精湛，劍工實

圖4-5-110

圖 4-5-111

圖 4-5-112

圖 4-5-113

武當對劍法共十三勢，劍劍精湛，劍工實用，為皖籍陳世鈞所傳留。

圖 4-5-114

2. 乙抬腿刺腰

乙高抬左腿避過甲劍，餘皆如甲之動作與姿勢，刺甲右腰。參見圖 4-5-113、圖 4-5-114。

第九劍

1. 甲退步平抽

在雙方互刺不中的一剎那，甲即抬手退右腳，以陰手劍用外刃抽乙腕、臂。動作同第五路第五劍，退步帶腕，目視對方，以觀其變。（圖 4-5-115）

2. 乙刺胸

乙右手往左、往下避開甲劍，隨即捧劍懷中，此時見甲前胸閃空，以順手劍直刺之，並提起左腳做金雞獨立勢，以加長前刺之尺度，戟指置於左額旁。（圖 4-5-116）

用，為皖籍陳世鈞所傳留。

武當對劍法共十三勢，劍劍精湛，劍工實

圖 4-5-115

圖 4-5-116

第十劍

1. 甲擊手

甲身向左側，並退左腳，乙劍即刺空，甲稍收右腳，腳尖點成右虛勢，順挽迎面花，用陽手劍擊乙之手指，載指後方撐開。（圖 4-5-116）

武當對劍法共十三勢，劍劍精湛，劍工實用，為皖籍陳世鈞所傳留。

圖 4-5-117

圖 4-5-118

2. 乙、甲對提

　　乙先提，甲隨之。動作同第四路第十劍、第十一劍。
（圖 4-5-117、圖 4-5-118）

第十一劍

甲、乙各左保門勢

　　甲、乙各後提右腳，然後披身下挫。動作同第四路第

用，為皖籍陳世鈞所傳留。

武當對劍法共十三勢，劍劍精湛，劍工實

十劍。（圖4-5-119）

第六路（乙先）

第一劍

1. 乙進步刺胸

乙之動作同第五路第一劍「上步直刺」。（圖4-5-120）

圖4-5-119

（甲）　　　（乙）

圖4-5-120

用，為皖籍陳世鈞所傳留。

武當對劍劍法共十三勢，劍劍精湛，劍工實

2. 甲平擊

甲之動作同第五路第一劍「擊手」。（圖 4-5-121）

第二劍

1. 乙、甲對提

乙先提，甲隨之。動作同第一路第七劍。（圖 4-5-122）

圖 4-5-121

圖 4-5-122

用，為皖籍陳世鈞所傳留。

武當對劍法共十三勢，劍劍精湛，劍工實

2. 甲、乙對劈

動作同第一路第七劍，但各取敵之左方，與以前各取右方者不同。（圖 4-5-123、圖 4-5-124）

圖 4-5-123

圖 4-5-124

武當對劍法共十三勢，劍劍精湛，劍工實用，為皖籍陳世鈞所傳留。

第三劍

1. 乙、甲對刺胸

甲、乙各開右腳向右前方踏出一步成右弓勢，用順手劍直刺敵胸，戟指做半圓形置於左額上方。（圖 4-5-125）

2. 甲反格

甲趁刺出將至終點時，突然移動左後腳向右後方半步落地，讓去入懷之劍，以逆挽右旁花用陽手立劍，從乙腕下挑格之，步法為右弓勢，戟指做半圓形，置於左額旁。（圖 4-5-126）

第四劍

1. 乙翻腕刺

動作同第三路第八劍。（圖 4-5-127）

用，武當對劍法共十三勢，劍劍精湛，劍工實，為皖籍陳世鈞所傳留。

圖 4-5-125

圖 4-5-126

圖 4-5-127

2. 甲扣腕刺

動作同第三路第八劍。參見圖 4-5-127。

第五劍

1. 乙、甲轉身劈劍

乙、甲各先後退右腳，逆挽一側面花，雙手揮劍劍尖

用，為皖籍陳世鈞所傳留。

武當對劍法共十三勢，劍劍精湛，劍工實

向下，上左腳，轉身向右，順勢將劍高舉，復退右腳，轉身向後，將劍劈下，趁勢下挫，成右撲虎勢，面對敵方。（圖4-5-128—圖4-5-133）

2. 乙、甲各左保門勢

乙、甲隨即起身，收回左腳，腳尖點地，成高架右虛勢，同時將劍平舉，橫於額前。與各路左保門勢相同。（圖4-5-134）

圖4-5-128

圖4-5-129

圖 4-5-130　　　　　　　　圖 4-5-131

圖 4-5-132

圖 4-5-133

武當對劍劍法共十三勢，劍劍精湛，劍工實用，為皖籍陳世鈞所傳留。

圖 4-5-134

圖 4-5-135

第六劍

甲、乙收劍勢

起身站立，靠近右腳，將劍交與左手，平貼臂後，右手順著左肩處按下，終歸原地，如出劍勢。（圖 4-5-135－圖 4-5-139）

用，為皖籍陳世鈞所傳留。武當對劍法共十三勢，劍劍精湛，劍工實

圖 4-5-136

圖 4-5-137

 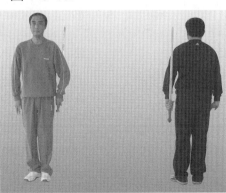

圖 4-5-138　　　　　圖 4-5-139

武當對劍法共十三勢，劍劍精湛，劍工實用，為皖籍陳世鈞所傳留。

第六節　幾種步法的說明表

名稱	別名	要求	正確的姿勢	不正確的姿勢	備考
疊襠弓勢	弓箭步長三式	前腳實後腳虛	前腳彎度幾成平行，後腳如箭挺直，身體正直	過於前伏或過於後仰或彎腿，膝部超出腳尖，後腳尖不能向前	
鬆襠弓勢	同上	前腳實後腳虛	同上	同上	武當劍無馬步勢，但此勢與馬步同，只是後腳蹬直，如第一路的下手帶，第二路的上手格臂、上手截腕、下手刺腹
虛勢	寒雞步	後腳支重百分之百	襠圓，後腳成坡形，前腳以大腳指虛點地面	前腳不能虛懸，其他與弓勢同	
高架虛勢	寒雞步	同上	同上	同上	如上、下手的保門勢
撲虎勢		後腳支重百分八十以上	身軀平直，前腳成橫一字形，轉動輕靈，越低越好	弓背、屈腹、起伏不便，前腳掌不能平貼地面	如上、下手的伏勢
半撲虎勢		同上	同上	起伏不便，轉動不靈	如第二三路上、下手對繞腕勢

武當對劍法共十三勢，劍劍精湛，劍工實用，為皖籍陳世鈞所傳留。

名稱	別名	要求	正確的姿勢	不正確的姿勢	備　考
坐盤勢	攪花步、探步、磨盤式	前腳百分之六十，後腳百分之四十	重心平穩，運轉捷便，身體正直，臀部離腳跟一拳到兩拳，雙腿彎著，能同時跳起	與撲虎勢同	此勢之動作，先上右腳，左腳由右腳後方進半步做探勢，蹲身下坐，稱探步坐盤勢，如第一路第二劍對翻崩。如左腳在前，右腿隨之向左腳前蹲身下坐，則稱坐步蓋盤勢，如第二路第四劍扣步擊腕
獨立勢	金雞獨立懸腿式		懸起之腿肚，與胸併齊貼緊。腳尖下垂	齊肚舉不高，貼不緊，腿站不直	

　　注：這裡各勢的要求，是指站著不動的要求的標準，設我快速度動作，則虛實交換，瞬間即變，全視來招去勢，掌握平衡。

疊襠弓勢

鬆襠弓勢

獨立勢

武當對劍法共十三勢，劍劍精湛，劍工實用，為皖籍陳世鈞所傳留。

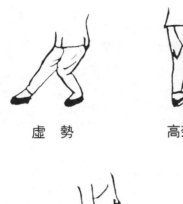

虛　勢　　　　　高架虛勢　　　　　坐盤勢

半撲虎勢　　　　　　　　撲虎勢

第七節　武當對劍的特點

　　此劍是歷來武術家們的精心傑作，它融合了歷史上各家劍法的優點，根據擊劍的變化，研究了可能的反應，製成了這套結構嚴密、姿勢優美、劍法險絕、有實用價值的組織形式。

　　此劍特點是：

1.實　用

　　在用法上，不用重複解釋，它已經包涵在你攻擊、我還手的實踐當中，只要練習精熟，選擇其中擅長的幾手，

用，為皖籍陳世鈞所傳留。武當對劍法共十三勢，劍劍精湛，劍工實

加快速度，就能夠運用。

2. 真　切

在組織上，深合現代擊劍技巧，從不指向空處，而且沒有轉身的虛構動作，劍劍以最近的路線去襲取對方。

3. 優　美

在形式上能夠表現出舞劍的「舞」。它奔騰翻舞，使人有身如游龍、劍光似電的感覺，疾風暴雨般的緊張。

為此，如果將這傳統的套路與國際擊劍法相結合練習，將來在我國劍壇上一定會出現一種嶄新、優美和獨特風格的擊劍法，在國際擊劍賽上，是能取得更大成績的。

第八節　練習武當對劍的注意事項

第一，初學對劍要有計畫，每天要有一定時間的練習。時間長短，可以隨個人要求而定，存心學會，每日探索，學一兩個式子，不到兩個月就能夠掌握其大概。

武當對劍共六路（即六個小段）、上下手計一百一十劍，其中不同者六十劍。而上下手的招式不盡相同，必先習熟一面，然後再學另一面，以免攪混。

第二，學會之後，要反覆練習。練習方法，可以分段研究，整套對打。第一遍架式略高，速度慢些，務求姿勢正確，劍劍著實；第二遍架式放低，速度快些，專注在出劍的正確性和腰腿的靈活性；第三遍抽掉生硬澀滯的動作，直到身體強健，出劍到家。如果精神有餘，可以不計其遍數。

　　第三，精益求精、要專心一致，冷靜沉著，審度來勢。有時要故意讓來劍入懷，借此鍛鍊閃躲避讓的功夫，以達到身體矯捷、步履輕疾的目的，這樣漸次過渡到實際擊劍的時候，才不至於手忙腳亂。

武當對劍法共十三勢，劍劍精湛，劍工實用，為皖籍陳世鈞所傳留。

導引養生功

1 疏筋壯骨功+VCD
定價350元

2 導引保健功+VCD
定價350元

3 頤身九段錦+VCD
定價350元

4 九九還童功+VCD
定價350元

5 舒心平血功+VCD
定價350元

6 益氣養肺功+VCD
定價350元

7 養生太極扇+VCD
定價350元

8 養生太極棒+VCD
定價350元

9 導引養生形體詩韻+VCD
定價350元

10 四十九式經絡動功+VCD
定價350元

張廣德養生著作　每冊定價350元

全系列為彩色圖解附教學光碟

輕鬆學武術

1 二十四式太極拳+VCD
定價250元

2 四十二式太極拳+VCD
定價250元

3 八式十六式太極拳+VCD
定價250元

4 三十二式太極劍+VCD
定價250元

5 四十二式太極劍+VCD
定價250元

6 二十八式木蘭拳+VCD
定價250元

7 三十八式木蘭扇+VCD
定價250元

8 四十八式太極劍+VCD
定價250元

彩色圖解太極武術

1 太極功夫扇

定價220元

2 武當太極劍
定價220元

3 楊式太極劍
定價220元

4 楊式太極刀
定價220元

5 二十四式太極拳+VCD
定價350元

6 三十二式太極劍+VCD
定價350元

7 四十二式太極劍+VCD
定價350元

8 四十二式太極拳+VCD
定價350元

9 楊式十六式太極劍拳
定價350元

10 楊氏二十八式太極拳+VCD
定價350元

11 楊式太極拳四十式+VCD
定價350元

12 陳式太極拳五十六式+VCD
定價350元

13 吳式太極拳五十六式+VCD
定價350元

14 精簡陳式太極拳八式十六式
定價220元

15 精簡吳式太極拳三十六式 拳架‧推手
定價220元

16 夕陽美功夫扇

定價220元

17 綜合四十八式太極拳+VCD
定價350元

18 三十二式太極拳 四段
定價220元

19 楊式三十七式太極拳+VCD
定價350元

20 楊氏五十一式太極劍+VCD
定價350元

21 嫡傳楊家太極拳精練二十八式
定價220元

22 嫡傳楊家太極劍五十一式
定價220元

23 嫡傳楊家太極刀十三式
定價220元

養生保健　古今養生保健法　強身健體增加身體免疫力

太極跤

1 太極防身術
定價300元

2 擒拿術
定價280元

3 中國式摔角
定價350元

簡化太極拳

1 陳式太極拳十三式
定價200元

2 楊式太極拳十三式
定價200元

3 吳式太極拳十三式
定價200元

4 武式太極拳十三式
定價200元

5 孫式太極拳十三式
定價200元

6 趙堡太極拳十三式
定價200元

原地太極拳

1 原地綜合太極二十四式
定價220元

2 原地活步太極四十二式
定價200元

3 原地簡化太極拳二十四式
定價200元

4 原地太極拳十二式
定價200元

5 原地青少年太極拳二十二式
定價220元

6 原地兒童太極拳十捶十六式
定價180元

健康加油站

1 糖尿病預防與治療

定價200元

2 胃部機能與強健

定價180元

3 不孕症治療

定價200元

4 簡易醫學急救法

定價200元

5 肥胖健康診療

定價200元

6 肝功能健康診療

定價200元

7 高血壓健康診療

定價200元

8 高血糖值健康診療

定價200元

9 尿酸值健康診療

定價200元

10 膽固醇中性脂肪健康診療

定價200元

11 痛風劇痛消除法

定價180元

12 三溫暖健康法

定價180元

13 手・腳病理按摩

定價180元

14 B型肝炎預防與治療

定價180元

15 吃得更漂亮、健康

定價180元

16 茶使您更健康

定價180元

17 圖解常見疾病運動療法

定價180元

18 科學健身改變亞健康

定價180元

19 簡易萬病自療保健

定價220元

20 王朝秘藥媚酒

定價180元

21 立見實效保健操

定價180元

22 越吃越幸福

定價200元

23 荷爾蒙與健康
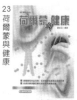
定價180元

24 越吃越長壽

定價200元

25 自我保健鍛鍊

定價180元

26 斷食促進健康

定價180元

27 蔬菜健康法

定價200元

28 水果健康法

定價200元

29 越吃越苗條

定價200元

30 越吃越聰明

定價200元

31 全方位健康藥草

定價200元

32 人體記憶地圖

定價350元

33 提升免疫力戰勝癌症

定價280元

34 腎臟病預防與治療

定價230元

運動精進叢書

1 怎樣跑得快

定價200元

2 怎樣投得遠

定價180元

3 怎樣跳得遠

定價180元

4 怎樣跳的高

定價180元

5 高爾夫揮桿原理

定價220元

6 網球技巧圖解

定價220元

7 排球技巧圖解

定價230元

8 沙灘排球技巧圖解

定價230元

9 撞球技巧圖解

定價230元

10 籃球技巧圖解

定價220元

11 足球技巧圖解

定價230元

12 羽毛球技巧圖解

定價220元

13 乒乓球技巧圖解

定價220元

14 曲線球與飛碟球

定價300元

15 街頭花式籃球

定價280元

16 精彩高爾夫

定價330元

17 巴西青少年足球訓練方法

定價230元

18 籃球個人技術全圖解+VCD

定價300元

19 門球（槌球）入門與提升180問

定價230元

20 美國青少年籃球訓練方式250例

定價280元

21 單板滑雪技巧圖解+VCD

定價350元

快樂健美站

1 柔力健身球

定價280元

2 自行車健康享瘦

定價280元

3 跑步鍛鍊走路減肥

定價280元

4 創造健康的肌力訓練

定價220元

5 舒適超級伸展體操

定價280元

6 水中有氧運動

定價280元

7 雕塑完美身材

定價280元

8 創造超級兒童

定價280元

9 使頭腦變聰明

定價280元

10 防止老化的身體改造訓練

定價280元

11 三個月塑身計畫

定價280元

12 懶人族瑜伽

定價280元

13 忙裡偷閒練瑜伽基礎篇

定價240元

14 忙裡偷閒練瑜伽祛病養生篇

定價240元

15 健身跑激發身體的潛能

定價200元

16 中華鐵球健身操

定價180元

17 彼拉提斯健身寶典

定價280元

18 全身保健操＋VCD

定價280元

19 瑜伽美姿美容

定價180元

20 豐胸做自信女人

定價200元

21 輕鬆瑜伽治百病

定價280元

22 瑜伽秀體小品

定價280元

23 熱舞瘦身小品

定價280元

24 整形打造美麗

定價250元

25 排毒頻譜33式熱瑜伽＋VCD

定價350元

國家圖書館出版品預行編目資料

蔣玉堃楊式太極拳述真（上卷）／蔣玉堃　著
──初版，──臺北市，大展，2009〔民 98.10〕
面；21 公分 ──（武術特輯；113～114）
ISBN　978-957-468-709-1（上卷：平裝）
ISBN　978-957-468-710-7（下卷：平裝）
1.太極拳　2.器械武術
528.972　　　　　　　　　　　　　　　98014223

蔣玉堃楊式太極拳述眞（上卷）

著　　者／蔣玉堃
責任編輯／張建林
發 行 人／蔡森明
出 版 者／大展出版社有限公司
社　　址／台北市北投區（石牌）致遠一路 2 段 12 巷 1 號
電　　話／（02）28236031・28236033・28233123
傳　　眞／（02）28272069
郵政劃撥／01669551
網　　址／www.dah-jaan.com.tw
E - mail／service@dah-jaan.com.tw
登 記 證／局版臺業字第 2171 號
承 印 者／傳興印刷有限公司
裝　　訂／建鑫裝訂有限公司
排 版 者／弘益電腦排版有限公司
授 權 者／北京人民體育出版社
初版 1 刷／2009 年（民 98 年）10 月

定　價／500 元

大展好書　好書大展
品嘗好書　冠群可期